华章经管

HZBOOKS | Economics Finance Business & Management

工业互联网
企业变革引擎

孙延明 宋丹霞 张延平 —— 编著

Industrial Internet

The Engine
of Enterprise Transformation

机械工业出版社
China Machine Press

图书在版编目（CIP）数据

工业互联网：企业变革引擎 / 孙延明，宋丹霞，张延平编著 . —北京：机械工业出版社，2021.1（2021.11 重印）

ISBN 978-7-111-67034-6

I. 工⋯　II. ① 孙⋯　② 宋⋯　③ 张⋯　III. 互联网络 – 应用 – 工业发展 – 研究　IV. F403-39

中国版本图书馆 CIP 数据核字（2020）第 248034 号

　　本书从产业变革和企业管理变革视角描述了工业互联网的现状，对互联网思维进行了深入剖析，揭示了工业互联网对企业管理变革的影响；从产品、业态、商业模式、组织和运营五个维度阐释了工业互联网带来的产业变革和企业变革；分别以 PLM、ERP、MES、电商平台和 OA 系统为依托，介绍了工业互联网背景下企业在研发设计、资源计划、制造执行、商务和行政等现代企业运营层面上的管理内容、思想转变及模式转变；描述了工业互联网发展背景下，特别是智能时代来临之际新职业挑战、新职业特征、新职业需求和路径及新的职业伦理道德等内容。

　　本书在处理工业与信息技术、经济与管理学科的话语体系差异，以及平衡知识的难度和深度等方面做了精心设计，案例丰富，有较强的可读性，适合各类与工业互联网专业相关的工程技术人员、政府及企事业管理人员、研究人员阅读。同时，本书也可用作经济管理类专业、工业互联网相关专业学生的教材。

工业互联网：企业变革引擎

出版发行：机械工业出版社（北京市西城区百万庄大街 22 号　邮政编码：100037）	
责任编辑：丁小悦	责任校对：李秋荣
印　　刷：北京捷迅佳彩印刷有限公司	版　　次：2021 年 11 月第 1 版第 2 次印刷
开　　本：170mm×230mm　1/16	印　　张：17.75
书　　号：ISBN 978-7-111-67034-6	定　　价：59.00 元
客服电话：（010）88361066　88379833　68326294	投稿热线：（010）88379007
华章网站：www.hzbook.com	读者信箱：hzjg@hzbook.com

版权所有 • 侵权必究
封底无防伪标均为盗版
本书法律顾问：北京大成律师事务所　韩光 / 邹晓东

INDUSTRIAL INTERNET **推荐序一**

工业互联网是第四次工业革命的重要基石和关键支撑，也是我国新基建的重要建设内容，已连续三年被写入《政府工作报告》，国家对于工业互联网建设的推动和支持力度在不断加大。然而，当前工业互联网行业人才短板问题突出，急需大量既懂信息技术又懂运营技术的专业人才。

在中国信息通信研究院与广州市工业和信息化局的组织协调下，广州大学孙延明教授的团队与阿里巴巴、树根互联、航天云网和机智云等业界公司合作编写的"'智能+学院'工业互联网"丛书，从零开始掌握工业互联网（理论篇/产业篇/实操篇），与一线技术工人、工程师和管理人员的需求相契合，成为面向社会培养工业互联网产业与应用人才的"及时雨"。

该丛书紧扣工业互联网建设对人才的要求，结合人才评价和认证标准，从解读工业互联网思维入手，从产品、业态、商业模式、组织和运营五个维度阐释了工业互联网带来的产业变革和企业变革，并分析了工业互联网发展背景下新职业挑战、新职业特征、新职业需求和路径及新的职业伦理道德。然后，根据《工业互联网技术体系架构》白皮书的定义，从架构、网络、平台、安全和标准五个方面层层推进，为读者展现了技术体系、网络互联和标识解析体系、国内外主流工业互联网平台的架构与技术、面临的安全问题和防护措施，以及工业互联网标准的现状等工业互联网理论与技术的全景图。最后，依托主流工业互联网平台，结合具体的实操平台场景应用案例，针对信息物理系统、边缘计算、工业大数据、工业机理模型、数字孪生、工业App等专业领域的基本机理和操作方法，编写了技能实操训练教材。

该丛书从不同岗位的视角出发，兼顾理论、技术、应用、管理各方面的知识需求。在处理工业与信息技术、经济与管理学科的话语体系差异，以及平衡知识的难度和深度等方面精心设计，以案例展示为主，有较强的可读性和培训的实操性，适合工业领域的工程技术人员、政府及企事业单位管理人员阅读。IT界的从业人员也可从中了解垂直行业数字化转型的要求，同时，可供工业互联网相关专业以及经济与管理专业的师生参考。工业互联网覆盖的行业多，涉及的技术领域广，因此，编写面向一线工作岗位的培训教材难度较大，该丛书的编写是一次勇敢的探索，希望它的出版能鼓励更多的有志之士和企业管理人员及一线技术人员投身到工业互联网技术和应用的创新实践中，推动企业向数字化、网络化和智能化发展。

中国工程院院士
2020年10月

推荐序二

《中国制造2025》是我国全面推进实施制造强国的战略文件，是我国实施制造强国的第一个十年的行动纲领，其本质就是要将中国从制造产业链的低端向高端迁移。实施制造强国战略有助于跨越中等收入陷阱，还有助于解决中国步入老龄化社会后劳动力不足带来的问题。迈向制造强国的必由之路就是要将工业化和信息化融合发展。此外，国务院印发了《关于积极推进"互联网＋"行动的指导意见》，大力推进互联网与经济社会各领域深度广泛融合，促进网络经济与实体经济协同发展。其中，"互联网＋"协同制造就是"互联网＋"行动中的一个具体落脚点。

放眼国外，早在2012年，美国以通用电气为代表的企业就将工业互联网作为制造业升级的核心，提出了工业互联网的概念。而工业互联网的核心技术CPS（信息物理系统）更是早在2006年就由美国国家科学基金会给出了明确的定义，并持续纳入该基金会的资助范围。德国在2013年正式提出工业4.0战略，旨在通过政府直接干预等手段，掌握新技术，提升制造业的智能化水平，建立具有适应性、资源效率高的智慧工厂。

由此可见，工业互联网已经成为现代工业的一种标志，是信息化与工业化融合的结果，是从以消费互联网为主的网络世界逐步过渡到万物互联的工业互联网世界的时代标签。当然，工业互联网时代的来临也给人类社会带来了诸多挑战，工业互联网专业人才培养的社会供给能力不足、针对性不强以及与产业快速发展的不协调、不匹配就是其中突出的瓶颈问题。

广州大学孙延明教授组织了来自电子与通信、计算机与网络、工商管理及产业经济的不同学科的老师，与阿里巴巴、树根互联等业界公司展开紧密合作，在中国信息通信研究院与广州市工业和信息化局的组织协调下编写了"'智能＋学院'工业互联网"丛书，从零开始掌握工业互联网（理论篇／产业篇／实操篇）。该丛书在读者定位、组织形式、内容编排等方面与一般教科书有着显著的区别。该丛书分别从管理、基础理论和实操训练三个不同视角出发，针对不同岗位、不同层次人员的需要，兼顾理论、技术、应用、管理等各方面的知识，将工业与信息技术、经济与管理等学科不同的话语体系相融合，构建了较为全面的、跨层次、跨学科的工业互联网知识体系，具有鲜明的特色。其中，《工业互联网：企业变革引擎》（产业篇）从管理视角出发，对新时期企业变革进行了全面的分析。《工业互联网：基础理论知识》（理论篇）和《工业互联网：技能实操训练》（实操篇）的编写参照《工业互联网平台白皮书》的结构，针对工业和信息化部最新颁布的《工业互联网人才（2020）》白皮书的岗位需求，以工业互联网平台为实训基础，突出了行业的特点和直接需求，并与认证相结合，实用性和针对性较强。

希望这套丛书早日出版，为我国工业互联网人才培养和产业发展做出贡献。

中国工程院院士
2020 年 10 月

INDUSTRIAL INTERNET　前言

工业互联网是在广泛感知的物联网、大数据及人工智能等新一代信息技术发展背景下不断普及和深化应用的一门技术、一个产业。与早期的因特网等传统互联网相比，它在概念层面上又扩展了很多，尤其是物联网的普及和加入，使其工业的味道更浓了，很多人也称之为产业互联网，一般认为混淆的原因是对英文单词"industry"翻译的不同，在本书中作者对此有自己的理解。

工业互联网是继以电子商务为代表的消费互联网蓬勃发展后的新一轮工业革命的核心和纽带，是继农业经济、工业经济后新生数字经济的主要载体，是我国乃至全世界开展第四次工业革命的重要基石和关键支撑，也是当前我国七大新基建重要建设内容之一。继2015年李克强总理把"互联网+"写入《政府工作报告》之后，2018年首次将发展工业互联网平台写入《政府工作报告》；到2019年明确提出"打造工业互联网平台，拓展'智能+'，为制造业转型升级赋能"；再到2020年《政府工作报告》中指出：推动制造业升级和新兴产业发展；发展工业互联网，推进智能制造；全面推进"互联网+"，打造数字经济新优势。毫无疑问，工业互联网是今后若干年工业领域的重要发展方向、新动能和风向标。

大力发展工业互联网是在中美贸易战背景下赋能制造业，促进中国制造业由大变强，顺利实现转型升级、高质量发展的重要举措，是在新一轮由工业经济向数字经济转型中抢占经济战场制高点的关键环节，也是国家的重要战略。

本书是受中国信息通信研究院⊖委托，组织编写的"'智能+学院'工业互联网"丛书中的一本。本书从阿里巴巴工业互联网事业部、树根互联、航天云网、白云电器等为代表的广州相关领域公司的实际需求出发，致力于为社会培养工业互联网产业急需的各类人才，特别是一线技术工人、技术工程师和管理人员。该丛书还包括《工业互联网：基础理论知识》（理论篇）和《工业互联网：技能实操训练》（实操篇）两本。当然，该丛书的适应面是很广的。本书编写的初衷是满足政府及企业的诉求，除此之外，还可以作为各类高校学生的教材、相关专业人员研究与应用的参考书以及对相关领域感兴趣读者的科普读物。

目前，工业互联网相关书籍也有不少，其中，从技术视角介绍解决方案的偏多，另外也有业界精英的理解和具体实践方面的介绍，它们之间的视角差异很大。从产业管理角度看，工业互联网的学科交叉属性很强，写作逻辑和框架把握比较困难。因此，本书的作者团队是由交叉学

⊖ 中国信息通信研究院（以下简称中国信通院）始建于1957年，是工业和信息化部直属科研事业单位。多年来，中国信通院始终秉持"国家高端专业智库，产业创新发展平台"的发展定位和"厚德实学，兴业致远"的核心文化价值理念，在行业发展的重大战略、规划、政策、标准和测试认证等方面发挥了有力的支撑作用，为我国通信业跨越式发展和信息技术产业创新壮大起到了重要推动作用。近年来，为适应经济社会发展的新形势和新要求，围绕国家"网络强国"和"制造强国"新战略，中国信通院着力加强研究创新，在强化电信业和互联网研究优势的同时，不断扩展研究领域、提升研究深度，在4G/5G、工业互联网、智能制造、移动互联网、物联网、车联网、未来网络、云计算、大数据、人工智能、虚拟现实/增强现实、智能硬件、网络与信息安全等方面进行了深入研究与前瞻布局，在国家信息通信及信息化与工业化融合领域的战略和政策研究、技术创新、产业发展、安全保障等方面发挥了重要作用，有力地支撑了互联网+、制造强国、宽带中国等重大战略与政策出台和各领域重要任务的实施。

科人员组成的，在原有教学、研究和社会实践的基础上，通过广泛调研，针对当前工业互联网产业发展状况和不同学科背景读者的现实需求，从产业管理视角入手，不回避工业和IT领域的相关专业技术，但尽量用科普、管理和产业经济的话语体系，通过大量的行业案例来描述工业互联网带来的技术问题和管理问题。三位作者交互修改，以增进书籍的学科交叉融合，力求处理好理论知识与实践技术之间的关系，确保书籍的可读性，在给读者带来愉悦的阅读体验的同时，传播新的知识、理念和思想。

本人负责撰写第一篇和第三篇，第一篇主要是对互联网思维做深入剖析，并系统全面地阐释其对企业管理变革产生的影响，让读者知道什么是工业互联网、互联网思维的本质，以及工业互联网对工业企业管理变革会产生怎样的影响；第三篇打破以往经管类企业运营管理教材或书籍的撰写模式，在介绍运营管理基本内容的基础上，分别以PLM、ERP、MES、电商平台和OA系统为依托，详细阐述了工业互联网背景下企业研发设计、资源计划、制造执行、商务和行政等现代企业运营管理的内容，以及思想和模式的转变，希望读者能够从中领悟到工业互联网背景下的现代企业运营管理方法。第二篇由宋丹霞老师撰写，围绕着工业互联网背景下产业和企业变革的主题，从产品、业态、商业模式、组织和运营五个维度，通过大量的案例阐释变革，提出很多由工业互联网引发的新的产业发展思路和观点。第四篇由张延平老师撰写，沿着工业革命的脉络剖析职业变化的过程，预测未来的发展趋势，再从工业互联网相关专业从业者的视角出发，描述了工业互联网发展背景下，特别是智能时代来临之际，新职业挑战、新职业特征、新职业需求和路径及新的职业伦理道德等内容。后期的统稿是由宋丹霞老师负责的，她为本书付出了大量的心血和精力。

本书的编写受到了中国信息通信研究院"工业互联网标识解析国家

顶级节点（一期）建设项目上海自筹-教材编写出版"项目的资助。本书虽然由我们三位老师主编，但其实是一个大团队（或称项目组）集体智慧的结晶。首先是广州市工业和信息化局的胡志刚总工，从专业和政府管理视角提出了很多真知灼见，黄东航处长、张凯军处长和王敬府科长等局里领导帮助组织了多场研讨会、评审会，并在本书总体水平的把握和细节的完善上给予了很大的帮助。其次，参与企业及相关人士的无私奉献令我感动，他们怀有崇高的产业情怀、家国情怀及教育报国情怀，对本丛书的出版持开放态度，提供了大量的一手资料和案例，给予了大力的支持！还有课题组主要负责人——广州大学创新创业学院的王满四院长，带领团队肩负了组织协调及后勤保障的重任；管理学院的胡勇军老师在本书与技术相关内容的把控上起到了关键性作用；经济与统计学院的林晓珊老师和博士研究生窦子欣撰写了第三篇中的第9章，他们俩还协助编写组做了很多与书稿相关的琐碎工作。另外，机械工业出版社的吴亚军先生从出版的专业角度给出了很多宝贵的修改建议，还有很多参与讨论的课题组及非课题组的专家、学者、老师和同学都做出了不少的贡献。由于本书内容新颖，涉及面广泛，单靠课题组成员自身的知识积累是根本不可能完成任务的，所以，本书在编写过程中参考了相关文献，这些文献的作者的知识贡献是支撑本书的脊梁。在此，对上述人员一并表示感谢！

最后，由于本书涉及的学科领域较多，编者的水平和学识有限，书中难免存在不足之处，希望得到读者的谅解，也衷心期待读者的批评指正。

孙延明
2020年10月于广州大学城

INDUSTRIAL INTERNET 目录

推荐序一（中国工程院院士邬贺铨）
推荐序二（中国工程院院士方滨兴）
前言

第一篇　工业互联网与管理变革

第1章　工业互联网导论 / 3

1.1　工业互联网的含义及特点 / 3

1.2　工业互联网的兴起与发展 / 8

1.3　关于工业互联网的几点认识 / 20

1.4　实践引领：美的工业互联网赋予
　　　智造加速度 / 26

第 2 章　互联网时代的管理变革　/ 29

2.1　互联网相关概念及理论　/ 29

2.2　互联网时代特征及其对产业的影响　/ 34

2.3　工业互联网下的管理变革　/ 40

2.4　实践引领：工程机械巨头"跨界"工业互联网　/ 50

第二篇　产业演变与企业蜕变

第 3 章　产业形态演变　/ 57

3.1　产业变革背景　/ 57

3.2　新业态　/ 59

3.3　新融合　/ 76

第 4 章　产品与服务的发展变化　/ 84

4.1　产品与服务的内涵及构成　/ 84

4.2　工业互联网时代产品与服务的新特点　/ 87

第 5 章　商业模式巨变　/ 104

5.1　经营企业变成经营生态平台　/ 105

5.2　整合优质资源成为制造的核心　/ 110

5.3　消费者与生产者的零距离交互　/ 118

5.4　复合业态重塑产品价值链　/ 123

5.5　数据与智能服务产生附加值　/ 128

第 6 章　组织管理重塑 / 133

6.1　平台型组织成为重要的组织形式 / 134

6.2　地域分布式网络化组织形式 / 142

6.3　社会化人力资源组织形式 / 144

6.4　跨组织的动态联盟式虚拟企业 / 148

6.5　人机物协同共生的工作组织关系 / 151

第三篇　企业运营管理变革

第 7 章　研发设计管理变革 / 159

7.1　基于 PLM 的产品研发管理 / 159

7.2　研发设计管理理念的改变 / 162

7.3　研发设计管理模式的变革 / 166

7.4　实践引领：用设计说话的维尚集团 / 174

第 8 章　制造环节管理变革 / 179

8.1　资源计划管理变革 / 179

8.2　制造执行管理变革 / 189

8.3　实践引领：从制造到"智造"的飞鹤乳业 / 195

第 9 章　商务与行政管理变革 / 199

9.1　商务管理变革 / 199

9.2　行政管理变革 / 206

9.3　实践引领：美的用数字化重塑制造与生活 / 212

第四篇 新职业变革

第10章 新兴职业和人才需求 / 217

10.1 新职业挑战 / 217

10.2 新职业特征 / 234

10.3 新兴人才及技能匹配要求 / 241

10.4 实践引领：美团即时配送系统 / 246

第11章 新技术伦理与职业道德 / 251

11.1 技术伦理与职业道德 / 251

11.2 行业黑名单与红线行为 / 257

11.3 实践引领：数据堂员工数据泄露事件 / 259

参考文献 / 263

第一篇

工业互联网与管理变革

　　人类社会依次经历了农业革命、工业革命，以及当前的信息革命。互联网、大数据、云计算、人工智能等新一代信息技术，正在与经济社会各领域全面深度集成，催生了以线上线下一体、信息与物理融合为特征的新产品、新模式和新业态，推动了全球产业数字化、网络化、智能化变革，为世界经济提供新动能、开辟新道路、拓宽新边

界。国际金融危机发生以来,发达国家高度重视虚拟经济和实体经济的融合发展,纷纷实施"再工业化"战略,重塑制造业竞争的新优势。一些发展中国家也在加快谋划和布局,积极参与全球产业再分工。工业互联网作为新一代信息技术与制造业深度融合的产物,日益成为新工业革命的关键支撑,对未来工业发展将产生全方位、深层次、革命性的影响。

从管理学相关理论的发展可以看出,企业管理思维及理念归根结底要围绕时代的发展定位和企业的管理目标而演变,并与管理架构、管理对象、管理环境等要素相映衬。泰勒的科学管理理论和法约尔的一般管理理论符合分工理论,适应了工业化初期的规模化生产模式,提升了当时的生产效率,由此成为工业化时代的主流管理方式。如今,随着全球化、信息化的发展,互联网不仅从信息技术层面影响着企业的经营与管理,更从生活理念、消费行为、生产方式、员工管理、供应链、产业链等各方面影响人们的生产和生活。互联网时代的生产模式、消费方式、组织战略和商业模式的转变正在大力推动现代企业管理变革。

INDUSTRIAL INTERNET

第1章

工业互联网导论

何为工业互联网？这是认识与理解工业互联网思维的第一步。本章首先介绍了工业互联网的概念、本质、特征等基本内容，接着对工业互联网的兴起与发展以及各国工业互联网发展战略进行介绍，最后，对社会上人们重点关注的对工业互联网认识方面的一些误区进行了阐释，希望以此作为读者阅读后续章节的基础。

1.1 工业互联网的含义及特点

1.1.1 工业互联网概念的提出

工业互联网的概念是由美国通用电气公司（GE）在2012年11月发布的《工业互联网：突破智慧和机器的界限》白皮书中首先提出的。该白皮书指出，工业互联网将整合两大革命性转变之优势：其一是工业革命，无数台机器、设备、机组和工作站应工业革命的出现而产生。其二则是更为强大的网络革命，计算、信息与通信系统随着网络进化而不断发展。该白皮书还指出，工业互联网的三种核心元素是智能机器、高级分析及工作人员。其中，智能机器是指通过先进的传感器、控制器和软件应用程序，把现实世界中的机器、设备、团队和网络连接起来。高级分析是指使用基于物理的分析法、预测算法、自动化和材料科学、电气工程及其他关键学科的深厚专业知识来理解机器与大型系统的运作方式。工作人员则指建立跨区域员工之间的实时连接，以支持更为智能的设计、操作、维护及高质量的服务与安全保障。在设计、研发、制造、营销、服务等各个阶段，工业互联网对工业和互联网进行了充分融合，从而提高了整个系统的运行效率。工业互联网实质上就是整个工业过程的互联网化，重点强调的是企业信息的数字化。

我国工业互联网产业联盟于 2016 年 9 月发布的《工业互联网体系架构报告（版本 1.0）》中也提出，"工业互联网是以互联网为代表的新一代信息技术与工业系统全方位深度融合所形成的产业和应用生态，是工业智能化发展的关键综合信息基础设施"。工业互联网是通过物联网将各种信息传感设备与互联网组合起来而形成的一个巨大网络，实现了万物互联的新的互联网形式，简单来讲就是用于工业的传统互联网与新兴物联网的结合。当然，工业互联网的概念范畴远不止这些，还在不断拓展与发展当中。

1.1.2　工业互联网内涵与本质

工业互联网的概念不难理解，但其内涵十分丰富，它不仅仅是一个网络工具。工业互联网的本质特性是以开放互联网络为基础实现互联互通，以工业互联网标识解析为关键联结万物，以数据为核心创造商业价值，以云平台为载体实现要素资源整合，以资本为纽带实现快速扩展，以智能化跃迁为发展趋势。具体来说，工业互联网是具有低时延、高可靠、广覆盖特点的满足工业智能化发展需求的关键网络基础设施，是新一代信息通信技术与先进制造业深度融合所形成的新兴业态与应用模式。

1. 以开放互联网络为基础实现互联互通

工业互联网是在各类应用、平台、生态的网络基础上构建的，依托了传统互联网、移动互联网、物联网以及通信网络等各类泛在网络，从而实现平台互联、生态构建、数据互通。工业互联网是企业互联的一种形式，可以整合全产业链各企业间的信息，从而形成信息对称和规模红利，具有互联网经济的利他性，有利于降低产业链的整体运营成本。

2. 以工业互联网标识解析为关键联结万物

工业互联网标识解析体系是工业互联网网络架构的重要组成部分，既是支撑工业互联网网络互联互通的基础设施，也是实现工业互联网数据共享共用的核心关键。其中，工业互联网标识编码是指能够唯一识别机器、产品等物理资源以及算法、工序等虚拟资源的身份符号；工业互联网标识解析是指能够根据标识编码查询目标对象网络位置或者相关信息的系统装置，对机器和物品进行唯一性的定位和信息查询，是实现全球供应链系统和企业生产系统的精准对接、产品全生命周期管理和智能化服务的前提和基础。

3. 以数据为核心创造商业价值

在信息经济、数字经济时代，数据就是核心的生产资料，企业通过数据挖掘、应用，能够创造核心商业价值。数字化是网络化、智能化、虚拟化、个性化、去中心化和柔性化的基础，在产品整个生命周期和企业生产全流程中，现代设计、研发、仿真、制造、流程管理、营销服务、支付等都是基于数字技术完成的，在这个过程中将积累海量的数据资产。数据是生产、分配、交换、消费各个环节中不可或缺的纽带，技术流、物质流、资金流、人才流、服务流、信息流通过大数据整合、催生、赋能。工业互联网本质上也是数字化的生产力，它储备了以产业为版图的全息大数据池，是大数据基础上的生产力创新与升级。

4. 以云平台为载体实现要素资源整合

工业互联网通过云平台对生产要素进行整合汇聚、协同共享、优化配置，以实现商业模式创新，并提供各类协同创新服务。无论是工业领域的工业互联网，还是生产性服务业领域的服务业互联网，都是通过云平台汇聚资源和企业，实现研发模式、商业模式、服务模式、应用模式的创新，进而发挥工业互联网的赋能作用。工业互联网的线上平台形式多样，既可以是生态类的平台，也可以是基于专业分工的技术类、专业类平台；既可以是提供综合服务的综合平台，也可以是垂直细分服务业的专业平台。

5. 以资本为纽带实现快速扩展

在工业互联网对跨行业、跨区域的设备、技术、资金、企业、人才等要素进行整合的过程中，种子投资、风险投资、私募股权投资等资本发挥着巨大的作用。工业互联网的发展给资本运作平台、投资机构等提供了新的用武之地，同样，创新性的投融资模式在工业互联网发展、传统产业转型升级中也发挥着非常重要的作用。

6. 以智能化跃迁为发展趋势

在大数据、云计算、边缘计算及人工智能技术的发展背景下，人类社会很快进入智能时代。在工业界，各类无人机、机器人、可穿戴设备及智能装备等智能产品通过工业互联网的连接应用于制造、服务和金融等各领域及各环节；各种智能调度、智能分析、智能决策及智能控制等软件系统也会通过互联网的连接遍布工业领域各个角落，智能化成为工业发展的必然趋势。一方面，工业互联网显著带动了人工智能技术的发展和应用，另一方面，工业互联网及其承载的内容也必然会向智能化方向发展。

1.1.3 工业互联网特征

工业互联网以新技术为驱动实现融合创新，以模式创新为核心实现产业赋能，在经济管理领域的特征主要表现在以下几个方面。

1. 打通了产业链的各个环节

工业互联网侧重于经济、产业、商业属性，涉及社会生产、分配、交换、消费等经济活动各个环节、各类要素，涵盖了人类各种生产活动和服务活动，贯穿于企业的研发、设计、采购、生产、销售、供应链、金融、物流等各个生产经营环节，从需求分析、生产、经销、使用，直到回收再用的整个产品生命周期都可以通过工业互联网来实现。工业互联网理念、技术、平台的应用，重构了全社会生产经营生态，变革了企业内部的组织经营架构、运营管理模式与商业服务模式，实现了降低成本、节约资源、提升效率、提高质量和协同创新。

2. 以技术创新驱动了各类工业模式创新

工业互联网深刻地改变了人类的生产生活方式和思维模式，以技术创新驱动了技术模式、商业模式、融资模式、应用模式、服务模式、管理模式、经营模式等各类工业模式的融合创新。而在技术层面，正是因为工业互联网集成应用了云计算、大数据、移动互联、物联网、人工智能、区块链等新一代信息技术，使其能够持续革新并焕发新的生命力。

3. 使传统的产品和企业竞争上升为生态体系的竞争

在制造业领域，以软件定义为标志、以平台为核心的产业链垂直整合日益加速，制造业竞争的关键点已从单纯的产品和技术体系架构的竞争演变成生态体系的竞争。西门子、IBM、GE、SAP、小米、海尔、研华、阿里巴巴、中国电信、中国移动等龙头企业，都在制造领域打造自己的生态体系，创造新的生态商业价值。伴随信息通信技术与工业、制造与服务、软件与硬件的快速跨界融合，面向制造业的工业软件企业也在加速转型，用友网络、安世亚太、数码大方、索为高科等企业同样在致力于打造生态体系。传统的以产品或企业为主体的竞争模式已然被打破，生态体系竞争成为工业领域竞争的制高点。

1.2 工业互联网的兴起与发展

上节我们介绍了有关工业互联网的基本知识，本节将介绍工业互联网的兴起与发展，重点介绍主要发达国家的工业互联网发展战略，以及国内外具有代表性的工业互联网平台，希望读者可以从中了解到一些工业互联网的国内外发展态势。

1.2.1 互联网的发展阶段

互联网的概念可以追溯到 20 世纪 60 年代，出自麻省理工学院（MIT）教授利克莱德的"人机共生"和"以计算机为通信工具"这两篇论文。1965 年，人类在历史上第一次将两台计算机远程连接起来，实现了首次计算机互联。随着分组交换协议、接口信息处理机与 TCP/IP 三个主要技术突破的实现，互联网的演进方向逐渐确立。

1. 学术互联网时代

互联网起初是为大学和研究部门的研究者设计和建立的，一般把这个时代称为学术互联网时代。1969年美国国防部高级研究计划局的阿帕网（ARPA网）是最早成形的互联网，主要用于军事连接，后扩展到高校，将美国西南部的加利福尼亚大学洛杉矶分校、斯坦福大学研究学院、犹他州大学和加利福尼亚大学的四台主要的计算机连接起来，用于研究资源的共享和异地网络通信。另外一个推动互联网发展的广域网是美国国家科学基金会资助设立的国家科学基金网（NSF网），目标是连接全美的5个超级计算机中心，让美国的100多所大学实现资源共享。ARPA网和NSF网最初都是面向科研服务的，其主要目的是为用户提供共享大型主机的宝贵资源。在这个时代，通过互联网，计算机被相互连接起来，信息传递打破了时空的限制，能够瞬间从地球一端传递到另一端。

2. 商用互联网时代

20世纪90年代，互联网开始进入了人人连接的大众互联网时代，也可以理解成商用互联网时代。1989年，在普及互联网应用的历史上又发生了一个重大事件，欧洲粒子物理实验室提出了一个关于分类互联网信息的超文本协议，这个协议在1991年后被称为WWW（World Wide Web），即万维网，它使得互联网更加便于应用和普及。人们能够从一个商业站点发送信息到另一个商业站点而不需再经过政府资助的网络中枢。互联网一经商业应用就开始迅猛发展，各国都看到了互联网的发展前景，纷纷制定国家战略来推动互联网的发展。

3. 万物互联时代

比尔·盖茨在1995年出版的《未来之路》一书中提到了万物互联。在1999年，宝洁公司的凯文·艾什顿（Kevin Ashton）做了"Internet of Things"为标题的演说，提出将射频识别（RFID）芯片安装在消费品中以监控库存变化，掀起了物联网的潮流，凯文·艾什顿也因此被称为"物联网之父"。

同年，麻省理工学院的 Auto-ID Center 把物联网定义为基于计算机互联网，利用 RFID、无线数据通信等技术构造一个覆盖世界上万事万物的网络，以实现物品的自动识别和信息的互联共享。2005 年 11 月 17 日，信息社会世界峰会上，国际电信联盟发布了《ITU 互联网报告 2005：物联网》，提出了物联网的概念，指出"物联网"时代的来临。这标志着物联网技术革命的开始。最近几年，随着传感和物联网技术、云技术、通信和互联网技术的发展，物联网到了蓬勃发展的井喷期。截至 2017 年，已有 84 亿台设备接入互联网，数量超过全球人口总量。预计在不久的将来，所有的智能物体都将接入互联网，而一个人与人、人与机器、机器与机器全面互联的社会将会被构建起来。

4. 智慧互联网时代

随着 5G 时代到来，智能化将与网络共生发展，工业互联网将从信息互联网发展到智慧互联网，人类社会也会随之进入智能社会。在智慧互联网时代，一方面，智能终端将呈现多样化，现在常见的智能终端主要是手机，近两年手表、手环、眼镜等可穿戴智能设备也越来越多地涌现。将来，智能家居和包括电视、空调、冰箱、热水器等在内的家用电器都有望与互联网实现无缝连接，成为智能服务的终端。另一方面，智能化的程度也将不断加深，以手机为代表的智能设备会更自动、更灵活。在人机互动方面，语音识别、机器翻译等技术已经获得突破，机器学习等也存在着巨大的潜在发展空间。

1.2.2　工业互联网的兴起

互联网发展与新工业革命的历史性交汇催生了工业互联网。如图 1-1 所示，从整个工业与互联网发展历史时间轴来看，我们可以看到 1950 年在工业企业生产中采用的是单机数控，1969 年诞生了工控系统，1990 年出现 ERP（企业资源计划）和 MES（制造执行系统），信息通信技术由单点的辅助工具发展成为集成工具。1995 年整个互联网从军用网和科研网向商业网实现了一个大的跨界发展。随着电子商务的发展，到 2000 年互联网技术开始应用于工业企业的销售环节，人类进入消费互联网时代，2007 年移动互联网得到了较大的发展，此后 2012 年工业互联网诞生。纵观整个发展进程，工业变革中信息通信技术由单点的辅助工具发展成为一个集成工具，包括 ERP 和 MES 的应用，最后信息技术在工业领域以融合的形态出现，其最重要的表现形式就是工业互联网模式，从商用互联网到移动互联网再到工业互联网，实现了工业企业全面的数字化、网络化和智能化的变革。

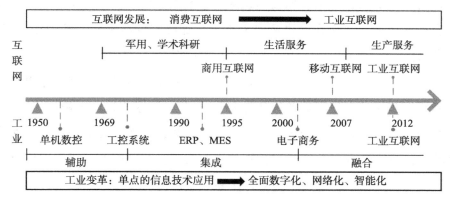

图 1-1　工业与互联网发展历史时间轴

1.2.3　各国工业互联网发展战略

在全球新一轮科技革命和产业变革中，信息技术与各行业各领域的融合发展已成为时代新潮流。发展工业互联网是抢占这一轮工业革命制高点和主导权的必由之路。世界主要国家为把握"再工业化"与信息化交汇的难得机遇，纷纷出台了发展工业互联网的相关战略，着力形成多层次、全方位的发展机制。

除了美国的"先进制造业国家战略计划"、德国的"工业4.0"、日本的"机器人新战略"等国家级战略外,英国、法国、俄罗斯、韩国、印度等众多国家也推出了一系列战略,虽然名称和侧重点不同,但共同核心都是推动新一代信息技术和制造业的深度融合,大力加快制造业的网络化、数字化、智能化和平台化转型,各国都期望通过科技革命减少对人的依赖,更好地发挥人的价值,推动本国制造业向高质量、高效率、绿色高端方向发展。

1. 美国工业互联网发展持续领跑全球

美国的 GE、IBM、思科等龙头企业主导的工业互联网联盟(IIC)于 2014 年成立,美国政府及联盟组织成员的发展动向一度成为全球工业互联网发展的风向标。而在推进策略上美国更加注重创新驱动,发挥互联网、信息通信、软件等优势,"自上而下"重塑制造业,具体如下。

(1)政府大力实施再工业化战略。2008 年全球金融危机之后,美国政府组织实施了"先进制造业伙伴计划",构建"国家制造业创新网络",重点突破信息物理系统、先进传感与控制、大数据分析、可信网络、高性能计算、信息安全等工业互联网关键技术,为工业互联网的发展和应用提供有力支撑。美国政府意在通过生产关系、生产方式及技术的革新,使工业重新焕发出强大的生命力和竞争力,推动产业优化升级,加速第四次工业革命进程。

(2)领军企业引领美国工业互联网发展。GE 是美国传统制造业的巨头,率先进行了数字化转型。GE 公司于 2012 年发布了《工业互联网:突破智慧和机器的界限》白皮书,首次提出了"工业互联网"的概念,随后在 2013 年推出了 Predix 工业互联网平台,力促工业互联网发展。之后 GE 投入大量资源并以 Predix 为核心建立了新的业务部门 GE Digital,使其成为

GE 战略的关键部分。GE 还与微软、思科、IBM 等巨头开展合作，共同推动工业互联网发展并强化平台服务能力。2016 年，GE 公司正式开放了完善后的 Predix 平台，并建成 4 个云计算中心，聚集了 2 万名开发者。2018 年 12 月，GE 正式宣布出售部分 GE Digital 业务，转而投入 12 亿美元成立新的工业互联网公司，独立运营 Predix 平台及相关数字化业务，在工业互联网发展道路上迈出新的一步。

（3）优秀初创企业获得资本青睐。2014 年成立的 Uptake 公司在短短 4 年间即获得超过 2.5 亿美元的融资，公司估值高达 23 亿美元。提供边缘智能软件的 FogHorn 公司目前累计融资达 7 250 万美元，仅 2017 年 B 轮融资就获取 3 000 万美元资本。基于工业互联网平台独角兽企业 C3 IoT 开发了一系列工业 App，到 2019 年接入设备已超过 7 000 万个，四轮累计融资达 1.1 亿美元，企业估值 14 亿美元。

（4）积极打造工业互联网发展生态。随着工业互联网联盟的成立，工业互联网技术标准化和试点应用加速发展，工业互联网生态体系逐渐形成。2015 年工业互联网联盟发布工业互联网参考架构，系统性地界定了工业互联网架构体系。2016 年 3 月，工业互联网联盟和"工业 4.0"平台代表在瑞士苏黎世相关会议上分别推出具有潜在一致性的工业 4.0 参考架构模型和工业互联网参考架构。截至 2019 年 3 月，工业互联网联盟已有来自全球的 260 余家成员单位，致力于开展标准制定、测试验证、国际合作等工业互联网生态建设。

2. 德国工业 4.0 建设步伐不断加快

德国长期专注于复杂制造系统的优化和创新，其装备制造业也领先全球。为应对新一轮科技和工业革命带来的挑战，德国更加注重发挥自身在自动化系统、制造装备、工艺流程等方面的优势，并利用信息技术"自下而上"升级制造业，进而提出了工业 4.0 战略。与美国的工业互联网不同，德国工业 4.0 更加注重通过生产环节的智能化来重塑生产制造服务体系，以提高资源配置效率。

（1）政府出台一系列战略部署。在德国国家工程院、弗劳恩霍夫协会等研究机构的积极推动下，德国政府将工业 4.0 上升为国家战略，试图融合信息网络与工业生产系统，打造数字工厂，实现价值链上企业间的横向集成、网络化制造系统的纵向集成以及端对端的工程数字化集成，强调机器与互联网的相互连接，从而改变当前的工业生产与服务模式。2019 年德国进一步出台"国家工业战略 2030"，并将发展"平台经济互联网公司"作为德国工业发展的挑战之一，意在通过强化政府政策效应，充分发挥新形成的相对优势。从德国系列战略部署来看，其目的是进一步打造工业生产全要素、全价值链、全产业链多层次连接的生产制造服务体系。

（2）领先企业积极推动工业互联网布局。德国西门子集团是全球电子电气工程领域的领军企业，牢牢掌握数据采集、自动化系统、工业控制等方面的关键技术。从 2007 年开始，西门子先后并购了 UGS、Innotec、Vistagy、IBS、VRcontext、LMS、TESIS 等企业，补齐仿真与测试、3D 可视化、工业软件等数字化能力。2016 年，西门子正式推出工业互联网平台 MindSphere，凭借其独特的开源性和兼容性，以及出色的数据采集和分析能力，MindSphere 为客户提供数据挖掘、工业 App 开发等增值服务的系统化解决方案。还有国际 ERP 巨头 SAP 公司也早已从单独的 ERP 业务扩展为为企业提供信息化全套解决方案，特别是针对工业互联网开发和收购了与底层工业设备连接的信息化工具平台和软件。

3. 其他国家和地区紧跟推出发展战略

其他国家和地区结合本国制造业发展现状及优势，也纷纷出台工业互联网发展战略，具体表现如下。

（1）各国打造本土工业互联网体系。英国出台"英国工业 2050 计划"，法国制定"新工业法国"战略，紧跟全球工业互联网发展动向，大力支持本国工业互联网的技术突破、产业布局和金融服务。日本提出"互联工业"战略，试图将人、设备、系统、技术等全部连接起来。韩国则主攻机器人、人工智能、自动驾驶和 3D 打印等智能制造产业。

（2）国际合作与交流日趋紧密。2019 年年初，工业互联网联盟与澳大利亚物联网联盟（IoTAA）签订协议，共同协调工业互联网发展，帮助改善数字经济。2018 年，印度尼西亚与新加坡开展第四次工业革命缔结合作，支持印度尼西亚工业 4.0 发展战略，致力于振兴食品加工、纺织和服装、汽车、电子、化学等五个领域。此外，印度的印孚瑟斯、塔塔等几大软件企业与美、德、日等多国制造企业开展泛在合作，深度参与工业互联网联盟等国际组织。

4. 中国的换道超车战略及策略

我国也高度重视发展工业互联网，"十三五"规划纲要提出要深入推进"中国制造 2025"及"互联网＋"发展战略的实施，陆续发布了《关于深化制造业与互联网融合发展的指导意见》《关于深化"互联网＋先进制造业"发展工业互联网的指导意见》，明确提出加强工业互联网建设。2018 年，中华人民共和国工业和信息化部组织实施工业互联网创新发展工程，标志着我国工业互联网从政策文件制定进入具体实施的新阶段。

工业互联网为我国制造业提供了绝佳的"换道超车"的历史机遇，对此我国也积极施行"制造强国"战略，着力打造中国工业互联网平台体系，主要的发展策略分析如下。

（1）补齐数据采集能力短板。数据采集是工业互联网的基础，而我国制造业数字化、网络化基础与美国、德国相比较为薄弱。2019年，我国制造业生产设备数字化率仅为47.1%、关键工序数控化率仅为49.5%、数字化设备联网率仅为41%，尤其是中小企业的基础更加薄弱，设备数字化改造和数据采集的水平较低。为此，应加快企业生产设备的数字化改造和企业内外部网络升级改造，提升数据采集能力，进一步夯实我国工业互联网发展的基础。

（2）主攻工业互联网平台。工业互联网平台为我国工业制造业的换道超车提供了难得的历史机遇。然而，由于美国和德国等先进国家的先发优势，我国工业互联网平台的建设发展现状仍较为严峻，具体体现在：95%以上的高端PLC⊖和工业网络协议被国外厂商垄断，我国工业数据采集能力薄弱；50%左右的工业PaaS⊖平台需要采用国外开源架构，缺乏开源开放的本土通用PaaS平台；90%以上的高端工业软件仍依赖国外供给，我国缺乏关键的工业App。此外，工业信息安全保障能力不强也影响着工业互联网平台的建设和推广。我国发展工业互联网平台的基础和优势包括具有超大规模的市场需求、建设了完备的工业体系、打造了创新引领的互联网生态以及培养了庞大的专业人才队伍，因此，要抢抓全球工业互联网平台规模化扩张的战略窗口期，不断开放价值生态，充分发挥我国工业技术后发优势，从而早日实现换道超车。

（3）将工业互联网作为制造业智能转型的重要抓手。在生产现场数字化、网络化改造的基础上，依托工业互联网平台能够为制造业企业提供生产过程可视化、数据分析与挖掘、生产设备监控管理、软件工具共享等服务，促进制造业的智能转型和升级发展。

（4）推进工业互联网标准体系建设。结合我国制造业实际发展现状，研究完善我国工业互联网参考架构和标准体系，并明确标准研制的主要范

⊖ Programmable logic controller，可编程逻辑控制器。
⊖ Platform as a service，平台即服务。

围和重点方向。同时，对数据采集、数据服务、数据建模、数据接口、应用接口、服务对接等核心技术标准进行研制和试验验证，促进不同领域、不同平台之间互联互通与共享合作。

纵观全球各主要国家的工业互联网发展路径，基本形成了一条"以政府为引导、市场为主导、企业为主体、联盟为支撑"的发展道路，在技术攻关、产业布局、资本服务等方面，加大产学研用合作力度，共同推动工业互联网创新发展。中国正在充分借鉴国际先进经验，围绕核心技术、标准和平台加速布局工业互联网，夯实智能制造基础，促使智能制造成为全球制造业的竞争核心，创新发展，力争在工业互联网时代走在前沿。

1.2.4 典型的工业互联网平台

工业互联网平台是工业互联网的核心要素，是面向制造业数字化、网络化、智能化需求，构建基于海量数据采集、汇聚、分析的服务体系，支撑制造资源泛在连接、弹性供给、高效配置的工业云平台。当前国内外企业工业互联网平台正处于规模化扩张的关键期，毋庸置疑，工业互联网平台正成为制造业和互联网深度融合的新焦点、新抓手，驱动制造业加速向数字化、网络化、智能化方向延伸拓展。下面简单介绍国内外主要的工业互联网平台。

1. 国外主要的工业互联网平台

（1）美国通用电气公司：Predix 平台。美国通用电气公司是世界上最大的装备与技术服务企业之一。2013 年，GE 率先推出工业互联网 Predix 平台，探索将数字技术与其专业优势领域如航空、医疗、能源和交通等相融合，向全球领先的工业互联网企业转型。Predix 平台是全球第一个专门为工业数据分析而开发的操作系统。它不仅能实时监控各类机器设备，同步捕捉设备运行过程中产生的海量数据，还能对数据进行分析和管理，提升运营效率。GE目前已基于Predix平台部署开发了互联产品、智能环境、现场人力管理、计划和物流、工业分析、资产绩效管理、运营优化等多类工业App。

（2）德国西门子：MindSphere平台。德国西门子是全球电子电气工程领域的领先企业，与美国GE公司从物联网角度切入，主攻智能服务不同，德国西门子公司更偏重于工厂生产方式的变革，并抓住了工业4.0的核心，成为世界工业互联网转型的先驱者。西门子通过一系列收购打通了数字化工业转型之路，于2016年推出MindSphere平台，构建了基于云的开放物联网架构，将传感器、控制器以及各种信息系统收集的工业数据，通过安全通道实时传输到云端，并在云端为企业提供大数据分析挖掘、工业App开发以及智能应用等增值服务。MindSphere平台目前已在全球（主要是北美和欧洲）100多家企业推广和应用。

（3）法国施耐德电气公司：EcoStruxure平台。法国施耐德电气公司是全球著名的电气设备制造商和能效管理领域领导者，施耐德于2016年发布了EcoStruxure平台。EcoStruxure平台包括三个层级，即互联互通的产品层、边缘控制层以及应用、分析和服务层。截至2020年，EcoStruxure平台已联合2万多家系统集成商，部署超过48万个系统，主要面向楼宇、信息技术、工厂、配电、电网和机器六大方向，探索将数字技术与其专业优势领域如电力设备等相融合，实现施耐德集团的工业互联网转型。

2. 国内主要的工业互联网平台

随着数字经济的迅速崛起，各种垂直的、细分的、专业的平台纷纷涌现，许多在传统制造行业、产业链领先的龙头企业都在借助生态系统向平台模式转型，重新构建企业组织架构、产业链以及价值链，乃至重构原有的产业生态。产业链平台、物联网平台、工业互联网平台逐渐成为传统产业拥抱数字时代的重要工具和支撑。未来，工业企业为了提高能效、降低成本将会形成对这类平台的强依赖。当前国内主流工业互联网平台大致分为四种商业模式，分别是个性化定制、网络化协同、智能化生产和服务化延伸，具体介绍如下。

（1）个性化定制模式：海尔 COSMOPlat 平台。个性化定制以用户全流程参与、定制化设计、个性化消费为特征，它几乎完全颠覆了"标准化设计、大批量生产、同质化消费"的传统制造业生产模式。在整个过程中，用户不仅是消费者，同时也是设计者和生产者，这种用户需求驱动下的生产模式革新最大程度契合了未来消费需求的大趋势。海尔打造的工业互联网平台 COSMOPlat 就是个性化定制商业模式的典型代表。COSMOPlat 集成了系统集成商、独立软件供应商、技术合作伙伴、解决方案提供商和渠道经销商，致力于打造工业新生态。用户可以通过智能设备（如智能手机或平板电脑）提出需求，在需求形成一定规模后，COSMOPlat 可以通过所连接的九大互联工厂实现产品研发制造，从而产出符合用户需求的个性化产品。这种颠覆传统的个性化定制形成了以用户需求为主导的全新生产模式，实现了在交互、定制、设计、采购、生产、物流、服务等环节的用户参与。

（2）网络化协同模式：航天云网 CMSS 云制造支持系统。网络化协同模式是一个集成了工程、生产制造、供应链和企业管理的先进制造系统。网络化协同模式可以把分散在不同地区的生产设备资源、智力资源和各种核心能力通过平台的方式集聚，是一种高质量、低成本的先进制造方式。网络化协同模式的典型代表是航天云网的 CMSS 云制造支持系统。CMSS 云制造支持系统主要包括工业品营销与采购全流程服务支持系统、制造能力与生产性服务外协与协外全流程服务支持系统、企业间协同制造全流程支持系统、项目级和企业级智能制造全流程支持系统等四个方面，可以满足各类企业深度参与云制造产业集群生态建设的现实需求。

（3）智能化生产模式：富士康工业互联网平台 BEACON。智能化生产是指利用网络信息技术和先进制造工具来提升生产流程的智能化，从而完成数据的跨系统流动、采集、分析与优化，实现设备性能感知、过程优化、智能排产等智能化生产方式。智能化生产的典型代表是富士康集团于 2017 年开发的工业互联网平台 BEACON。BEACON 平台通过整合工业互联网、大数据、云计算等软件以及传感器、工业机器人、交换机等硬件，建立了端到端的可控可管的智慧云平台。平台将生产数据、设备数据进行集成、分析、处理，以创建开放、共享的工业级 App。智能化生产模式通过对生产流程进行优化和改造来实现企业数字化、网络化和智能化转型。

（4）服务化延伸模式：树根互联根云应用平台。服务化延伸模式是指企业通过在产品上添加智能模块，实现产品联网与运行数据采集，并利用大数据分析提供多样化智能服务，从销售产品拓展到优化服务，如客户增值体验、产品优化方案等。值得注意的是，能够提供服务化延伸的工业互联网平台企业大多已具备工业产品基础或已具备较强的服务输出能力。服务化延伸的典型代表是树根互联打造的根云应用平台。通过平台对设备数据的采集，可以为工业企业提供设备监控和大数据分析，改变企业的运营管理模式，进而提升运营效率，塑造数据的可视化，给企业带来更多价值，最终引领工业模式创新。在当前制造业积极探索由传统的以产品为中心向以服务为中心转变的背景下，服务化延伸模式可以有效延伸价值链条，扩展利润空间，成为制造业竞争优势的核心来源。

1.3　关于工业互联网的几点认识

1.3.1　"工业 + 互联网"与"互联网 + 工业"

自进入消费互联网时代以来，我国的互联网产业历经了前所未有的巨大发展。2015 年李克强总理在《政府工作报告》中首次提出"制定'互联网+'行动计划"，同年 7 月 4 日，国务院发布了《关于积极推进"互联网+"行动的指导意见》，充分体现了国家推动互联网与传统行业融合发展的决心，从此掀起了"互联网+"改造传统行业的浪潮。那么"互联网+"的内涵是什么？"互联网+"和"+互联网"有什么不同？在工业互联网概念提出的早期，关于工业互联网到底是"工业+互联网"，还是"互联网+工业"的讨论也一度非常激烈。如果想要准确地理解工业互联网新思维，就有必要对这两者的区别进行探讨。

通俗来说，"+互联网"指的是企业在保持原有运营模式不变的情况下，通过互联网的平台与渠道，实现销售量乃至用户的增加，在这个过程中，互联网只是工具，而企业只是单纯地增添了互联网这一新渠道。举例来说，一家报纸开通数字版本，把它的文章都放到网页上，这就是传媒业+互联网。再比如说，有些企业的商品不仅在实体店售卖，也在网上销售，或者是网上下单在实体店取货的 O2O 模式，这些都是"传统企业+互联网"。

"互联网+"则是"互联网+传统行业"，但这并不是两者的简单相加，而是利用信息通信技术和互联网平台，让互联网与传统行业进行深度融合，创造新的发展生态。"互联网+"的真正核心是企业思维模式的转变，而不是各种工具的简单利用。当然，"互联网+"并没有改变一个行业或产品的本质，只是利用互联网把它变得更有效。因此，可以认为"互联网+"是在"+互联网"的基础上，企业通过思维和理念的变革推动经营模式和用户关系变革的新经济模式。现在所提到的新制造、新零售、新服务和新金融等都可以认为是互联网给传统行业带来的颠覆式变革。在深入理解了以上两个概念的区别后，可以清楚地认识到工业互联网应该属于后者，是信息化与工业化的深度融合，是互联网向传统工业生产领域延伸、集成、融合的产物。

当然，作者认为如果弄不太清楚"工业+互联网"与"互联网+工业"也没关系，这些都是人为的诠释和观点。并且，从事经济工作、技术工作和管理工作的不同背景的人可能持有不同的观点，即使是相同背景的人也可能持有不同的观点，且人们对工业互联网的理解并不会对工业互联网本身的蓬勃发展产生影响，更不可能阻挡其前进的步伐。

1.3.2　工业互联网与消费互联网的区别

目前，互联网的影响主要还是集中在消费互联网领域。在"供给侧改革""互联网＋""大数据"等国家战略背景下，特别是在李克强总理在2019年3月的两会中提出的"智能＋"号召下，中国互联网正从消费互联网转向工业互联网，或者说开始呈现双轮驱动、并驾齐驱的发展势头。工业互联网与消费互联网有着不同的商业逻辑，给人类社会带来的变革将更为深远。那么，工业互联网与消费互联网存在哪些不同呢，可以通过以下几个方面的阐述得到一些启发。

（1）发展模式不同。消费互联网解决了人们对产品、服务购买的便捷性问题，但并不能改变产品本身质量的好坏。同时，消费互联网的应用门槛较低，发展模式可复制性强，通常由互联网企业主导。而工业互联网不但要解决人们对产品、服务购买的便捷性问题，还希望所提供的产品和服务质量更好。由于行业标准杂而应用专业化，导致难以找到普适性的发展模式，因此制造企业通常在发展中具有至关重要的作用。

（2）技术要求不同。消费互联网主要连接的是人，应用场景较为简单，技术要求低。而工业互联网连接的是人、机、物，连接的种类和数量更多，场景更复杂，因此技术要求也更高。工业互联网不但需要一个门户平台类软件，还需要大量的设备管理软件，这无疑加大了软件设计和开发的难度，也因此显著增加了工业企业的投入成本。

（3）新旧兼容性不同。消费互联网给人们提供的产品和服务，如外卖软件、打车软件、电子商务等，都是颠覆式的创新，它们不存在新旧兼容性问题，人们不会拿它们与原有的产品或服务做比较。而在工业互联网出现之前，制造业早已引入信息技术，企业中已有成百上千种软件和系统。当工业互联网出现之后，势必会出现工业互联网与企业已有的信息化系统是否兼容的问题，这就需要进行集成、发展和再创新。

（4）服务时效不同。消费互联网提供的是一种时间上离散的服务，如淘宝提供的产品、美团提供的外卖服务、滴滴出行提供的运输服务等，都是在有限时间内的一次性服务。而工业互联网提供的则是一种时间上连续的服务，如目前工业互联网的典型应用"设备上云"，其提供的服务就是一天 24 小时的不间断服务。因此，由于服务时效的不同，工业互联网的定价是不能与消费互联网相提并论的。

（5）思维模式不同。消费互联网提得最多的是"流量"，流量就是入口，是成功的关键。工业互联网要想成功也离不开流量，工业互联网的流量主要来源于系统泛在感知得来的数据和信息，而不是终端客户。所以，消费互联网的流量思维在工业互联网中并不适用。代替流量思维的是工业互联网的大数据思维，实时、智能、同步、精准、协同等成为工业互联网中出现的高频词。

尽管工业互联网与消费互联网存在以上诸多不同，但在消费互联网时代所形成的互联网思维仍是工业互联网发展的根基，从这个角度来说二者又具有一定的同质性。

1.3.3　工业互联网的认识误区

工业互联网作为一个新生事物，不同的人对它有不同的认识，也难免产生认识上的偏差和误区，这是符合新生事物发展客观规律的正常现象。对此，作者根据一些文献尝试着做一些阐述。通常人们对于工业互联网的理解和认识会产生以下几方面的误区。

1. 工业互联网是一个新涌现出来的事物

从政府到企业，工业互联网的热潮一浪高过一浪，一些企业纷纷成立工业互联网事业部，很多地方政府也专门成立了主管处室。然而工业互联网真的是新涌现出来的事物吗？其实，在工业领域，自从网络化制造提出以来，就已经开始有人在做工业互联网方面的探索和实践，如工业企业的局域网、广域网应用，只是当时人们并不称之为"工业互联网"。工业互联网是将工业企业的产品设计、研发、制造、营销、服务等各个价值链环节与互联网进行充分融合，以提高整个系统的运行效率。工业互联网的很多经典案例都是过去就有的，它并不是什么新鲜的事物，只是在泛在感知、万物互联的物联网全面发展的今天被热捧的实现智能制造目标的一个必不可少的纽带，是从过去到现在人们一直在做的事情。

2. 产业互联网就是工业互联网

目前，国内业界提出了产业互联网的概念，很多人认为工业互联网就是产业互联网，甚至于片面地认为二者只是翻译的名称不同而已。由于在英文中，"产业"和"工业"都是同一个单词"industry"，加之产业互联网最早主要应用于工业领域，因此这一概念被引入中国时，就被译成了工业互联网。其实，对产业互联网的理解不应该局限在工业领域，产业互联网与工业互联网的关系就像大数据与工业大数据、物联网与工业物联网的关系，产业互联网的范畴比工业互联网更为宽泛，除了工业互联网外，它还包括服务业互联网、农业互联网以及金融业互联网等。

3. 实施工业互联网就是企业上云

很多企业在对工业互联网进行理解和解读时，一个比较普遍的现象是把工业互联网等同于商业互联网中常见的在云端对数据进行分析处理，通过一些业务模型来提供服务的模式。对于工业互联网，这种解读是过于简单和片面的，是一种表象的理解。开源技术的产生、云的出现，以及像亚马逊这样的公司的出现，使得我们可以很方便地在云上提供存储空间、数据的服务以及托管的服务。云是一个存储空间，网是节点之间连接的通道，云是通过网的桥梁作用把用户和云中心连接起来的。企业上云也是近期我国推动和激励企业充分发挥工业互联网、云计算作用的一种信息化政策。但是像这样一种大众化的、普及化的云服务，对于工业互联网来说只是一种基础，它远远不是工业互联网的全部。工业互联网的商业本质是对企业综合运营效率的大幅提升，所以对工业互联网的理解不能只是认为它是一个云端的大数据分析，对如今中国绝大多数制造型企业来说，应用工业互联网是有其深刻的商业模式和商业本质上的需求的。

4. 实施工业互联网就是企业购买一套新的管理信息系统软件

有些企业可能会将工业互联网错误地理解为就是企业购买的一套类似于 ERP 的新的管理信息系统软件。其实，在工业由大变强的过程中，互联网作为一种基础设施是一类工具，同时又是一种思维模式、创新的源泉，是传统工业转型升级的重要驱动力。国家发展工业互联网，从根本上是为了服务制造业的智能化转型升级，构建现代工业体系。工业企业既要有工业发展视野，也要有信息技术视野和互联网视野，将三种视野深度融合、互相配合，才能实现工业由大变强，才能实现工业高质量发展。从这个角度来看，工业互联网不是一项技术、一套软件、一种模式，而是从工业角度出发的结合多种现代化信息技术的综合体系。

5. 将消费互联网思维直接套用于工业互联网就能取得成功

前面我们已经介绍了消费互联网和工业互联网的区别，因此不能把消费互联网的成功经验简单套用在工业互联网中。工业互联网建设过程中，确实存在互联网思维能够改进的部分，但更多涉及工业机理模型的问题是简单的互联网算法无法解决的。由于我国的制造企业处在不同的发展阶段，信息化水平参差不齐，企业普遍缺少互联网和工业制造的复合人才，现有网络支撑的能力相对不足，不管是实现工业互联网，还是走向智能制造，中国工业企业都有很长的路要走。传统工业企业应该脚踏实地做好各项基础性准备工作，来迎接和拥抱工业互联网所带来的变革。

1.4 实践引领：美的工业互联网赋予智造加速度⊖

1. 美的工业互联网实践简介

时下，工业互联网的构建大多流于表面，或单纯倚重于互联网，或者依赖于装备的购置，在与制造平台协同对接的过程中仍有许多亟待解决的问题。而在此方面，美的打造工业互联网平台的优势凸显。一方面，中国是制造业大国和强国，美的因而拥有制造业最好的业务实践经验，在注塑、电子、总装、3C 制造等复杂制造领域深耕已久；另一方面，美的通过携手德国库卡、以色列高创，引入了全球领先的机器人、自动化及商业解决方案，实现了从生产大数据到运动控制的无缝对接，有效提高了生产流程的可视化、人机共协和全程品质监控水平。

美的在数字化转型方面已深耕 8 年，力图以数字化连接研发、计划、制造、采购、品质、物流、客服等全价值链各个环节，实现全价值链端到端的全面协同。2018 年 10 月 19 日，美的发布了全新工业互联网平台 M.IoT，美的空调广州南沙智慧工厂是首个引入 M.IoT 的标杆智慧工厂，也

⊖ 本案例根据以下资料编写：科技新知.扒一扒美的工业互联网，将如何颠覆传统工厂？[EB/OL].(2018-10-22）[2019-07-12]. https://www.sohu.com/a/270536360_466962.

是第一批入选国家 2018 年工业互联网试点示范项目的企业。

2. 美的南沙智慧工厂

美的南沙智慧工厂较全面地集成了 M.IoT 的核心应用，工厂建设投入了上亿元，在超过 4 万平方米的厂房中，大量前沿技术已进驻生产现场，以领先的智能网关技术打通工业互联网中各环节，提高供应链效率。

注塑是生产中的常见环节之一。传统注塑车间有以下问题：车间中有大量型号不一、年代不同的机器，往往一台出错就必须全部停机检修，影响整条生产线，从而带来巨大损失；岗位多、人员多，一旦出问题，上报处理时间长、效率低；注塑设备电子电路多、参数多，稍有不慎，就会出故障，为保证注塑机连续、正常运行，注塑车间工人压力巨大且劳累不堪……但在美的南沙智慧工厂的注塑车间，经过一系列工业互联网改造后，一切都变了样。

（1）工业云平台让设备"身体健康"可控。工业互联网大数据中心的屏幕上，注塑设备的运行参数一目了然。工业云平台对数据进行分析后，发出设备保养预警和故障预测，提醒现场工人及时对设备进行"体检"，从而更好地保养设备、延长设备寿命并提升运行效率。

（2）信息拉通降低了现场管理难度。通过信息拉通和统筹调度，注塑生产的各个环节变得有条不紊。以物流为例，通过"计划采购一体化"、供应商协作云等精益管理，拉通了整个物流过程信息，物流断点和中间库存量少了，物料配送效率得到了提高。

（3）智能装备让人的工作更轻松。人工智能也被运用到了注塑产品的质检环节。工业云 AI 的图片识别堪称质检标兵，可以分析判断 16 个外观检测项目，降低人工误判率的同时还能够减少人的工作量。

M.IoT 在南沙的落地成型，就像星星之火，是充满希望的开端。据说，

M.IoT 在美的内部的众多试点均取得了良好效果。随着 M.IoT 被应用到更多不同的行业与场景中，相信将来有越来越多的工厂可以像这个注塑车间一样，借助工业互联网的加持，打一场漂亮的翻身仗。

3. 美的工业互联网成功运转的秘诀

为何经过工业互联网改造的美的工厂，会发生这样大的改变？这是因为工业互联网不是简单的"设备联网"或"机器换人"。它的运转更像一支交响乐团：硬件如同乐器，是最基本的工具；制造业知识如同乐理，不懂乐理，则无法演奏；而软件就像指挥家，少了它的调度，各种乐器只能混合出无序的杂音。

因此，对真正的工业互联网平台而言，硬件、制造业知识、软件三者缺一不可，但水平的高下不仅要看三者各自的实力，也取决于它们协同的程度。而美的工业互联网平台 M.IoT 能够顺利运转，有赖于"硬件、制造业知识、软件"的整体协作。

不过，M.IoT 的广泛应用只是面向未来制造迈出的第一步。也许将来在生产场景中穿梭的不再仅仅是无人驾驶小车，移动的也不再仅仅是原材料、半成品和产成品，而是在工业互联网的支撑下，可随时"折叠"起来，到世界上任何一个角落开工的工厂。

第 2 章

互联网时代的管理变革

理论界普遍认为商业模式创新包括洞察价值并提出价值主张、运营模式创造价值、营销模式传递价值、盈利模式实现价值。但是，无论是哪一个环节都需要在互联网思维的世界观和方法论下实施才能取得理想的成果。传统企业要想转型成功，首先就必须拥有互联网思维。本章将在阐述互联网及互联网思维相关理论的基础上分析工业互联网时代企业管理思维所发生的变革。

2.1 互联网相关概念及理论

互联网本质上是一种思维方式、一种生活方式，还是一种哲学。互联网思维是一种哲学论，即在互联网时代对整个商业世界的看法的一种全新的认识。本节将主要介绍互联网的基本功能、基本属性以及互联网经济的三个基本理论。

2.1.1 互联网的基本功能与属性

1. 互联网的基本功能

互联网已经成为当今人类社会生产和生活中不可或缺的重要元素，基于互联网的事物不胜枚举，其作用和意义不言而喻。互联网的基本功能包括以下几个方面。

（1）信息交换。互联网的基本功能就是信息交换，主要是指借助互联网进行网络中各个结点之间的通信。信息交换通常包括获取信息（查阅、浏览、下载等）、展示信息（新媒体、广告、娱乐等）和交互信息（网络社区、网络营销、即时通信等）三个方面。互联网使世界变成了一个地球村，它彻底改变了传统通信模式，如电子邮件几乎替代了传统信件邮递业务，又如微信、Facebook、QQ、博客等提供了新的通过互联网进行信息交流的工具平台。工业互联网的主要功能就是通过网络进行制造信息的实时交换。

（2）资源共享。由于网络的便捷性和低成本性等特点，在网上使用共享资源成为人们的首选，人们可以通过互联网即时共享各种信息、资料、指令等，也可共享计算机软件、硬件、数据和一些可共享的外部设备等资源。未来云制造模式以及当今网络化制造模式都是以制造资源共享为基础的。

（3）分布式处理。分布式处理就是将若干台计算机或带有网络接口的终端设备通过网络连接起来，将一个程序分散到这几台计算机或终端设备中同时运行。如由多台服务器提供最优计算能力的负载均衡，已普遍应用的云计算，处于研究和应用前沿的边缘计算等都属于分布式处理的应用。通过网络进行分布式处理的应用不胜枚举，当今制造业普遍使用的 ERP 实际上就是制造资源分布式管理的典型应用。

（4）集中管控。互联网可以连接分散对象，开展实时的集中管理和控制。集中管控的应用十分广泛，例如学校、企事业单位的办公自动化（OA）的管理信息系统、银行信息管理系统、商业信息管理系统以及政府部门宏观经济决策系统等。又如网络空间安全管理、基于互联网和大数据的社会综合治理系统等也是集中管控的例子。另外，对于制造业的集团管控模式（战略管控、财务管控和运营管控）也是借助互联网和相关应用软件系统进行的。

2. 互联网的基本属性

互联网的第一属性是技术属性，也称作基本属性。把互联网的技术属性迁移到基于互联网的业务当中，使其相对于传统的商业逻辑有了本质的变化，学者李海舰等总结了开放、平等、协作和共享四个属性，称之为互联网精神。

（1）开放。互联网的基本特征就是互联互通，其实质就是拆墙、打通，建立开放的平台。企业要从原来的仅仅聚焦于企业内部拓展到企业外部，经营产业生态或于产业生态中谋求与其他企业的共生，闭门造车只有死路一条。

（2）平等。平等就是去中心化、去权威化、去等级化。互联网是企业摒弃传统科层制管理体制，实现扁平化管理的可能的实现途径。实行扁平化管理的组织内员工之间更多的是分工合作，而不是上下级管理关系，信息是高度透明和对称的，员工各有所长，没有了权威和等级。

（3）协作。根据所谓的木桶理论，传统的企业生产是面向企业内部的，关注企业经营短板和经营劣势，主要考虑的是如何弥补短板。而现代生产应更多地面向企业外部，关注企业经营长板和经营优势，在优势领域集中资源突破，而在非优势领域选择外部协作，整合优质资源为己所用，此即所谓的新木桶理论。

（4）共享。共享意味着分享、免费和普惠。在互联网时代，产品生产能够实现几乎为零的边际成本，使得分享成为可能；同时，大量使用"虚拟资源"而无须缴纳任何费用，使得免费也成为可能。在分享和免费的基础上，普惠成为互联网属性的又一重要内容。

2.1.2 互联网经济的基本理论

互联网经济是以互联网为核心基础设施的经济。互联网最初是一种改善通信的重要工具，现在已转变为支撑各种经济活动的通用型技术，企业的产品研发、生产、销售、服务等各类经济活动都可以在互联网上进行。以下分别从交易技术、交易结构和交易绩效层面介绍三种基本的互联网经济理论。

1. 交易技术层面：长尾理论

由于互联网将实体与实体、虚拟与虚拟以及虚拟与实体打通，因此降低了生产者和消费者的搜寻成本以及产品供需双方的匹配成本和信任成本，进而降低了生产者和消费者的交易成本，实现了交易零时差、零距离和零成本。过去受时空限制，实体市场上只有20%的产品是畅销产品，一般称为头部产品，这20%的产品创造了80%的利润；而另外80%的产品是滞销产品，一般称为尾部产品，这80%的长尾产品仅创造20%的利润，符合所谓的"二八"定律。现在虚拟空间市场中商品展示和检索的边际成本几乎为零，冷门商品和热门商品搜索、交易的成本基本相同。原本20%的头部产品因为消费者规模增加而销售规模急剧扩大，头部产品交易成本和购买价格更低；同时，原本80%的长尾产品在虚拟空间市场中由于消费者数量无限增加而具备了生产规模效应，因此长尾经济得以盛行。互联网解决了生产者和消费者之间信息不对称的问题，使企业能够精准营销、定向推送，实现了产品点对点、端到端的流动，形成了生产者与消费者共赢局面。

2. 交易结构层面：市场均衡理论

过去生产者之间通过联盟合作等方式容易抱团，而消费者之间由于联结组织的成本高、相对收益低，所以难以聚合起来。因此，在市场交易中，消费者与生产者之间的谈判主要以个体对团体、个人对组织等不平等的形式进行，经济学中的市场交易均衡只能存在于理想世界之中。互联网经济时代使市场均衡理论从理想变成现实，网络把零散的消费者聚合成组织，这使消费者群体的议价能力得到明显的增强，交易双方地位趋向平等。

3. 交易绩效层面：消费者主权论

在互联网经济的市场交易中，消费者在交易谈判中的力量开始超过生产者，并逐渐取得支配地位，进而大大提升了消费者在企业生产经营中的主导作用，形成消费者主权论。消费者主权论的核心观点是消费者在产品全价值链活动中获得话语权，进而促进社会效益增加，实现了生产者和消费者的帕累托改进，其基本原理如图2-1所示。过去，消费者不参与企业生产经营，传统的市场均衡价格位于点 A；现在，消费者参与企业生产经营，降低了产品生产成本，供给增加，使供给曲线向右平移到 S_2 的位置。同时，消费者效用变大，需求增加，使需求曲线向右平移到 D_2 的位置，形成了新的市场均衡价格，位于点 B。由于供给增加幅度大于需求增加幅度，新的市场均衡价格下降。此时，消费者剩余和生产者剩余都出现了增加，实现了交易双方绩效的帕累托改进。

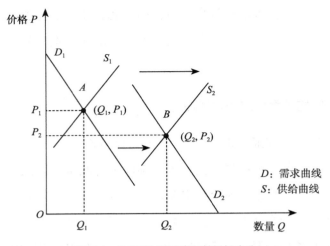

图 2-1　生产者与消费者的帕累托改进

2.2　互联网时代特征及其对产业的影响

互联网重塑了各行各业。以商业为例，首先，互联网改变了交易空间，产品供求双方可以跨越空间的界限，自由地通过网络实现商品的线上交易。其次，互联网也打破了交易时限。过去产品供给方有固定的营业时间，超过营业时间范围，需求方就无法购买到需要的产品；现在供需双方通过网络即可实现 24 小时不间断的线上交易。再次，互联网还丰富了交易品类。现在，网络空间不仅交易畅销产品、大众产品，还可以交易大量的长尾、小众产品。最后，互联网加快了交易速度。消费者可以快速地根据商品历史交易数量以及顾客评价信息做出购买决策，这样不仅可以减少信息的不对称性，还可以减少中间环节，加快供需双方的交易速度。

2.2.1　互联网时代特征

互联网改变或颠覆了很多传统工业化时代的企业运行规则和商业逻辑

等，互联网时代的特征可以归纳为以下七个方面。

（1）虚拟实体打通。在互联网时代，企业借助网络技术，不仅可以实现虚拟产品之间的连通，还能够实现虚实连通。企业通过电子商务网站进行产品线上展示和推广，用户进入网站根据自身需求进行购买和线上支付，然后通过快递或进入实体店铺线下取货，实现了产品、服务线上与线下的一体化，即O2O。在互联网时代，企业真正做到了虚中有实、实中有虚，虚实结合、融为一体。

（2）时空约束打破。互联网跨越了时间距离和空间距离，用户之间交流的时空约束、个人与企业交互的时空约束以及企业的供应链时空约束均被打破。例如，O2O拉近了线上和线下之间的距离，C2B拉近了用户和企业之间的距离。其特点就是无线连接、连接一切、永远在线、随时互动、极高速度、极低成本。

（3）分散模块化制造。模块化是个性化分工与极致化合作的结果。一方面，模块化可以来源于产品供应链的分工组合。这里产品采取模块化研发生产方式，是为了更好地适应市场需求的动态化和个性化的特征。另一方面，模块化也可来自企业经营环节的分工组合。在产品供应链的研发、制造、营销环节进行再分工，然后在全社会范围内进行大规模的协同整合，从而产生更多的效益。

（4）利用大众的力量。互联网时代企业可以利用互联网方便快捷地与企业外部的社会大众进行信息的交互，利用网络平台让社会化人力资源参与企业产品价值链上的产品研发、生产制造以及营销服务各环节，从而实现企业与社会大众的价值共创。

（5）通过"免费"赚钱。互联网时代的基本商业模式就是免费，且已成为常态。过去，企业通常利用与消费者信息的不对称性，通过制定较高的产品价格来赚取高额利润，因此产品免费通常是不太可能实现的。而在互联网时代，企业能够做到既免费又赚钱，通过免费也可赚钱。如企业可以通过和用户搭建情感链接、利用免费来获取顾客流量，从而产生更多的产品、服务需求；或者通过和用户进行交互产生数据，用数据来赚钱。理论和实践都已证明，在互联网时代免费与赚钱可以并存。

（6）消费品个性化。在工业化时代，企业通常采用的是单一产品大规模生产的模式，经营活动以企业为中心，企业生产什么，就会销售什么，而消费者只能被动地接受产品。如今，消费者已不再满足于单一的同质化产品，其需求日趋多样化甚至个性化，企业只有以消费者为中心开展经营活动，消费者需要什么，就研制、生产什么，不断满足消费者的个性化需求才能在激烈的市场竞争中生存。

（7）用户本位主义。在中国不同的经济发展阶段，市场参与主体的功能和角色不尽相同。在互联网时代，随着个体价值的崛起，个人逐步成为创造财富的主体，形成了"用户本位主义"。企业的经营发展模式也从以企业为中心转向以用户为中心，由B2C转向C2B、C2M。

2.2.2 互联网对产业的影响

如何看待互联网时代？互联网对传统产业的影响正逐步从传播、渠道层面过渡到供应链及整个价值链层面。企业从把互联网作为一个工具，发展到以互联网思维设计产品进而运营企业。传统企业互联网化大致经历了四个阶段：一是传播层面的互联网化，即我们通常所说的网络营销，通过互联网工具实现品牌的展示和产品的宣传等功能；二是渠道层面的互联网化，即我们通常所说的电子商务，通过互联网实现产品销售；三是供应链及整个价值链层面的互联网化，通过C2B模式，消费者参与到产品的全价值链各个环节中；四是用互联网思维重构企业，这是互联网化的最高境界。互联网对产业的影响广泛而深刻，用很多篇章也难以描述清楚和完整，读者可以通过下面一些例子窥得互联网时代的影子。

1. 对商业企业的影响

2012年12月12日，在CCTV中国经济年度人物颁奖盛典上，阿里巴巴集团董事局主席马云⊖和大连万达集团董事长王健林，约定了一个"1亿赌局"，即到2020年，如果电商零售业在中国整个零售市场份额中占到50%，那么王健林输给马云1亿元，否则，马云输给王健林1亿元。这个赌局的结果现在看来早已不言而喻。电商零售业和传统零售业，是两种不同的商业模式，隐藏着两种不同的商业逻辑思维。电商零售业采用互联网思维、轻资产模式运营，实行网络交易，销售成本低、产品价格低，发展势不可当。传统零售业采用传统商业思维、重资产模式经营，实行现场交易，销售成本高、产品价格高，竞争力在不断下降。目前很多线下实体店纷纷倒闭，已经充分说明了互联网对商业所造成的影响，传统的商业企业必须顺应时代的发展，积极拥抱互联网，否则必将被时代所淘汰。

2. 对工业企业的影响

2013年12月12日，同样是在CCTV中国经济年度人物颁奖盛典上，格力电器董事长兼总裁董明珠女士与小米公司董事长雷军约定了一个"10亿赌局"，即5年之后，如果小米公司的营业额超过格力电器，那么雷军希望董明珠输给他1元钱，而董明珠却将这个赌约上升到了10亿元。小米公司和格力电器都致力于制造业，格力电器是传统的实体企业，已实现全产业链发展，而小米公司是典型的互联网思维企业，只做手机产业链上的一两个环节。格力电器重资产经营，而小米公司轻资产经营，零工厂、零制造员工、零专卖店。尽管这个赌局的最终结果是小米以232亿元的营收差

⊖ 2019年9月，马云卸任阿里巴巴集团董事局主席。

距惜败格力,但小米在这五年中的快速增长是有目共睹的,其增速远超格力,更有可能赢在未来。可以说无论是格力还是小米都是这场赌局的赢家,因为最后无论是规模、营销、创新还是营收,两家企业都取得了巨大的突破,我们也从这场赌局中看到了互联网势能与传统产业运作相融合的可能性。

3. 对金融企业的影响

2013年6月13日,阿里巴巴旗下支付宝公司联合天弘基金公司创立了余额宝。一年以后,余额宝管理资产规模超过5 000亿元,用户超过1亿人,并带动了百度百赚、微信理财通、网易现金宝等互联网金融产品的快速发展,形成了金融领域壮观的"宝宝"兵团。以余额宝为首的互联网金融与传统银行具有相似的金融理财业务,但二者的用户定位、用户体验、用户收益、运营思维、运营模式各不相同,导致其发展前景也不相同。传统银行理财业务主要针对资金雄厚的VIP大客户,而互联网金融则定位于长尾客户,具有普惠性。互联网金融为长尾客户提供银行间协议存款的市场利率,收益率更高。客户可以使用手机、平板电脑随时随地办理业务,操作简单且投入时间成本低。这里,互联网金融跨界"打劫",动了传统银行业务的"奶酪",对传统的银行业务产生了较大的威胁。

互联网不仅给商业企业、工业企业和金融企业带来巨大的影响,而且对教育、医疗、娱乐等行业都产生了深远的影响。然而,在互联网时代,经济社会发生众多改变的背后,都是互联网思维对传统经济活动、社会活动影响的结果。

2.2.3 互联网时代工业业态的变化

工业互联网在工业变革中的作用从辅助到融合乃至未来的驱动,正在渗透进工业领域的方方面面，庞大的工业互联网络正在形成。当前，工业界和互联网双向融合的趋势越来越明显，使得工业的生态环境、业态环境发生了深刻的变化。互联网企业正在大举进军工业领域，工业企业、制造企业也在积极拥抱互联网，新的工业业态呈井喷式发展态势。互联网时代工业业态的变化主要体现在以下几方面。

1. 产品形态的变化

从产品层面看，互联网时代的工业企业所提供的不再是单一的产品，而是一个产品与服务的"综合体"。在互联网的推动下，制造企业的价值链将进一步向服务延伸，提供优质丰富的服务及解决方案将成为制造业为客户创造价值的重要途径。目前，各大工业互联网巨头，如海尔、美的、青岛红领、三一重工等都纷纷将企业内部成功的工业互联网转型经验转化为向外输出的服务能力，实现了企业从提供产品到提供服务的延伸。

2. 商业模式形态的变化

从商业模式层面看，工业互联网企业与传统企业有很大的不同。互联网思维重塑了整个企业的价值链，企业的核心价值主张、价值创造、价值传递以及价值实现都将被赋予新的内涵。企业逐步向平台化和生态化经营发展，整合优质资源成为制造的核心；生产者与用户之间零距离交互实现了价值共创；制造服务化和企业间跨界融合成为行业发展的典型特征；工业大数据和智能化服务将不断地提升企业的附加值。例如，青岛红领通过工业互联网成功地由一家传统服装 OEM 生产企业转型成为实现大规模西装定制的平台型企业，其商业模式发生了巨大变化。

3. 组织形态的变化

从组织层面看，传统的企业多采用的是等级分明的科层制组织结构，更多地强调对员工的管控。互联网思维则强调开放、协作与分享，因此互联网时代的工业企业组织形式更趋向于扁平化和网络化，企业成为为员工赋能的平台，其生产组织更富有柔性和创造性。例如，海尔的"人单合一"模式，通过在企业内部组建员工的自主经营体，更好地发挥出员工个人的创造力。

4. 研发制造形态的变化

从研发制造层面看，个性化定制、网络化协同、社交化生产、云制造等成为新的趋势。传统制造业中，用户通常是产品的被动接受者，只能选择企业既定的产品来满足自己的需求。而在互联网时代，用户将会更多地参与到企业产品的设计、生产中，拥有对产品形态、功能等方面更多的话语权，个性化将成为更多产品的基本属性，真正实现了以用户为中心的理念。例如，小米通过广泛收集并采纳论坛上粉丝的意见，贯彻了"用户需要什么，我们把它做出来"这一理念，实现了成立十年营收突破 2 000 亿元的行业传奇，足以说明"互联网+"的强大。

工业互联网时代企业的产品特点、商业模式、组织形式、研发制造及运营管理模式都将发生巨大的变化，我们将会在后续章节中进行详细的探讨。

2.3 工业互联网下的管理变革

互联网思维对工业企业的管理产生了颠覆性的影响，无论是对传统管理理论的冲击，还是对管理理念、管理逻辑的改变都是显著的，产业业态、商业模式、组织形式等也发生了巨变。本节根据已有的文献，分析了互联网思维下管理变革的动因、管理理念和管理内涵的变化，并从管理新战略和管理新方向两个方面阐述了管理变革的具体内容。

2.3.1 管理变革的动因

要认识和适应互联网时代企业的管理变革,首先需要了解管理变革的动因,互联网对企业经营管理活动的影响是导致企业管理变革的重要原因。

(1)商业环境的改变。市场需求是企业生存的基础,企业需要不断更新迭代来适应新的市场环境和商业生态,人们的沟通方式、消费方式以及消费习惯在互联网时代也发生了很大变化。"速度、变化、注意力、终端、共享平台、互动体验"成为描述这种环境的主题词,"客户需求个性化"以及"产品生命周期短、迭代速度快"成为网络新经济的特点。在虚拟世界与现实世界深度融合构建出的新的商业生态系统中,新的商业模式不断涌现,这要求企业必须牢牢抓住市场需求并掌握最先进的技术,不断推出新产品,强化与客户的沟通并增强"用户黏度",使企业形成面向客户、高速运转、灵活反应的管理体系。

(2)生产方式的改变。传统的适应于规模化工业大生产的管理模式在互联网时代将受到极大的挑战。传统的单一标准化产品的大批量生产已不能满足消费者多样化和个性化的需求,用户由被动接受产品变为主动参与产品设计与生产的全过程,从而与制造企业进行价值共创。大规模定制、网络化协同制造、云制造、社交化生产等先进生产方式层出不穷,导致企业的管理手段、管理范围和管理幅度也相应发生巨大的变化。

(3)管理手段的改变。信息时代,企业广泛采用计算机、现代通信技术、自动化控制技术等先进的管理手段,来提高管理的水平和效率。QQ、微信等即时通信工具以及 ERP、PDM、MES、CRM、OA 等现代信息管理系统的应用,使跨区域的会议交流、技术协作成为可能,减少了空间和距离对现代管理的制约,便捷的信息传递与沟通也使管理的效率和反应速度大大提升。工业互联网时代,随着信息化与工业化的深度融合,企业的信息化管理将会更加贴合企业自身的业务特点、更加适应供应链协作以及与客户交流互动的需求。

（4）管理目标的改变。互联网时代，为了适应快速反应、不断创新的市场需求，强调团队主动性、创新性和自适应性，同时追求个人创造力最大化的新型现代化管理理念、管理思想日渐成为主流趋势。企业的管理思想和管理目标要进行相应的调整，以适应互联网背景下的商业环境、生产方式以及管理手段的变化。管理的目标不再简单地强调制度、流程和结果，而是更加以人为本、突出文化、贴近员工。

2.3.2 管理理念的变化

在上面我们提到互联网时代企业的管理之所以发生变革，与企业管理理念的变化是密切相关的。互联网技术使价值链在时空顺序上发生改变，企业家们要充分利用自己积累的商业资源、人脉和财富，借助互联网思维、手段和工具实现转型升级，甚至跨越式发展，最终建立独特的生态圈，形成难以复制的核心竞争力，才能在新的时代得以生存和发展。互联网思维导致企业管理理念所发生的变化主要表现在以下几个方面。

1. 互联网思维重塑企业价值链

互联网思维重塑了企业价值链，因此互联网思维指导下的企业创新，并非单一的产品创新、技术创新，而是基于系统思考的模式创新，企业必须从根本上重新设计企业价值系统的各个过程并以此为基础进行企业创新。例如，陕鼓集团的商业模式创新过程就是从企业外部的客户出发，以客户价值创新为起点，通过客户需求的重新定义、企业结构的重新设计、交易机制的根本性变革等商业模式创新，从单一风机产品制造商转变为向客户提供全方位动力设备系统问题解决方案和系统服务的供应商，成功地实现了企业发展方式的转变。

2. 互联网思维遵循"连接效应"

互联网思维遵循"连接效应",对企业而言,与之连接的"节点"越多,其力量就越大。通过社会化网络和工具让个人和群体实现高度连接和快速交互,使得以"蜂群思维"和层级架构为核心的互联网协作成为可能,以此催生跨界合作,即一种分布式的问题解决和生产模式。现代企业的经营管理一定要重视并挖掘通过互联网连接产生的价值,进而创造能够为企业带来更多价值的模式。例如,万达集团正是与世界一流的超市、影城等进行充分合作,才有了如今集购物、娱乐、就餐等为一体的商业综合体。

3. 互联网思维要求企业不断做"减法"

传统企业的经营理念通常遵循规模效应,希望将企业"做大、做强",不断地为企业做"加法"。而互联网思维恰恰相反,它遵循一种"减法原则",要求企业不断克服一切与最终用户直接沟通的障碍,减掉层层加价的中间渠道,减掉组织多余的架构层级,减掉一切可以外部化的低效的内部交易,减掉核心能力之外的所有欲望与冲动。正如万通董事长冯仑讲的那样:"无数企业当中最终存活下来并且能够成为市场经济中主流的企业,绝大部分是那些专注、简单、持久和执着的公司。"

4. 互联网思维重视"长尾客户"

"长尾客户"是传统企业不太关注的也不太重视的区域市场或是那些看起来不起眼的无利可图的小客户。从前面所介绍的互联网经济长尾理论可知,在互联网时代,"长尾客户"同样具有规模效应。"长尾客户"具有长期的潜力,尽管他们并不是目前企业业务关注的焦点,但他们有成为更重要力量的可能。互联网思维强调企业必须付出努力来发现这些"长尾客户"并努力满足他们的需求。在中国，很多互联网企业的成功都可归于对"长尾市场"的深耕。例如，QQ、微信、百度、淘宝、小米，无一不是凭借"长尾客户"成就霸业的。

5. 服务是互联网思维的核心价值主张

传统工业企业主要以产品为价值载体，而在互联网技术广泛深度应用的背景下，"产品＋服务"已成为工业企业价值追求的"双核"。与大多数产品具有有形实体不同，服务是无形的、双向交互的，且必须是按需提供的，如果不是用户自身所需或创造出的用户所需，那便不是服务而是骚扰。企业通过"产品＋服务"来延长价值链条，拓展价值空间，本章最后一节所介绍的树根互联，就是三一重工利用互联网思维，在服务领域进行价值延伸和拓展的典型案例。

2.3.3 管理内涵的改变

前面我们介绍了互联网的发展从根本上改变了人类的商业环境、生产方式、管理手段和管理理念，并由此推动了互联网时代企业的管理变革。具体而言，工业互联网引发的企业管理变革在内容上主要体现在以下几个方面。

1. 从管"人"到管"物"

随着工业互联网时代的到来，企业的生产模式将发生巨大的变化，原本依靠人力的生产制造业务逐渐被机器所取代。虽然现有的机器设备自动化程度和智能化程度还不算太高，但机器替代人的生产模式和场景将会越来越多。管理实践将逐渐由管"人"过渡到管"物"，这将极大地解放人类的生产力和创造力。随着产品生产的安全性及产品质量的可靠性不再取决于对人的科学管理，而更多地通过生产设备的安全性、可靠性以及运行效率来实现，对于生产设备、设施的管理将成为管理的重心。不同于在工业时代人越来越像机器，工业互联网时代则是机器越来越像人，模拟人的方式去学习。

2. 从控制到赋能

工业时代，亚当·斯密提出的劳动分工理论长期统治着管理理论的发展，在其影响下科学管理之父泰勒、组织理论之父韦伯和现代经营管理之父法约尔分别提出了科学管理理论、层级官僚制理论和一般管理理论，这三大管理理论体系都强调控制的重要性，企业管理的目标是多快好省，即效用、效率、效果和效益，而要实现这些目标就需要控制。从某种意义上来讲，管理就是控制。随着工业互联网时代的到来，工业时代的管理在当今这个复杂多变的环境里显得越来越无能为力，工业互联网时代的管理新范式则从控制走向赋能。目前海尔"人单合一"模式广受关注，信息技术赋能在其运行中功不可没。信息技术赋能在其运行中指的是通过信息技术的使用使得个人或组织获得了过去所不具备的能力，实现了过去不可能实现的目标。赋能与传统的授权不同，赋能所提及的"能"不仅是权力还包括能力；赋能的过程不仅是将"能"下放，还需创造性地增加总体的"能"。因此，赋能是不同于传统授权的一种全新的管理方法。

3. 从"微笑曲线"到"穹顶弧线"

1992 年台湾宏碁创始人施振荣为再造宏碁提出了著名的"微笑曲线"理论，也称为附加值理论，传统的微笑曲线是一个"U形"曲线，生产制造处于凹陷位的最低区域，创造的附加值最低，而处于曲线两端的价值链上下游环节所创造的附加值相对较高。在工业互联网时代，生产厂商将逐步从以往注重通过投入资金、市场品牌推广、广告宣传等手段堆积品牌价格，转变到注重通过产品创新与工艺研发、精准制造的资源投入以及设备的精准管理等手段追求品牌价值。通过工业互联网，供需双方通过大数据直接精准对接，实现精准销售和去中间化，这必将引导大量的社会资源回归到生产制造领域，促进社会资源合理配置，并最终形成良性的经济循环。由此，企业的价值链曲线将从"微笑曲线"变为"穹顶弧线"（一般人们也称之为"彩虹曲线"），如图2-2所示。

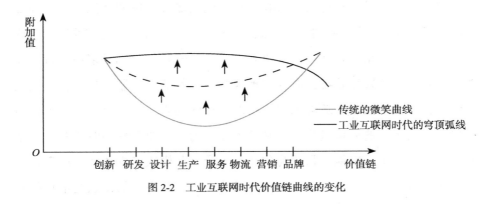

图 2-2　工业互联网时代价值链曲线的变化

4. 从重视"营销推广"到重视"工业信用"

以往因供需双方中间层级过多，生产环节效率低，利润低，回报低，社会资源向生产制造以外逃离。同时，由于市场供需信息的高度不对称，消费者对商品做出购买决策通常只能依赖于商家的品牌广告宣传以及产品促销等营销手段，而非通过产品的实际价值进行需求匹配。在工业互联网环境下，通过工业大数据可以构建一个巨大的工业信用体系，针对工业大数据进行分析，让供需双方的关系变得透明，同时借助工业互联网数据传输的敏捷性、准确性和及时性等特点，引导市场快速进行要素配置，最终实现供给侧改革所要求的引导结构调整、提高供给质量、扩大有效供给、矫正要素配置和优化供给结构对需求变化的适应性和灵活性。

2.3.4 管理变革的新战略与新方向

当前,互联网正以前所未有的速度和力量影响和改变我们的生活方式和价值观念,也将深刻影响和改变处于这个时代的所有企业的经营思路和管理模式,互联网正在成为关乎企业自身命运、关乎企业能否在时代的变迁中得以生存,在激烈的市场竞争中赢得主动权和优势、保持快速和健康发展的关键所在。面对互联网浪潮,企业管理者只有突破传统经营理念,树立起开放、协同、融合、共赢的互联网新思想和新理念,用互联网思维重构企业的运营模式和经营管理机制,打造"智慧型组织",通过自学习、自适应、自协调、自进化,动态地适应外部的不确定性和不稳定性,最终形成互联网时代新的管理模式。企业的经营管理要适应互联网变革,需要做好以下几方面的工作。

1. 管理变革新战略

(1)树立互联网战略新思维。互联网战略思维是指企业管理层必须意识到随着数字经济和智能经济的到来,企业所面临环境的不确定性和复杂性进一步增强。面对动态、混沌和复杂的企业环境,管理者必须充分利用互联网思维对企业的战略目标、战略思想、战略阶段、战略重点和战略对策等要素进行重新审视和重新整合。企业需要重新建立一套互联网和企业融合的运行机制,着力创新管理模式、竞争策略、营销策略等,探索企业产品设计数字化、生产数字化和智能化、营销和服务数字化的转型路径,以适应当前需求个性化、消费移动化、传播社交化的市场发展新趋势。

(2)构建平台竞争新模式。在互联网模式下,由于地域垄断被打破,信息变得不再封闭,商业信息流动达到前所未有的深度和广度。互联网平台对供应商与消费者的海量数据的迅速聚集,极大地体现了平台的现实价值和潜在价值。企业的竞争由传统的企业间的产品竞争变为产业链之间的竞争，乃至互联网时代平台和生态之间的竞争。在产品竞争阶段，企业之间比拼的是产品和服务的性价比；在产业链竞争阶段，企业之间比拼的是对产业链的掌控能力以及由此产生的议价能力；而在平台竞争阶段，企业之间比拼的是商业生态系统的构建和孵育能力。因此在互联网时代，传统企业要根据自身行业特点，借助互联网手段，构建平台竞争新模式。

（3）实施跨界融合新战略。在互联网时代，企业的跨界融合成为典型特征，跨界竞争也已经成为当前企业竞争的关键点。例如，淘宝通过一系列跨界融合创新，打破边界逐步"下沉"，覆盖范围从此前的C2C拓展到了整个电子商务生态链。企业正以前所未有的迅猛速度，从一个领域进入另一个领域，产业边界日趋模糊，产业间融合加速，企业异质化竞争不断加剧。整合企业内外部资源，实施跨界融合创新，正成为企业可持续发展的新动力。

（4）构建敏捷管理新模式。快速迭代目前也成为互联网时代的一个热词，无论是要适应变化周期短、速度快的网络新经济特点，还是要满足客户个性化需求，企业都必须不断加快推出新技术和新产品，这就迫使企业必须紧密围绕市场需求和最先进的技术，打造更加扁平化、反应灵活、高速运转的管理体制，构建以客户为中心、以结果为导向、能够快速响应需求的企业运行敏捷管理新模式。

2. 管理变革新方向

互联网时代企业管理变革的新方向可以归纳为以下几个方面。

（1）网络化生态。过去，企业凭借母子公司体制，采取大而全、小而全的发展模式；今后，企业依托价值网络体系，采取小而专、小而精的发展模式。所谓网络化生态就是要对所有企业实行重构，把市场中的契约关系引入企业内的产权关系，使产权关系和契约关系有机融合，以此打造价值网络体系，从而明确各个企业在价值网络体系中的定位，据此确立企业发展新模式。

（2）全球化整合。过去，企业经营采用封闭式思维，就企业做企业，重心在内部；现在，企业经营采用开放式思维，跳出企业做企业，重心在外部。究其原因是外部能够提供更多资源、更低成本、更大利润。在操作层面上，互联网思维就是要求企业运用创新精神整合全球范围内的思想资源、资金资源和业务资源，实现思想全球众智、资金全球众筹、业务全球众包。

（3）平台化运作。平台化运作主要包括四个维度，即把企业做成平台，把产品做成平台，把员工做成平台，把用户做成平台。把企业做成平台，就是把企业打造成能快速配置资源的商业生态系统，通过整合全球资源来实现企业的目标。把产品做成平台，则是围绕产品核心功能进行体系化扩展，使产品成为具有更多功能的平台载体。把员工做成平台，是指充分挖掘现代知识型员工的潜力，合理赋权于员工，充分激发其活力，使其为公司创造效益。把用户做成平台，则是指紧紧围绕用户需求，为用户定制系统化的生活、工作和交往的解决方案。

（4）员工化用户。员工化用户是指把用户当作准员工。他们不是在册员工，而是在线员工，属于为企业服务的社会资源。具体可分为下列三种情形：①把用户当作低报酬员工。企业把自己不具有技术优势、成本优势的环节放在全社会、全世界范围内进行业务众包，这样企业不仅能实现研发、制造、营销、营运等区段的优质高效，而且为外部员工付出的成本是全球范围内最低的，他们成为企业的低报酬员工。②把用户当作零报酬员工。过去企业出设备、出人工为用户服务。现在，企业出设备，让用户自我服务。③把用户当作负报酬员工。企业只是投资建立服务网络，用户不仅自我服务而且自带设备，即由用户自掏腰包为企业进行设备购置，从而成为企业的负报酬员工。

（5）无边界发展。企业无边界发展是指企业利用互联网思维，凭借互联网技术，实现从破界、跨界到无边界的演进，具体包括经营、管理和操作三个层面。经营层面的无边界包括时空无边界、产品无边界和运营无边界；管理层面的无边界是指打破企业内部的垂直边界和水平边界以及企业之间的边界，也就是实现企业内部的扁平化，以及企业之间供应链上物流、信息流和资金流的无缝对接，使企业间从竞争关系变成共赢的竞合关系；操作层面的无边界指在研发、制造、销售和物流环节实现虚拟运作，最大限度地整合社会资源。

（6）自组织管理。德国理论物理学家赫尔曼·哈肯认为，基于组织的进化形式，可以将组织分为他组织和自组织两类。如果一个系统靠外部指令而形成组织，就是他组织；如果不存在外部指令，系统按照相互默契的某种规则，各尽其责而又协调地自动形成有序结构，就是自组织。本书的自组织管理是以完成企业目标、适应环境及各类因素变化为导向，在企业组织规范性约束框架下，通过不断的自我组织、自我管理的一种新型管理模式。在该管理模式中，企业中的每一员工、部门和环节实行自我导向、自我激励、自我约束和自我发展。从整体看，所有成员都是一个利益共同体；从个体看，每一成员都是一个自主经营体。成员之间基于模块化运行的架构，既高度分工又高度合作，既自转又他转。

2.4 实践引领：工程机械巨头"跨界"工业互联网 ⊖

近20年来，包括传统消费互联网在内，中国的工业互联网企业大胆实

⊖ 本案例根据以下资料编写：亿欧网．树根互联副总裁崔斌：以平台思维思考工业互联网如何赋能制造业 [EB/OL]．(2018-10-21) [2020-05-30]．https://www.iyiou.com/p/83789.html；树根互联：赋能万物 连接未来 [EB/OL]．(2017-12-01) [2020-05-30]．http://www.rootcloud.com/industry/19.

践，取得了令世人瞩目的成就，涌现出一大批卓越的互联网公司。从它们的实践中可以追溯到企业管理思维转变的足迹，窥得基于互联网的管理思维真谛。

1. 树根互联的应时而生

早在 2005 年，工程机械巨头——三一重工就意识到物联网在工程机械行业可能会大有作为，并着手研究工程机械物联网核心部件及相关技术。2008 年，三一重工组建了第一支物联网团队，构建起"终端＋云端"的工业大数据平台，主要研发智能元器件和专用传感器等"终端"，对旗下 132 类工程机械装备状态数据信息进行实时采集分析，进而转化成智能化解决方案，实现了降本增效的目标。伴随着平台的逐步完善与成熟，其在服务企业内部的同时也为业内众多合作伙伴提供咨询，对外进行工业互联网的能力输出。2016 年，经过 8 年数据积累和技术沉淀，一个有着超过 15 亿元累计投入的独立开放型第三方工业互联网平台企业——树根互联技术有限公司应运而生。

2. 切入工业设备打通上下游

数字化工厂建设通常分为三步。第一步是数据采集，第二步是数据整合和处理，第三步是应用数据，实现生产实时监测、流程优化、产品质量管理、能源管控等。第一步数据采集就十分复杂，其中最难获取的数据就是由众多工业设备产生的数据，而这些数据往往价值巨大，很多国内的工业互联网企业在设备数据采集这一环节遇到了瓶颈。树根互联创新商业模式，找到工业设备厂商的痛点，与设备厂商建立合作关系，帮助其解决了设备销售问题，并提高了设备厂商的服务和产品水平，从源头切入为设备厂商提供远程运维服务。由于设备厂商将设备接入了工业互联网平台，树根互联能够实时掌握设备的使用状态、位置信息以及健康数据，从而打通了各类数据从采集到整合和处理，再到工业互联网应用的三大环节。

3. 大中小企业服务差异化定位

树根互联为大中小企业差异化的需求提供了全类型的应用覆盖。根云平台主要可以分为三种类型：第一类是企业级平台，例如三一重工物联网平台，一般服务于企业内部信息化；第二类是针对某行业类型的平台，例如数控机床工程机械行业平台；第三类是跨行业的综合应用平台。目前，树根互联在深耕第二类平台的基础上，携手合作伙伴推进第三类跨行业的综合应用平台的发展。树根互联在与大型企业的合作模式上，不是单纯的甲乙双方供需关系，而是以合作伙伴的角色共同打造行业应用。树根互联深刻认识到工业互联网平台不仅需要纵向打通各层技术，还需要横向整合各个行业，不断提炼平台通用能力，这样才能更快走入行业内部，为企业赋能。

4. 与龙头企业合作赋能生态圈

树根互联的合作模式是先和龙头企业开展战略合作，打造行业解决方案，同时这些解决方案又能帮助相应行业中的中小企业降低成本，然后通过服务生态合作伙伴，赋能生态圈。例如，岳能科技是一家风电机械的运维商，最早是树根互联的客户，因为岳能科技掌握了很多风电行业运维知识，很清楚这些风电设备到底该采集什么样的数据，这些数据对设备的运营、维护、保养有价值，对设备的业主有价值，对降低产品的成本也有价值，甚至还能帮助岳能科技拿到更多风电场的运维订单，因此两家企业合作打造了一个风电行业的解决方案和平台。树根互联和岳能科技的合作，实现了以与龙头企业合作为牵引，赋能整个生态圈企业的成功的商业模式。

5. 与伙伴共生助力传统产业转型

2017 年 5 月，广州柴油机厂股份有限公司（以下简称广柴）与树根互联一同启动共建设备智能服务平台项目。广柴与树根互联的合作是硬件与软件的全方位合作，广柴整个售后服务系统都是由树根互联开发的。通过安装在柴油机上的树根互联物联盒，可以读取原本柴油机上监控系统的运行参数并上传至云端，通过电脑或手机可实时获取每一台柴油机的功率、运行的转速、定位等参数，掌握航行在海洋深处的船舶发动机的真实运行情况，由此能够帮助广柴降低约 30% 的设备管理成本，缩短约 20% 的设备管理反应时间。通过树根互联线上的智能服务系统整合线下服务资源，广柴有望在五年内将售后服务收入提高 30% 以上。

6. 跨界融合在生态里共生

虽然在工业知识和技术的积累上，树根互联是有优势的，但是工业互联网在每个细分行业的应用又是千差万别的，涉及的技术场景十分复杂。因此，树根互联必须找准定位，做"互联网专家"与"机器专家"的跨界融合。树根互联从早期就注入强大的互联网基因，拥有许多来自百度、阿里巴巴、腾讯的高级工程师，此外还不断融入外界资本、汇聚专业人才。除此之外，树根互联坚持多维并进的生态伙伴战略，将设备商、自动化领域厂商、网络运营商、专家系统、ERP 等系统集成商、中小型企业客户以及拥有自主开发能力的大型企业客户等都纳入自己的生态圈。同时，生态体系中的不同角色之间形成技术联盟和商业联盟，共享技术能力和市场机会，共同承担产业风险。

第二篇

产业演变与企业蜕变

工业互联网是产业变革的重要驱动力，是推手。它以新技术为驱动实现融合创新，以开放互联网络为基础实现互联互通，以平台为载体实现要素资源整合，以数据为核心创造商业价值，以资本为纽带实现快速扩展，以模式创新为核心实现产业赋能。工业互联网的本质是连接，而连接的核心是交易。连接是指全面互联，包括用户和企业的

INDUSTRIAL
INTERNET

连接、设备和企业的连接、企业和企业的连接。通过数据流动和分析，形成智能化变革，以及新的模式和新的业态。可以说，由于工业互联网的普及应用，使产业与企业管理发生了翻天覆地的变化，本篇将运用大量的企业实例来说明工业互联网时代的产业形态演变、产品与服务的发展变化、商业模式的巨变以及组织管理的重塑。

第 3 章

产业形态演变

21世纪全球最重要的发展方向和技术浪潮是各个产业的数字化、网络化和智能化转型，这意味着产品的数字化、制造与服务的数字化，更意味着从生产方式、商业模式到产业组织形态的变革与重塑。新一轮产业形态变革主要的方向就是"互联网＋传统产业＋新兴产业"，也就是借助大数据、云计算、物联网和人工智能等新一代信息技术对农业生产、工业制造、金融服务等行业进行互联网融合，重构传统产业和新兴产业的管理模式以及价值链和供应链，从而提高生产效率，加快产业的转型升级。

3.1 产业变革背景

1. 新一代信息技术催生了互联网时代的新业态

阿里巴巴前董事局主席马云曾预测，"过去制造业依赖电力，未来制造业依赖数据。物联网、芯片、人工智能、大数据、云计算，所有这些都会像蒸汽机、石油改变手工业一样，改变今天的生产空间。未来的数据算法专家不是在互联网公司工作，而是在车间里面写代码"。面向泛在感知的传感技术、物联网、边缘计算、云计算和人工智能等新一代信息技术的应用促进了产业互联网的普及和应用，并催生出如共享汽车、无人驾驶汽车、无人超市、机器人饭店等互联网时代的新业态和"新物种"。技术的创新驱动了工业经济向数字经济的转型，推动了人类社会的快速发展。

2. 消费互联网领域开始逐鹿产业互联网

消费互联网的兴起基于海量的网民规模，但随着互联网信息技术的飞速发展，C端消费市场出现增量不再的"红海"势头，消费互联网的天花板效应使该领域竞争进入白热化。2018年被认为是产业互联网集中爆发的一年，以 BAT 为首的各大互联网巨头纷纷进军 ToB 领域。腾讯开始瞄准智慧零售、智慧医疗、智能教育、智慧出行、智能制造、智慧城市等垂直领域。阿里巴巴推出飞龙工业互联网平台，利用物联网、大数据、云计算等先进技术助力制造业转型。百度推出 AI to B 平台，使 B 端业务持续发展。在"人工智能养猪"这件事儿上，京东和阿里巴巴也出现撞车。京东、美团、小米等几乎所有的互联网巨头都在重新评估 B 端价值，消费互联网领域逐鹿产业互联网的大幕已经拉开。

3. 人口红利的消退与企业红利的悄然壮大

近年来我国人口出生率持续下降，新生劳动力数量也在2018年到达拐点。劳动力数量的减少迫使企业必须利用信息技术手段来降低生产成本、提高劳动效率，这使得产业互联网具有足够的内部发展动力和广阔的发展前景。同时，产业互联网的崛起又基于庞大的企业数量。我国是世界上人口最多的国家，企业数量也是世界上最多的，远远超过日本、美国、欧洲等国家和地区。国家市场监督管理总局公布的数据⊖显示，截至2019年年底，我国企业数量已达到3 858万家，当年新登记企业739万家，平均每天新增企业超2万家。面对激烈的内外部竞争和降本增效的要求，大量的中小微企业对网络化和数字化转型的需求与日俱增，成为互联网企业信息化赋能的主要对象，这样庞大的需求也使产业互联网成为下一个蓝海。

4. 国家政策的大力推动起到关键性引导作用

2015年3月，经国务院常务会议审议通过的《中国制造2025》提出了利用互联网助推中国制造；2016年5月，国务院发布了《关于深化制造业与互联网融合发展的指导意见》，助推"互联网+制造"的发展；2017年8月，国务院发布了《关于积极推进"互联网+"行动的指导意见》，强调有必要将互联网创新成果应用于经济社会各领域；2017年9月，工业和信息化部发布了《工业电子商务发展三年行动计划》，我国工业互联网的发展初现端倪；2017年11月，国务院发布了《关于深化"互联网+先进制造业"发展工业互联网的指导意见》，提出要在全国范围内系统构建工业互联网生态体系；2018年6月，工信部发布的《工业互联网发展行动计划（2018–2020年）》和《工业互联网专项工作组2018年工作计划》都提出了"促进产业互联网蓬勃发展"的建议；党的十九大报告也提出要大力推进互联网、大数据、人工智能与实体经济深度融合。一系列政策措施的出台共同推动了中国产业互联网爆发式增长，促进了各行业的数字化转型。

3.2 新业态

近年来，互联网的兴起不断改变着人们的生活方式，人们的衣、食、

⊖ 数据来源为国家市场监督管理总局综合规划司发布的《2019年全国市场主体发展基本情况》。

住、行、娱、购等各个方面都发生了翻天覆地的变化。同时，互联网也对企业的生产制造、物流仓储、产品交易、金融服务等领域产生了巨大影响。以人工智能、大数据、物联网、云计算、区块链等为代表的新一代信息技术的应用与普及，将彻底改变传统产业模式，由此催生出诸如新零售、新制造、新服务和新金融等一系列全新的业态。

3.2.1 新零售

遥想 4G 时代刚刚到来之时，人们难以想象在更快速的网络之上会搭建出如此丰富的应用场景。如今 5G 时代已然开启，谁能预料下一场变革将会多么深入和广阔？无论答案如何，有一点可以肯定：如果企业总是沉溺于舒适区中，那么难免一步慢、步步慢，最终只能错过变革机遇。

1. 新零售概念的提出

新零售概念最早是由马云在 2016 年 10 月的云栖大会上提出的。他认为在未来十到二十年将没有电子商务这一说，只有新零售。新零售之所以新，其中很重要的就是一些新元素的加入以及这些新元素加入之后所带来的新的体验、新的方式和新的发展逻辑。这种"新"能够激发现有平台上业已形成的流量优势，发掘他们的消费潜力，实现平台新的增长。新零售概念提出后，阿里巴巴、腾讯、网易、京东等公司纷纷开展了相应的探索和尝试，加速了传统零售与互联网的融合。

2. 新零售的含义及本质

新零售是指个人或企业以互联网为依托，以消费者体验为中心，通过运用大数据、物联网、人工智能等先进的信息技术手段，对商品流通和销售过程进行升级改造，进而重塑业态结构和生态圈，并对线上服务、线下体验以及现代物流进行深度融合的泛零售形态。

新零售的本质就是人、货、场的重构。这里的人不仅指顾客，还指参与零售环节的重要自然人，包括导购、店长、渠道商、总部管理者等，也包括从事新零售工作的企业内部组织者、决策者和执行者。这里所说的货既包括有形的实物商品，也包含无形的服务。而场则是指购物场景，一切消费者与商品接触的终端，都可以称为场，包括销售门店、店中店触屏、智能货架、第三方电商平台、App、微商城和小程序等。新零售利用消费者购买行为大数据分析，对人、货、场进行深度重构，实现智能选址、动态选品、动态定价、动态补货等，带给消费者个性化消费新体验。

3. 新零售的特征

与传统的零售业态相比，新零售具有以下五方面特征。

（1）经营网络数字化。互联网通过数字化把各种零售行为和场景搬到线上，实现线上线下的融合。零售业的经营网络数字化主要体现在商品网络数字化、顾客网络数字化、营销网络数字化、交易网络数字化和管理网络数字化等方面。零售企业通过网络化、数据化管理，为自身运营决策提供数据支持。

（2）门店管理智能化。门店通过引入智能触摸屏、智能货架、电子价签和智能收银系统等物联网设备，可以提升客户交互体验，增加购物便利性，提高购物效率，同时可以获取更多维度的零售数据，更好地将大数据分析的结果应用到实际的零售场景中。

（3）销售渠道一体化。新零售模式下的商家可以同时连接线上网店、微店以及线下实体店、加盟店等，通过线上渠道进行流量宣传及网络带货，通过线下渠道进行区域布局和形象体验。商家可以通过这种线上线下渠道一体化的方式实现多渠道销售场景的数据深度整合，以满足消费者"想买就买"的购物需求。

（4）商品社会化。当新零售将顾客数字化后，顾客可以进行在线购物，但常常会感觉店铺的商品品类不够丰富，这是新零售时代品类管理面临的挑战，需要商家重构供应链来解决。商家可以利用社会化供应链，组建商品共享联盟，销售现货、预售货和他家货等，并结合现代物流降低库存和成本，如目前新出现的社区电商就具有典型的商品社会化特征。

（5）物流智能化。以往的传统零售在消费体验上有很大的不足，顾客只能在店内消费，现卖现取。而新零售能够支持消费者线上下单、线下自提，或者线下体验、线上下单，商品随时都可以买到，而且可以实现到店自提、同城配送、快递配送等多种物流方式，这就需要与第三方智能物流系统对接，以缩短配送周期并减少库存。2019年天猫"双十一"当日交易额高达2 684亿元，再攀历史新高。与往年不同的是，商家的发货速度和物流速度都有很大的提升，主要就是得益于物流智能化所带来的高效。

4. 实践引领：盒马鲜生的全渠道体验[⊖]

盒马鲜生是阿里巴巴对线下超市进行完全重构的一种新的零售业态。盒马鲜生主要开设在居民聚集区，消费者可以到店购买，也可以通过盒马App下单，通过支付宝或现金支付。阿里巴巴为盒马鲜生的消费者提供会员服务，消费者可以注册淘宝或支付宝账户，通过网络定位，在最近的商店查看和购买商品。盒马鲜生可以利用大数据为消费者进行个性化的商品推送。

盒马鲜生是一家只做"吃"这个大品类的全渠道体验店。全店按照全渠道运营理念设计，完美实现线上线下全渠道的融合。每个商品都有电子标签，顾客可以通过App扫码获取商品信息并在线下单，不需要像传统商

⊖ 根据以下资料编写：微阿拉拉营销平台.新零售的十大案例介绍 [EB/OL].(2017-11-27) [2020-06-01]. http://www.sohu.com/a/206842551_99937713.

店那样设计复杂的动线。物流仓储作业被前置到门店，店内设有自动化物流设备进行自动分拣，基本可以做到店铺方圆3公里范围内，30分钟内送货上门。

盒马鲜生的商品品类繁多，包括水果、肉类、水产品、南北干货、米面粮油、烘焙、熟食、烧烤和日式料理等多种商品。整个店面干净整洁，卖场分区明确，指引清晰，方便客户挑选商品。盒马鲜生购物环境清新舒适，为了配合精品超市的定位，店内还设有百货、花卉等商品区，基本满足了人们的生活需求，店面实景如图3-1所示。

盒马鲜生门店内还设有餐厅。顾客在店内购买海鲜等食材后，可直接现场加工制作，还可提供厨房供消费者自助使用。这种方式得到了消费者的好评，也带动了店面客流量的高速增长。

盒马鲜生诞生于消费升级的互联网背景下，采用互联网思维的管理理念，线上线下高度融合。盒马鲜生充分发挥用户体验、高效物流和会员体系的优势，将新零售模式发挥得淋漓尽致。官网显示，盒马鲜生线下门店已经超过200家。未来，中国将迎来新一轮大范围的消费升级，新零售已成为消费升级的出路，相信将会出现更多类似的新零售型明星公司。

图3-1　盒马鲜生店面实景图

3.2.2 新制造

当前在中国有超过 200 个数字化车间和智能工厂，工业机器人年产量突破 14 万台，工业企业数字化研发设计工具普及率增至 68%，这些数字说明，新制造作为新一轮科技革命和产业变革的重要驱动力，正在中国大地掀起创新热潮。

1. 新制造概念的提出

近年来，随着我国经济进入新常态，原材料价格持续上涨，劳动力成本不断攀升，传统制造业面临着不断压缩的利润空间和愈发激烈的市场竞争。自 2016 年起，阿里巴巴集团董事局主席马云多次提到"新制造"这个概念，他认为，新制造不同于传统的大规模、标准化制造，它具有智能化、个性化和定制化的特点。随着物联网、云计算和人工智能的发展，新制造将迫使全社会进行改革。制造业必须学会拥抱互联网，新制造将重新定义制造业。越来越多的工业企业和互联网企业对工业互联网的推广应用进行了深入的探索，并付诸实践。例如，海尔打造的互联工厂实现了个性化产品的大规模定制；富士康将自己打造成工业互联下的数据驱动先锋企业，利用大数据处理能力作为指导业务运营的决策中心，将多年积累的精益制造技术、流程、经验、方法等全部进行数字化、网络化、智能化改造。

2. 新制造的含义

新制造是指通过物联网技术采集数据，通过人工智能算法处理数据，并将其应用到优化制造业的研发、生产、运输、销售等具体环节，打造高度灵活、个性化、网络化的生产链条，实现传统制造业产业升级的智能化制造模式。智能化的新制造能够对整个生产过程进行实时监控与数据采集，通过数据分析并规划自身行为，以实现生产流程智能化，更合理地分配闲置生产资源，提高生产效率。

3. 新制造的特征

融入互联网基因的新制造与传统制造业相比具有以下特征。

（1）线上和线下融合重构产业新链条。"互联网＋制造业"的新型制造模式通过对全产业链数字化的转型改造、线上和线下的数据赋能，来推动整个商品生产、流通、服务产业链的数字化，提升制造效率，推动制造业实现品质革命和高质量发展。

（2）智能化释放制造业新动能。近几年，大数据、云计算、物联网、人工智能等新兴智能化技术的广泛应用已成为制造业转型的重要推动力。新型制造模式的发展可以加快制造企业的智能化转型，建设数字化车间和智能工厂，提高制造过程的智能化和网络化水平。企业通过建立信息物理系统（CPS），将人、机器、资源和产品有机地连接起来，通过信息和通信技术，使产品生产、销售、物流和服务的全过程实现数字化的端到端的集成。一方面，智能工厂可以根据市场需求，灵活地实现生产的柔性化；另一方面，智能工厂可以及时响应客户需求，以具有竞争力的成本实现大规模定制。

（3）个性化定制满足消费新需求。新制造将零售转变为"集采"，彻底打通供需两侧，运用大数据和算法成功实现供需双方的精准对接，通过智能制造满足消费者深层次的个性化需求，实现制造服务化和生产定制化、柔性化，进而推动制造业由生产型向生产服务型转变，以满足人们日益增长的美好生活的需要。

4. 新制造业态类型

互联网应用的逐步丰富对人们的生活方式和消费方式产生了深刻影响

和改变，促使人们用互联网思维，重新审视和构建制造业全新的生产模式和组织方式，进而形成了大量的新业态。整体上，基于互联网思维形成的新制造业态可以分为以下三种类型。

（1）基于社交化生产的新业态。人们日常基于互联网的交流、评论等逐步渗透到制造业的生产模式中，进而对产品的外观、性能进行个性化创造，对产品的流通渠道进行扩展。例如小米论坛上的粉丝以及各国的粉丝站为小米手机提供多样化的升级建议，又如开源硬件使用户成为产品的设计参与者。

（2）基于用户体验的新业态。在互联网思维下，汽车、手表、眼镜等传统产品通过互联网及相关软件系统变为像手机一样的移动智能终端，智能手表、智能眼镜、网联汽车等正在为用户提供越来越多的娱乐、查询、维修等智能化服务。例如，宝马汽车已经实现了与 iPhone 的无缝对接，而 Google Project Glass 已经参与到"两会"报道之中。

（3）基于平台经济的新业态。平台经济是利用互联网、物联网、大数据等现代信息技术，围绕集聚资源、便利交易、提升效率，构建平台产业生态，推动商品生产、流通及配套服务高效融合，创新发展的新型经济形态。当前的工业互联网平台作为连接工业全要素、全产业链、全价值链的载体，正成为平台经济最活跃的新业态。

5. 实践引领：青岛红领集团魔幻工厂开启新制造时代[一]

在青岛红领集团（以下简称红领集团）的西服厂，3 000 多名工人正在装配线上紧张地工作。一排排的缝纫机，大量的女工，看起来和其他服装厂没有什么不同，但值得关注的是，在红领集团的生产车间，每一件西服

[一] 本案例根据以下资料编写：刘艳杰，朱楠.青岛红领集团：魔幻工厂开启新制造时代[J].中国工人，2016（12）：25.

都是定制的。客户的量体数据、版型、面料等信息存储在一个芯片中，工人只须在其工位的显示器上进行扫描就可以得到生产加工指令。用工业化的流水线生产个性化的定制产品，这就是红领集团的"魔幻工厂"。2015年，红领集团被工业和信息化部列为全国46个智能制造试点项目之一。在中国服装行业整体下滑的背景下，红领集团异军突起，2015年，其线上定制业务收入和净利润同比增长130%以上。

如何按照统一的标准方便、准确地测量客户的尺寸数据，是大规模定制首先要解决的问题。裁缝出身的集团董事长张代理，带领项目组研发了一套"三点一线"量体法。现在，红领集团移动定制大巴（如图3-2所示）的3D量体仪两秒钟内就能自动完成量体。服装定制最大的技术瓶颈是制版，张代理引入了计算机辅助设计系统（CAD），并成功开发出具有自主专利技术的制版机床和智能制版平台。该制版平台存储了200万个版型数据，有超过100万亿种以上的款式组合，只要输入客户的量体数据和个性化选择，马上就能设计出服装的样板。

图 3-2　红领集团魔幻工厂移动定制大巴

在流水装配线上做定制是对传统生产组织体系的挑战。项目团队引入了RFID技术，它将订单信息和加工指令集纳在一块芯片中，这样指令就会随着产品走，工人一扫码就知道该做什么。2012 年，经过 10 年的努力，红领集团的工业化定制项目终于取得了成功。据估计，大规模定制的单位成本只比批量生产高 10% 左右。2014 年，红领魔幻工厂 App 推出，全球消费者都可以在线预约量体、下单定制。这意味着红领集团真正实现了由消费者驱动的 C2M（顾客对工厂）商业模式。今天的红领集团已经打造出一个"互联网+"的工业化定制平台，每一件个人定制西服，都可以在大数据的驱动下"打印"出来。

3.2.3　新服务

2019 年新年伊始，海底捞公开宣布淘汰服务员，正式宣告无人餐厅时代的到来。与此同时，马云的无人酒店、中国建设银行的首家无人银行、德勤的无人财务都在告诉人们，服务新化已经势不可当。

1. 服务的发展历程

人类社会经济的发展历经农业经济、工业经济、信息经济和智能经济时代，随着时代的变迁，服务智能化的程度不断上升，如图 3-3 所示。在农业经济时代，服务活动相对较少且主要依靠简单的人力，如餐馆、旅店、驿站等提供的传统服务，其效率低、成本高、智能化程度接近于零。随着工业革命的兴起，人力逐渐被机械所取代，半自动、半人工的服务活动也相继出现，服务现代化水平得到了提高。到 20 世纪 50 年代，社会进入信息经济时代，随着计算机和网络的普及，人工进一步被取代，各类服务活动变得更加方便快捷，银行、证券、保险等金融服务业也开始不断涌现，服务新化程度得到进一步提高。到 21 世纪的今天，大数据，人工智能和物联网将人类社会带入了智能服务经济时代，新的智能化服务层出不穷。

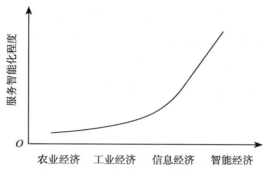

图 3-3　服务智能化程度发展历程

2. 新服务的提出

当前互联网正从根本上重构人们的生活方式与工作方式,与生活方式相关的生活服务业尤其如此。2017 年 11 月 23 日,美团点评高级副总裁张川在闭门峰会中指出,当下的生活服务行业正面临新的变化,以线上线下一体化、技术和数据驱动、个性化服务为特征的"新服务时代"正在加速到来。在 2018 互联网岳麓峰会"新服务·新动能·新未来——58 集团智慧生活"专场上,58 集团 CEO 姚劲波也在演讲中指出,新型服务业将通过互联网连接、留住和服务客户,并充分利用人工智能、大数据等技术手段,实现社会资源的更充分匹配。未来 20 年,新型服务业有望引领中国新经济的发展。

3. 新服务的内涵

所谓的新服务是指企业以互联网为依托,以心理学知识为驱动,通过运用大数据、人工智能等先进技术手段为商户赋能,通过线上线下全渠道融合运营来提升效率、降低成本。以用户场景化需求为导向,为用户提供全新的消费体验,实现用户与服务的精准连接。目前,服务业是"互联网+"融合较为深入的领域。以医疗领域为例,在硬件方面,通过可穿戴设备终端采集人体信息,与手机交互后传输到云端已经成为一种新的医疗监测方式;软件方面,丁香园、好大夫在线、春雨医生等新产品以手机为互动平台,促进医患沟通,为用户提供专业的信息服务。

4. 新服务的特征

与传统服务业相比,新服务具有以下特征。第一,新型服务业会更加连锁化、更加全国化、更加品牌化。虽然可能会有一些老牌企业欣然接受这些变化,转变为新型业态,但绝大多数新服务都是由新品牌、新连锁店和全国性品牌提供的。第二,新服务是服务业与互联网的深度融合,新服务企业通过互联网来连接和留住客户,为客户提供体验感好的优质服务并以此树立品牌。第三,新型服务业将充分利用人工智能、大数据等技术手段,实现社会资源更优化的配置,实现更高效率、更高利润和更可持续的人力资源投入。第四,新服务将更好地与资本市场融合。过去中国风险投资大部分投在互联网、房地产等行业,投到传统服务业的不多,而正在崛起的新型服务业会和资本有更好的融合。

5. 实践引领:海底捞跟 waiter 说再见⊖

2019 年伊始,海底捞正式宣布,无人餐厅来了:消灭服务员,跟 waiter 说再见!其耗资 1.5 亿元打造的"无人餐厅"在北京正式开业。从一个大胆的设想到成为现实,海底捞历时 3 年打造了全球首家智慧火锅餐厅,昔日穿梭于餐厅的服务员瞬间被智能机器人取代。让我们来看看海底捞"无

⊖ 本案例根据以下资料编写:商智库.海底捞正式宣布,消灭服务员,跟 waiter 说再见![EB/OL].(2019-01-07)[2019-09-22]. https://baijiahao.baidu.com/s?id=1651410140462986637&wfr=spider&for=pc,19-11-28.

人餐厅"对行业的六大颠覆！

颠覆1：洗菜工不见了。在海底捞"无人餐厅"，不需要任何人洗菜，海底捞把食材加工的所有环节统一前置到外包供应商和中央厨房，所有菜品从自动控温30万级超洁净智能仓库中经冷链保鲜物流直达门店。原来那些抱怨工作简单、工资太低的洗菜工已没有存在的必要。

颠覆2：配菜员消失了。传统火锅店的配菜员地位举足轻重，但海底捞"无人餐厅"却让一组机械臂取代了这个职位。顾客通过iPad点完单后，数据会直接传到后厨的菜品仓库中，机械臂非常灵活地将配菜取下然后放在传送带上配送。原来人工至少需要10分钟才能完成的工作，现在机械臂只需两分钟就能完成，大大缩短了顾客的等待时间。

颠覆3：传菜员不见了。机械臂配好菜后，在一旁待命的传菜机器人就会得到指令，准确无误地将菜品送到顾客桌前，如图3-4所示。

图3-4　机器人传菜实景图

颠覆4：酒水配送员失业了。在海底捞"无人餐厅"酒水区，设有一个3米高的自动酒水柜，各类酒水饮料一应俱全。酒水区配有一个"大脑"系统，根据点餐信息，自动将酒水送到出口处，顾客可以自己去取，也可以呼叫工作人员送达。

颠覆5：等位区服务员下岗了。人性化的等候服务一直是海底捞的招牌，顾客可以在等候时做美甲、擦鞋、按摩等。但在"无人餐厅"已看不到服务员了，顾客可以在超级等候区，面对一个 13 米宽、3 米高的影院级屏幕，通过手机扫描与其他等待的顾客玩游戏、同店 PK。

颠覆 6：店长功能弱化了。海底捞"无人餐厅"是与松下、阿里巴巴联合打造的。在店内的监控屏幕上，可以看到每台机器和每一个环节的运行情况，实时监控剩余菜量，以及是否有超过 48 小时的过期菜品。传统的店长的作用在这里被大大弱化了，而且智能大脑做得更好、更快。

3.2.4 新金融

人们将这个时代称作产业互联网时代，在金融行业，产业互联网的影子同样存在。以 BAT 为代表的互联网巨头开始通过技术赋能的方式不断为传统金融机构提供对应的产品和服务，并以此来推动金融行业的发展。阿里巴巴凭借大数据的手段试图给传统金融机构提供更加快速、高效的风控技术；百度凭借其在智能科技端口的布局来不断改变传统金融机构的元素；腾讯则是通过其在社交端口的数据、技术等不断给传统金融机构提供新的能量。无论从哪个角度来看，当下的金融市场其实都在经历一场远比互联网金融要彻底得多的改变，如果我们说互联网金融时代的决胜关键在于获取用户多少的话，那么在产业互联网时代，决定金融行业成败的关键在于自身到底能够改变多少，以及能够与周边行业融合多深。

1. 新金融的含义

在互联网和信息技术革命的推动下，金融产业结构中的底层物质正在发生深刻的变化。所谓新金融是指整个金融体系的新发展，以及由此形成的新金融机制、新金融业态、新金融组织、新金融工具以及新金融服务等，是一种新的金融生态和金融服务产品及模式，这也是金融发展的一个新领域。

2. 新金融的特点

在新金融时代，金融的表现形式较之于以前更加多样化，金融与大数据、智能科技、人工智能、云计算等相关技术的融合将金融行业带入一个全新的发展阶段。新金融的特征可归纳为以下几方面。

（1）参与业态的多元化。新金融突破了传统金融的界限，与传统金融有银行、证券、保险等清晰行业划分不同，新金融没有明确分类。一些新的业务形式，例如电子商务、社交网络、服务和媒体，已经加入了新金融领域。一些国有企业、上市公司、私营企业，甚至一些中小微企业也加入了新金融体系。新金融理论上可以全部实现跨界运营，因此更加高效，成本更低。

（2）业务模式的多元化。简单来说，传统金融行业的主要功能是投资和理财，这两个功能在互联网时代仍被无限放大。在新金融时代，金融行业的业务模式除了传统的投资和理财功能外，还扩展到电商支付、社交平台众筹、大数据征信等领域，金融变得越来越具有包容性。

（3）服务对象的多元化。传统金融行业的服务对象通常是20%的头部用户，包括大企业、高净值人群等VIP客户。新金融服务对象则是那些80%的长尾客户，是传统金融服务不到或者说服务不好的对象。新金融是一种普惠金融，给所有具有真实金融服务需求的个人或企业提供平等的无差异的金融服务。

（4）金融即生活。新金融时代，金融与人们生活的联系将会更加紧密，人们的科技生活也能够通过金融的方式来呈现。比如，我们在购物时能够通过指纹和人脸识别的方式来完成支付。这样，金融与生活变成了一个能够相互转化、自由流动的存在，真正演变成为一个统一的整体。

（5）金融智能化。作为新金融的一部分，智能化金融将会让我们的生活和金融行为也变得更加智能化，金融风险控制亦将因此完善。在新金融时代，系统会结合客户的消费能力、经济状况、风险承受能力、投资偏好等多种维度经过智能算法将金融产品推荐给客户。对金融项目来讲，在上线之前能够根据行业数据通过行业分析、市场分析、用户分析、风险评估等多个维度进行综合分析，从而对项目进行大数据风控，让金融项目的开发进入一个科学、智能的全新时代。

（6）无现金成为趋势。无现金不是消灭现金，而是提供更加便捷的支付方式。支付的便利性对促进消费和实体经济的发展以及提升民生服务满意度的影响都是非常大的。无现金让金融更普惠，让商业更智能，让人们更满意，让社会更高效，让信用体系更完善，对社会有全方位的积极意义。

3. 新金融将成为互联网金融的下一站

当前互联网金融所面临的市场环境已经发生了深刻的变化，用户活跃度不断降低，金融创新产品匮乏，行业模式传统单一都成为困扰其发展的主要原因。新金融是破解互联网金融发展难题的重要手段，是互联网金融的下一站，也是必然要到达的一个阶段。

（1）新金融与互联网金融的区别。新金融与互联网金融最大的区别在于互联网金融仅仅改变了用户与金融产品对接的方式和渠道，而新金融则通过改变自身来满足消费升级时代用户的新需求。从这个逻辑来看，新金融深入到了金融行业的内在，真正从金融行业自身来做出改变。

（2）新金融给金融行业带来改变。之所以说新金融是互联网金融的下一站，一个很重要的原因就在于它能够给金融行业带来更多的改变。未来，新金融将会真正摆脱金融的标签，它不再只是一个支撑者，而是一个参与者。除了深度参与外，新金融底层逻辑、行为方式、基本概念等诸多方面都发生了根本改变。未来，随着更多的金融科技、普惠金融、数字金融等新的元素不断加入，新金融的概念将会进一步丰富和拓展，新金融的发展也将会更加快速、新颖。

（3）重构新金融体系。新金融的另外一个优势在于它将业已成熟的金融体系进行重新建构，而非只是盲目地进行去中间化操作。尽管以人为主导的金融体系发展业已完备，但是面对用户出现的新需求，人的力量不断弱化。改变以人为主导的金融体系，加入更多新的元素来实现金融行业效率的再度提升，成为未来金融行业再度进化的关键。可以看到以 BAT 为代表的科技巨头对于金融行业的赋能，其实就是通过加入数据元素、模型元素、AI 元素来改变以人为主要元素的金融体系，从而使金融行业进入一个全新的进化期。

4. 实践引领：万亿估值的蚂蚁金服是如何炼成的[⊖]

2003 年，淘宝网正式成立，开张半年时间里，网站上每天都有大量新帖，也有许多商家、用户进行咨询，但就是一单交易都没有。为了尽可能地消除买卖双方的顾虑，淘宝财务部的员工提出"担保交易"的方式：让买家先把钱打给淘宝，淘宝收到钱再让卖家发货，买家收到货确认没问题，再让淘宝把钱打给卖家。于是淘宝网终于迎来了第一单担保交易。办公室里的员工提议为"担保交易"取名字，有"大宝"（淘宝）就应该有"小宝"，而且"宝""保"同音，又用于支付，就叫支付宝好了，支付宝因此而得名，在 2004 年 12 月正式成立。

上线之后，支付宝一直稳步发展。2008 年上线了公共事业缴费服务，2009 年上线手机支付，2010 年"快捷支付"正式亮相，旨在提升支付成功率。支付宝功能日益完善，用户逐渐增多，但也面临着成长的阵痛。支付宝最重要的使命就是要将网购用户的客户体验、信用体系、安全体系做到

⊖ 本案例根据以下资料编写：张泽宇. 阿里 20 年之金融篇：万亿估值蚂蚁金服是如何炼成的 [EB/OL].(2019-09-10)[2019-09-22].https://tech.sina.com.cn/i/2019-09-10/doc-iicezzrq4766529.shtml.

极致，这是其存在的意义和价值的底线。

2013年年初，支付宝的核心高管齐聚浙江莫干山，会议上确定了余额宝、网商银行、芝麻信用等主要项目，决定以支付宝为主体筹建小微金融服务集团。几个月之后，余额宝上线了，这是一种让用户存款获得利息的功能。余额宝上线不到6天时间，用户数就已经突破100万，迅速引爆整个互联网，开启了互联网金融时代。此后，随着业务不断延伸，支付宝接连推出网商银行、芝麻信用、花呗等产品，承担着不同的使命。经过一年多的筹建，2014年，阿里小微金融服务集团正式宣布更名为蚂蚁金融服务集团。

2017年9月，支付宝宣布在肯德基KPro餐厅上线刷脸支付应用，这是刷脸支付在全球范围内首个商用试点。支付宝对此充满信心，不仅要投入技术，还要用重金来砸出市场，并宣布将在未来三年内投入30亿元对刷脸技术全面开放及商业合作进行支持。与此同时，蚂蚁金服还发力区块链等新技术。科睿唯安公布的数据显示，截至2019年4月，阿里巴巴凭借290件区块链专利方案数量稳居全球第一，而该技术已应用至地铁出行、就医、司法，甚至公益等诸多领域。

蚂蚁金服尚未"成年"，估值却已突破万亿。面对越来越大的体量和越来越严格的监管，蚂蚁金服正在寻求主动分拆：一家金融公司，一家科技公司。持有小贷、银行、保险等金融牌照的相关业务划入新成立的金融控股旗下，金融云、风险管理等科技业务保留在蚂蚁金服体内。行军的蚂蚁分成了两队，将把蚂蚁整体牵引至何方，又能否发挥更大的力量，让我们拭目以待。

3.3 新融合

在互联网时代背景下，互联网已经和众多行业进行了融合，产业业态不断创新，产生了以上诸多新的业态模式，促进了传统行业的转型升级。在"互联网+行业"实现新的业态变革的同时，行业间的界限也变得越来越模糊，跨界融合成为这个时代的典型特征。在工业界的新融合中最为突出的就是制造与服务的融合，以及产业间跨界融合的复合业态的产生。

3.3.1 制造与服务的融合

阿里巴巴集团创始人马云在2017年第四届世界互联网大会上曾经提出，未来的制造业将是服务业，未来的服务业也必然是新型制造业，两者将高度融合。在制造业中，发展服务型制造无论是从服务提供的主体还是从服务本身都呈现出先进制造业与现代服务业深度融合的特征。

1. 服务型制造的内涵

服务型制造也叫制造业服务化，是指制造企业为了适应技术发展和市场变化以及更好地满足用户需求，通过采用先进技术，优化和创新生产组织形式、经营管理方法和商业模式，来延伸服务链，提供"生产+服务"的完整组合，以实现竞争力的提升和价值的增值。

服务型制造是全球制造业转型和发展的重要趋势，它的产生和发展促进了制造型企业在技术和管理方面的创新，成为制造业打破发展瓶颈的重要途径。在制造业服务化程度最高的美国，制造和服务融合型企业占制造型企业总数的58%。许多大型跨国公司都逐步由生产型制造向服务型制造转变，如国际商业机器巨头IBM由传统的制造型企业成功转型为IT解决方案的服务提供商，成了IT企业竞相学习、研究和模仿的目标。目前，我国有一些先进的制造型企业正在引领中国制造业向服务型制造转型，典型的案例如华为的整体解决方案、上海电气的全集成承包模式、海尔的服务平台等。

2. 发展服务型制造的原因

制造业是国民经济的主体，是国民经济高质量发展的基础。发展服务型制造是重塑我国制造业价值链、促进产业升级的有效途径，对推动先进制造业和现代服务业的高质量发展具有重要作用。发展服务型制造的原因主要有以下几个方面。

（1）服务型制造能够提升企业的竞争力。随着技术的不断发展，产品性能的差异越来越小，产品之间的互补性和替代性不断提高，产品差异化战略所带来的竞争优势变得难以维持。因此，制造型企业需要加大产品研发投入，不断提升技术创新能力，利用新一代信息技术提高生产效率、创新商业模式以发展服务型制造，实现向全球价值链中高端的攀升，同时增强产品差异化，增加用户黏性。另外，服务型制造的发展也有利于扭转传统服务业技术进步缓慢、效率低下的现状，促进服务业生产效率的提高。

（2）服务型制造为制造业和服务业提供新的增长空间。发展服务型制造可以将产品和服务集成到一个产品服务体系中，将一次性的产品销售收入转化为可持续的服务收入。企业通过为产品用户提供服务获得持续的现金流，进而为企业发展提供新的成长空间；同时，服务型制造也为现代服务业带来新的发展机遇。

（3）服务型制造能够提高企业的附加价值和效益。从国际经验来看，实施服务型制造可以显著提高企业的经济效益。例如，在制造过程中加强价值链上游的研发和设计服务，通过改进产品的设计、技术和质量，使产品具有更大的竞争优势。制造环节下游的在线监测、全生命周期管理、增值信息等服务活动也能为制造型企业带来差异化竞争优势，提升高附加值服务活动在企业收入中的比重。

（4）服务型制造还能推动制造业的绿色发展。由于服务型制造意味着制造过程中的服务性内容增多，在同样的产出下，资源和能源的消耗更少，污染物和温室气体排放更低；同时，个性化定制模式将使供需更加匹配，减少因产品滞销和积压造成的浪费；通过在线监测和全生命周期管理，制造型企业可以运用专业技能提高设备运转效率，促进下游用户的绿色生产，进而促进整个制造业的绿色发展。

3. 服务型制造的实现途径

服务型制造可以面向全球价值链各环节。例如，制造型企业可以通过提供研发和设计服务进入全球价值链的上游，还可以通过提供金融服务、广告服务、售后服务和融资租赁服务进入全球价值链的下游。此外，企业还可以通过服务型制造的专业化分工和服务的全面外包来提高自身生产效率。因此，服务型制造是制造企业实现转型升级的重要手段。未来，制造型企业可以通过服务创新实现从产品主导逻辑向服务主导逻辑的转变。

国家发展和改革委员会在2019年11月发布的《关于推动先进制造业和现代服务业深度融合发展的实施意见》中明确提出，到2025年，形成一批创新活力强、效益显著、质量优良、带动效应突出的企业、平台和示范区，并逐步加大企业对生产性服务业的投入，不断改善产业生态，制造业与服务业融合成为推动制造业高质量发展的重要支撑。

文件明确提出了以下十个方面作为重点产业和重点领域融合发展的新路径：①加快原材料产业和服务业整合步伐；②推动消费品产业与服务业深度融合；③促进装备制造业和服务业的融合；④完善汽车制造和服务全链条体系；⑤深化制造型服务和互联网一体化发展；⑥促进现代物流与制造业的高效融合；⑦加强研发、设计服务和制造的有机融合；⑧加强新能源生产使用与制造业的绿色融合；⑨推进消费服务业重点领域和制造业的创新融合；⑩提高金融服务制造业转型升级质效。

4. 实践引领：徐工集团的服务化探索与创新⊖

成立于 1989 年 3 月的徐工集团，目前位居世界工程机械行业第 4 位，中国机械工业百强第 4 位。面临国内外制造业服务化转型趋势和契机，在徐州市委、市政府的大力支持下，徐工集团制定和持续开展信息化服务战略，结合自身优势，在巩固工程机械主业的同时，积极发展与探索"互联网＋智能制造""互联网＋服务"等新型业态，实现了"服务化"转型，逐渐向高附加值环节移动，增加服务业比重。

集团于 2014 年成立了江苏徐工信息技术股份有限公司，该公司以软件服务、智能化整体解决方案等业务为核心，一方面服务集团，提升徐工集团智能化制造水平和生产效率，另一方面服务企业下游客户，在增强客户黏性的同时提升企业盈利水平，向服务型制造转型升级。以徐工集团的工程机械制造业务为例，工程机械实物产品的出售固然可以为企业带来利润，但是在工程机械的维修服务领域，围绕工程机械购买的融资服务、模型设计、技术检测和培训服务通常能够带来更长期、更丰厚的利润。

截至 2019 年，徐工集团共衍生成立了 9 家专业的服务外包企业，分别是以信息技术解决方案服务外包为主的徐工信息；以金融保理服务外包为主的徐工集团财务有限公司和江苏徐工工程机械租赁有限公司；以供应链管理服务外包为主的徐州徐工智联物流服务有限公司和徐州徐工物资供应有限公司；以租赁服务外包为主的徐工广联租赁；以高端装备制造软件研发外包为主的江苏徐工工程机械研究院有限公司；以托管及维护服务外包为主的徐工集团进出口有限公司；以电子商务交易和服务为主的江苏徐工电子商务股份有限公司。

服务化转型以及外包业务的剥离发展极大地推动了徐工集团发展模式

⊖ 本案例根据以下资料编写：张启亮. 徐工集团的服务化探索与创新 [EB/OL].(2015-10-13) [2019-09-23].https://chuansongme.com/n/632247252357.

的转型升级，由传统的对自然资源、劳动力的依赖转变为对知识、创新和服务的依赖，形成了以技术和商业模式创新为核心的新的竞争优势，推动企业发展进入一个新阶段。

3.3.2 跨界融合的复合业态

在互联网时代，随着技术的变革与市场需求的变化，以互联网、大数据等为代表的数字经济已融入我国经济社会各个领域，成为推动经济发展质量变革的重要驱动力。一、二、三产业之间的边界趋于模糊，产业跨界融合成为经济发展中的一个重要现象。

数字经济发展对产业跨界融合具有强大的推动力。从现实看，数字经济时代的跨界融合拥有超万亿级的巨大市场。有研究显示，"数字经济+""人工智能+"等模式将存在于每一个产品、每一项服务和每一个经济活动中，并不断进行业态升级，可以说是无所不在。未来的经济将不再是由独立的行业相加组成，随着数字经济的加入，产业边界会越来越模糊甚至消失，产业间将无缝衔接，真正做到你中有我、我中有你。

1. 产业跨界融合的主要趋势

未来的产业会呈现多元化、立体化、开放化、标准化的发展趋势，数字经济推动产业跨界融合成为新常态。产业跨界融合不仅包括产业间的跨界融合，也包括产业内各子产业间的融合。目前，我国产业的跨界融合主要表现为服务业与制造业的融合、金融投资与产业投资的融合、以互联网为纽带的产业跨界融合、科技革命引领的产业融合、新市场需求推动的产业跨界融合五大趋势。

2. 以互联网为纽带的产业跨界融合

产业跨界融合中发展最快、影响最深入的就是互联网产业与传统产业的融合。当前，互联网浪潮正在席卷所有传统产业。云计算、大数据、人工智能等互联网技术已开始大规模融入制造、金融、医疗、教育、零售、娱乐、物流等领域。在制造业领域，数字化管理和智能化生产使订单能够被快速、准确地响应；在教育和医疗领域，利用网络平台，人工智能可以满足学生和患者的需求，实现一对一的匹配；在零售领域，网上零售的便利性延伸到线下，无人超市成为可能。

3. 产业跨界融合既要"跨"更要"融"

之前业界讨论颇多的是多元化发展，那么跨界融合算不算多元化发展呢？其实，两者既有相同之处，也有不同之处。多元化注重业务在多个领域的拓展，强调业务类型的多样性和业务范围的广度，原有行业或产业与新行业或新产业的关联性不确定，可能密切相关，也可能不相关。跨界融合则着眼于模糊或打破产业或行业之间原有的固化边界，围绕目标客户群体，寻求双方资源、优势和利益需求的共同之处，实现资源、效用和利润的最大化，强调的是协同效应与互动作用，这不仅要"跨"，更要"融"。在融合过程中，产业结构会发生变化，产业布局会受到影响，产业升级会得到促进，甚至会产生新的需求、新的业务和新的市场格局。

4. 实践引领：跨界大王尚品宅配[⊖]

尚品宅配作为定制家居领域的上市企业，主营业务为全屋板式家具的个性化定制生产及销售，配套家居产品的销售，以及向泛家居企业提供设计软件与解决方案等。在全屋定制领域，尚品宅配提出共享以及互联网的平台思维，先前已经与老板、方太、3M等其他领域的领头企业进行了跨界

⊖ 本案例根据以下资料编写：郑炳巽，童海华.尚品宅配跨界餐饮、服装业，或加速推进新零售业务 [EB/OL].(2019-06-08)[2019-09-25].https://www.sohu.com/a/319318925_296948.

合作，未来还将会继续整合扩张品类。

2018年12月，尚品宅配与木门行业巨头TATA木门在北京签署战略合作协议，以"开启新世界"为主题，基于"一站式服务"理念，在产品、渠道上进一步深化合作，携手为消费者提供整体家居解决方案，打造更极致的家居体验。在双方的合作中，尚品宅配将会发挥用户大数据、研发设计、销售渠道等方面的优势，从产品到销售与TATA木门展开深度合作。TATA木门也将携手尚品宅配进行创新性合作，打造生活方式类产品，为消费者提供一站式家居服务。尚品宅配与TATA木门的合作是强强联合，双方将在终端门店、设计服务、配套服务等领域实现资源联动。通过深度引入双方优势资源，全面优化品牌服务矩阵，为消费者提供一站式的解决方案。

2018年4月，尚品宅配首家倡导"慢生活体验"的"超级店"（简称C店）在上海绿地缤纷城开幕，尝试引入了家居、花艺、咖啡、书吧、亲子玩乐等不同业态。除了尚品宅配自身的家居产品体验外，还集聚了咖啡、珠宝、花艺、无人零售等多种形式，将吃、喝、玩、乐融合到一起。2018年7月，尚品宅配第二家C店在北京开业，该店面积达到5 000 ㎡，比第一家店多出2 000 ㎡。之后，尚品宅配的C店又在广州落地。尚品宅配在2018年年报中指出，C店目前在上海、北京、广州三地开设，是公司继标准店、O店后的一种新零售方式的尝试，将多元生活融于一体，用"Collection"的集合模式，诠释集家居、时尚、艺术、社交于一体的慢生活体验。

2019年6月，尚品宅配对外发布公告，宣布完成经营范围的变更，此次变更后，尚品宅配的经营内容跨越多个行业，增加了水果零售、礼品鲜花零售、服装零售、中西餐服务、小吃服务等。专业人士认为，此次经营范围的变更，与布局新零售业务密切相关。

INDUSTRIAL INTERNET

第 4 章

产品与服务的发展变化

在过去,传统制造型企业的产品主要呈现以下特点:产品形态主要以有形产品为主;产品研发、设计以及生产周期较长;设计师与用户的距离较远,难以清楚了解顾客的实际需求;用户基本不参与产品的研发、设计和生产环节,用户体验感较差;产品价格主要依据生产成本确定,生产厂家起主导作用;产品生产以生产厂家为中心,强调产品标准化和成本最小化;产品的营销渠道偏向于线下渠道等。随着工业互联网时代的到来,企业所提供的产品和服务也开始发生一些新的变化,随之呈现出一些新的特点。本章将对工业互联网时代产品和服务的变化进行详细的说明。

4.1 产品与服务的内涵及构成

4.1.1 产品与服务的含义

1. 产品的含义

传统意义上的产品一般是指通过交换向市场提供的,能使顾客某一需要和欲望得到满足的任何有形物品（包括产品实体及其品质、款式、特色、品牌和包装等）和无形的服务（包括给顾客的心理满足感、信用感、各种售后支持和服务保证等）。产品的概念有狭义和广义之分。狭义的产品是指被生产出来的物品，与商品不同，其最终目的是让用户使用。广义的产品则是指一切可以满足人们需求的载体。综上所述，产品指的是为了满足社会需要，将投入的资源转化为特定输出的相互关联或相互作用的活动的结果，是能在市场上流通，被人们消费和使用，从而满足人们某一需求的任何东西，其中既包括有形的物品，也包括无形的服务、组织、观念或它们的组合等。

2. 服务的含义

服务是基于顾客需求，供给方（提供产品的组织和个人）与需求方（接受产品的组织和个人）接触时发生的外部活动及供给方的内部活动产生的结果，它通常是无形的，例如教育、运输、咨询、金融、旅游等。产品和服务一般是同时提供的，当今，任何一家生产型企业在提供产品的同时也一定会提供相应的服务，而多数服务型企业所提供的服务也通常是以产品作为载体的。例如，海尔除了提供冰箱这一实物产品以外，也会提供冰箱的安装及售后维修服务等。而海底捞作为一家以服务见长的餐饮企业，其所提供的服务也是依附于火锅产品而产生的。服务通常具有无形性、同步性、异质性和易逝性。

4.1.2　产品与服务的构成

1. 整体产品的构成

营销学家菲利普·科特勒认为产品一般可以划分为五个层次（如图4-1所示），分别是核心产品、形式产品、期望产品、延伸产品、潜在产品，它们共同构成顾客的价值层级。其中，核心产品是指产品的基本效用和核心利益，即顾客真正购买的基本服务或利益；形式产品是指核心产品借以实现的形式，品质、样式、特征、商标以及包装是构成它的共同因素；期望产品是指消费者在购买产品时希望得到的与该产品紧密相连的一整套属性和条件；延伸产品是指消费者在购买形式产品和期望产品时附带获得的，包括产品说明书、安装、维修服务在内的各种利益总和；潜在产品是指能发展成为未来最终产品的潜在状态的产品，它指出了现有产品可能的演变趋势和前景。例如，冰箱可以看作提供给消费者的形式产品，它的保鲜功能则为核心产品，容量、结构设计等要素则为期望产品，附带的说明书、安装维修服务等即为延伸产品，而冰箱的定制化、智能化、网络化则为潜在产品。

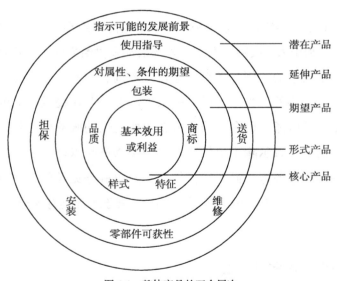

图 4-1　整体产品的五个层次

2. 服务之花模型

美国著名服务营销学者克里斯托弗·H. 洛夫洛克提出的"服务之花"

思想，实质上是从产品或服务的整体立场出发，将核心服务与附加服务比作一朵花的"花蕊"与"花瓣"，认为不同企业的核心服务大相径庭，而所有企业的附加服务则大体一致，它们可分为八个类别，因而提出可以通过加强附加服务来增加核心服务价值，从而提高企业竞争力。八种附加服务相关的服务要素像八片花瓣一样围绕在核心服务的周围，如图 4-2 所示。

以往，人们区分制造业和服务业的标准就是企业产出中有形产品和无形服务所占的比重，因此海尔被认为是典型的制造型企业，而海底捞则被认为是典型的服务型企业。近年来，随着制造与服务的不断融合，制造业和服务业的界限变得越来越模糊。海尔认为随着定制化冰箱的生产和提供，自己正在从制造业向服务业转型，而阿里巴巴创始人马云则在一次讲座中提到阿里巴巴也是一家制造型企业，因为它可以制造数据。我们可以预见，未来的制造业就是服务业，而未来的服务业也是制造业。

图 4-2　服务之花：被附加服务环绕的核心服务

4.2　工业互联网时代产品与服务的新特点

在工业互联网时代，作为工业企业核心价值主张的产品和服务，也呈现出网络化和智能化、体验化和定制化以及免费化和方案化几个方面的变化趋势，以下通过一些例子进行具体说明。

4.2.1 产品的网络化和智能化

1. 产品的网络化

产品的网络化指的是企业生产的产品具有上网功能,能够借助产品内的终端设备,通过一系列技术实现网络互联和信息数据的互通共享。例如,Tile 是一款低耗能的蓝牙瓷片电子产品,它可以附着在钱包、自行车等贵重东西上面,通过与用户的智能手机通信来保持跟踪并防止丢失。电子瓷片通过与智能手机应用相结合,可以实现找钥匙、查看上一次单车停放位置等功能。每一个 Tile App 都能够获取任何电子瓷片的位置而不管其拥有者是谁,这样一旦某个人将自己的电子瓷片标记丢失,整个网络都会收到通知,然后帮助查找,更好地发挥了产品网络化的作用。

2. 产品的智能化

对于产品的智能化可以从智能产品和智能服务两方面进行理解。智能产品是指能利用智能芯片接收外部信息并对其进行加工、处理等,以类人的思维方式和智力参与到人类社会复杂工作中的产品。生活中常见的智能手机、智能手表、智能汽车、智能家居等都属于这一范畴。智能产品往往具有记忆、感知、计算和传输的功能,能借助软件实现与互联网和物联网的系统互联。例如,一种连接传感器的智能袜产品能够收集跑步者的路线数据、移动情况并报告锻炼效率;智能汽车能够识别人们的日常驾驶模式并记住最佳路线;温度调节器能够了解人们的温度偏好,并在回家前自动开启适宜的温度。工业互联网时代的产品设计应思考如何把智能化元素加入产品中,以增加产品的附加值。

企业在提供有形智能产品的同时,也提供无形的智能服务。工业互联网时代的智能服务是指企业通过物联网对产品的状态进行感知,从而进行预防性维护，及时帮助客户进行备品备件的更换。企业通过了解产品运行的状态，不仅可以帮助客户赢得商业机会，还可以收集到产品运营数据，为企业进行市场营销决策提供支持。例如，罗尔斯·罗伊斯公司针对航空发动机推出了 TotalCare 包修服务，以确保航空公司的飞行可靠性和发动机在翼时间，使双方实现了共赢。企业开发面向客户服务的软件，也是一种智能服务，例如，可以向购买产品的客户提供个性化定制的服务，从而锁定客户，开展服务营销。创业公司 Yooshu 通过对客户的脚进行激光三维扫描仪扫描，再进行逆向工程获得三维曲面模型，之后通过工业机器人加工出符合客户脚型的舒适的沙滩鞋，赢得了众多顾客的青睐。

3. 产品网络化和智能化的实现方式

产品网络化和智能化的实现，主要是以信息通信网络为支撑，以智能工厂为载体，以关键制造环节的智能化为核心，以端到端的数据流为基础，以个性化生产为特征，通过云端连接或将经过训练的智能系统嵌入产品中，使产品能通过语音、手势等方式响应用户指令，从而为用户提供智能化服务，此外，企业也可以依托智能化平台提供丰富的增值服务，实现从提供产品向提供"产品+服务"组合的转变。

4. 产品网络化与智能化的典型应用

在工业互联网时代，产品的网络化和智能化成为产品发展的趋势，其中较为典型的应用主要集中在数字家庭、智慧家居、网联汽车和公共环保设施等领域，具体的应用实例如下。

（1）数字家庭。数字家庭指的是以计算机和网络技术为基础，使家电通过不同的连接方式进行通信和数据交换，实现"互联互通"，使人们足不出户就可以方便快捷地获取信息。数字家庭的出现极大地增强了人们居住的舒适性和娱乐性。据观察，近年来我国数字家庭行业的销量呈现稳定增长的趋势，技术和产品创新保持活跃，人工智能、虚拟现实等新技术的融合应用给行业带来了新的发展机遇。

然而数字家庭行业技术迭代迅速，人工智能电视、量子点电视、智能音箱等新产品层出不穷。如，海尔推出的U+智慧生活软件能够一站式接入全生态圈的智能单品；海尔阿里四代电视具备千人千面、全过程语音、物联网大数据、4K影视VIP等六大人工智能引擎；而智能空调、洗衣机、电饭煲等智能家电类产品也逐渐趋于成熟。

以海尔馨厨智能冰箱为例，这款冰箱配备了网络、TFT屏幕、音响及人体感应等能与用户进行交互的模块。用户只须通过手机便可实现对冰箱温度的远程操控，通过屏幕便可实时观测内部食材的新鲜度，还可以查询菜谱、天气、上网购物、观看电影等。此外，这款冰箱还引入了百度AI语音识别技术，能够对用户的语音指令进行语义解析，从而真正实现了人机交互。另外，它还能利用大数据分析用户的使用习惯，通过云计算识别用户需要的功能并根据用户的反馈在冰箱上接入更多的社会化服务。

（2）智能家居。试想一下这样一个场景：夜晚，当你踏入家门，灯光、空调、米饭、热水……早已为你安排好，你是否觉得十分方便？随着智能家居时代的到来，我们的日常生活被涂上了一抹科幻色彩。智能对家居赋能的价值在于，能根据使用者的生活习惯进行自动调节并提供无感的体验。

智能家居的核心是通过连接物联网，使不同终端的数据实现互联，使家居产品更能满足用户需求、增强用户体验。此外，它还能进一步对收集的数据进行分析，自启动一系列适用于不同设备的模式。随着工业互联网的发展，智能家居已不再只是科幻式的未来愿景，联网的家居和设备正迅速成为常态。例如，海信发布的建立在大数据分析、AI、云服务等智能技术基础上的智慧家居系统，可以连接电视等智能家电设备和第三方智能安防、智能环境监测、智能控制和智能照明等智能家居设备；智能冰箱能告诉你牛奶是何时放进冰箱的，什么时候会过期，还会给你提供如何对冰箱所储存的食材进行料理的菜谱。当然，只有具备"思想"和数据分析能力的家居产品才能被贴上智能化标签。而智能家居的"思想"，就是通过数据分析出用户需求，并想方设法满足这些需求⊖。

（3）网联汽车。在过去，传统的汽车既不是联网，也不是电动化的，而是燃油的汽车。而现在，整个汽车产业正呈现出电动化、网联化、智能化、轻型化四大趋势，由工信部极力打造的智能网联汽车将会形成一个新的智能化产品的形态。过去汽车生产出来就会被厂家卖掉，之后厂家和用户的联系基本上是断了的，虽然后续通过4S店会提供一些服务，但总的来说车厂和用户之间的联系是非常少的，车厂对于汽车的使用情况也无法获得及时的反馈。而现在汽车进行网联化的设计后，通过通信芯片可以在用户和汽车之间进行紧密的捆绑，所以未来的网联汽车不仅是一个产品还会是一种服务，形成产品服务化的转变。一方面企业可以销售产品，另一方面由于产品内含有通信模块，企业可以提供一些网联化的服务，包括精准营销、个性化运维等，另外还可以通过数据的反馈了解汽车的行驶情况，是否会出现一些安全问题以对用户进行预警等，形成全生命周期的服务。而在整个过程中获得的大量用户运维数据会为下一代汽车的研发提供最新且最直接的用户数据基础，对产品的开发形成非常重要的支撑。总的来说，未来不仅汽车能自己在路上跑，我们也能在汽车上享受更多的服务，例如上网、开会等。

（4）公共环保设施。近年来，由于人们生活和生产中所产生的污水、畜禽粪便、有机固体废弃物等垃圾不断增多以及政府对垃圾分类的大力推行，人们对相关处理技术逐渐产生了更多的关注。在2019年的科技

⊖ 根据以下资料编写：代小佩.智能家居，你的"聪明"有点深度[N].科技日报，2019-07-17(8).

博览会上,环保装备呈现出一体化、智能化的特点。据中科博联相关负责人介绍,他们自主研发的一体化智能好氧发酵装备,内部集成了自动翻抛、自动监测、除臭等系统,在固体废物处理处置领域发挥了重要作用,整个处理过程可完全实现自动控制,性能稳定,其运行成本和功耗都较低㊀。

另一个典型的例子是美国 Bigbelly Solar 公司发布的智能垃圾桶,如图 4-3 所示。该垃圾桶集太阳能、物联网、高效压缩机为一体,当垃圾快满时,压缩机就会在 40 秒内将垃圾的体积压缩至原来的 1/5,并自动联网发送垃圾桶相关信息和地理位置等给垃圾处理中心,处理中心的系统再根据这些信息进行数据分析,规划最佳回收路线和时间。此外,垃圾桶安装了 Wi-Fi 部件,成了一个公共的 Wi-Fi 热点,也推动着智能城市的发展㊁。

图 4-3　Bigbelly 智能垃圾桶

㊀ 根据以下资料编写:华凌. 科博会上那些撩人的黑科技 [N]. 科技日报,2019-10-25(1).
㊁ 根据以下资料编写:黄培. 对智能制造内涵与十大关键技术的系统思考 [J]. 中兴通讯技术,2016,22(5):7-10,16.

4.2.2 产品的体验化和定制化

得益于苹果公司的惊人成功,"体验"一词已从学界和企业界走进广大消费者的视野,用户体验的巨大力量也促使学界和企业界重新审视比体验营销意义更为广泛的体验经济。《第三次浪潮》的作者、美国学者托夫勒认为,经济的发展经历了从农业经济到工业经济再到服务经济的发展阶段,现在正在向体验经济发展。用户从被动的价值接受者变为积极参与各个环节价值创造的共创者,以企业为中心的价值创造思维转向以企业和用户价值共创的思维,这是体验经济与传统工业经济最大的区别。计算机技术和互联网的发展正在改变着技术创新形态,使企业愈加重视以用户为中心、以人为本的经营理念,用户体验也因此被称为创新2.0模式的精髓。而对产品进行个性化定制是增强用户体验的重要途径。正如"世界上没有两片完全相同的树叶"一样,也没有哪两个人可以得到完全相同的体验。定制化给用户带来的个性化体验以及产生的扩大效应使它逐渐成为工业互联网时代企业增强用户黏性和提高核心竞争力的必然选择。工业互联网时代的产品,作为价值传递的载体,其属性正在从传统的标准化向体验化和定制化转变。

1. 产品的体验化

伴随着互联网的发展,用户体验的概念变得越来越普及,互联网进入了用户体验为王的时代。用户体验是决定一个产品能否获得用户依赖的重要因素。好的产品不仅要满足用户的需求,而且要让用户在使用产品的过程中感觉很好、很愉悦。用户体验设计包含的知识内容比较多,有结构设计、交互设计、视觉设计等。用户体验设计的核心思想就是站在用户视角,以用户为中心,考虑用户使用产品的感受和体验。

(1)产品体验化的含义。产品的体验化是指现代产品和服务基于互联网技术，能带给用户更好的视觉、听觉、触觉等感官体验，增强用户的融入感、享受感和幸福感。用户体验是基于用户使用产品所产生的一种主观感受。ISO 9241-210 标准⊖将这一概念定义为用户在使用一个产品或系统之前、使用期间和使用之后的全部感受，包括情感、信仰、喜好、认知印象、生理和心理反应、行为及成就等各个方面。

（2）用户体验的类型。用户体验可以划分为感官体验、交互体验和情感体验三种类型。感官体验强调舒适性，是产品带给用户在视听上的体验，一般通过色彩、声音、图像、文字等方式呈现。交互体验强调互动性，是用户在使用、交流产品界面过程中的体验，其过程贯穿浏览、点击、输入、输出等环节。情感体验强调心理认可度，是给用户带来的心理上的体验，让用户通过站点认同抒发自己的内在情感。情感体验的升华是口碑的传播，能够形成一种高度的情感认可效应。

（3）提升产品用户体验的基本原则。企业要做好产品的用户体验，归纳起来要遵循五大基本原则，即不强迫用户、不让用户思考、简单易操作、不破坏用户习惯、超出用户预期。

一是不强迫用户。用户在使用你的产品时是自由的，我们无法左右用户的思想和行为，用户想来就来，想走就走，想卸载就可以卸载。在互联网这个大世界里，用户的选择很多，替换一个产品的成本也很低。所以，产品想要抓住用户，就必须在满足用户需求的基础上，极致地做好用户体验，以此来增加用户黏性，促进用户使用习惯的形成。

二是不让用户思考。互联网用户大部分属于"小白"用户，企业的产品要让这些用户易于使用，不要有一点点思考。不让用户思考，就是要把用户当成"傻瓜"，以"傻瓜"的标准、站在普通用户的角度去设计产品。产品可以不那么亮眼，但一定得是使用门槛最低的。让用户没有任何学习

⊖ ISO 9241 是关于办公室环境下交互计算机系统的人类工效学国际标准。——编辑注

成本，拿到手就可以用，这才是好的用户体验。就像 iPhone，无论是大人还是小孩，拿到手就能用，没有任何困难。一切让用户思考的产品，都是在给用户设置门槛，过滤用户。

三是简单易操作。至繁归于至简，乔布斯把它作为苹果公司的产品理念，他提出了简洁操作、完美体验的概念。在满足用户需求的前提下，用户体验设计的核心就是让产品变得简单易操作，从而降低用户门槛。简单主要体现在产品结构、用户流程上，易操作主要体现在产品的交互设计上。例如百度就很简单，一个搜索框加一个"百度一下"按钮。不管你的产品后台程序设计有多复杂，至少要让用户在使用上是简单的、傻瓜式的。

四是不破坏用户习惯。用户在长期使用你的产品时，已经形成了一定的使用习惯，对于哪个功能在哪个地方、如何操作、流程怎么走等都已熟悉。这时如果去改变产品结构，就破坏了用户的习惯。要知道用户学习一个产品通常会花费一定的时间和精力，这就是用户的使用成本。所以每次产品的迭代，产品经理都需要非常慎重，一不小心就会导致用户流失。尊重用户习惯，不破坏用户习惯，用户也会反过来依赖你。

五是超出用户预期。用户体验在产品设计中越来越重要，一个产品虽然能够满足用户基本需求，但是要做到超出用户预期并不容易。如果想要与众不同，想要在竞争中脱颖而出，就要在用户体验上超出用户的预期，超过同类竞争产品，要让用户使用你的产品比使用别人的产品得到更多的惊喜。每一个细节上的优化设计，都会给用户带来超预期的体验。走在用户的前面，想用户所想，急用户所急，让你的产品不仅仅是一款只能满足用户需求的产品，更是一款让用户用得很舒服、很愿意用的产品。

2. 产品的定制化

我们试着描述这样一个生产场景：在生产可乐的车间里，生产线上连续过来了三个表面自带二维码的易拉罐，里面分别记录着三个不同顾客的定制信息。当每一个易拉罐经过灌装处时，二维码的无线通信会将这些个性化信息传递给中控室的控制器，再由控制器告诉机械手具体的操作。每一罐可乐从你在网上下单的那一刻起，它就是为你定制的，它所有的特性都符合你的喜好。这种多品种、小批量、定制化的生产方式正在生产车间逐步变为现实。

（1）产品定制化的含义。产品的定制化是指企业基于互联网获取单个用户的个性化需求，依托互联网平台和智能工厂建设，通过灵活柔性地组织设计、生产流程和制造资源，进行大规模、小批量定制化生产。企业将生产线与信息化技术相结合，实现生产线上多种产品型号、类别、尺寸之间的自由转换，使得流水线上各种设计元素能够灵活搭配。例如，前面提到的青岛红领集团，通过建立直接面向消费者的C2M男性正装个性化定制平台，使用户可以在线自主设计、实时下单。制造商直接响应消费者个性化需求，生产定制西服，实现"一人一版，一衣一款"的设计与裁剪。从订单数据上传到定制成衣出厂仅需七个工作日的时间，大大满足了顾客的个性化需求，也很好地提升了用户体验。

（2）实现产品个性化定制的要求。首先，实现产品个性化定制需要改进产品设计理念。过去，"产品只是产品"，顾客购买产品时仅仅关注产品的使用价值和物理价值；现在，"产品不是产品"，因为产品被赋予了包括观念价值和情感价值在内的更多抽象的价值。最终，"产品还是产品"，它是使用价值和观念价值、物理价值和情感价值的统一体。

其次，实现产品个性化定制需要转换产品营销理念。过去，企业销量的上升主要依靠投入大量资金做广告，停止广告投放就会导致销售额的下降。一切以企业所生产的产品为中心，用户被动接受，是一种典型的"产品思维"。工业互联网时代企业打造的个性化产品，让产品本身"说话"，让产品本身成为媒体和广告，一切以用户为中心，通过口碑、粉丝进行主动传播，是一种典型的"用户思维"。

最后，实现产品个性化定制需要改变产品消费理念。过去消费者因为需要所以购买，现在消费者因为喜欢所以购买。因此，要想让消费者从产品中感受到惊喜、体验到震撼，企业就必须深刻洞察用户需求，了解行业痛点，提出个性化解决方案或针对痛点进行全面创新或微创新。

（3）产品定制化的实现方式。不同于以往产品生产从企业设计出发的推式生产方式，个性化定制采用的是在总体模块化设计的基础上，从用户需求出发，经过销售沟通，使用户参与个性化模块的设计后再进行生产的逆向拉式生产模式。工业互联网带来的智能化和数字化可以帮助企业更好地实现柔性化和定制化生产，在生产线上，通过给产品安装内含所有定制信息的电子标签，在实时定位识别系统的辅助下，可以随时定位产品所处的生产环节和位置，从而触发相关设备，生产线可以根据产品的预设信息自动进行准确的装配和安装。同一生产线可以同时生产多种不同型号的产品，实现了更加灵活高效的定制化生产，极大地缩短了定制产品的生产周期。另外，数字网络化制造在产品的质量把控上也表现得非常卓越，能够极大提高产品的合格率。

3. 产品的体验化和定制化实例

（1）海尔产品的体验化[⊖]。以海尔的COSMO—CEI用户体验即时并联系统为例，该系统依托条码大数据，将用户的差评信息、售后不良以及各维度用户并联交互评价显示报表即时并联至内部攸关方进行分析改善，并将责任推送至人。同时，支持数据实时流动，提供精准个性化的社群服务，实现与用户零距离交互，从而达成零上门、零等待、零差评的战略目标。

⊖ 本案例根据海尔官网相关资料编写。

该系统具有全流程服务可视、用户评价驱动全流程以及信息到人三大核心优势，目前已经在海尔九大互联工厂的四大家电产业线均有实践，旨在为用户提供更好的体验。

（2）海尔的个性化定制⊖。从海尔的官网上可以看到，海尔的个性化定制主要包括模块化定制、众创定制、完全个性化定制和整体智慧生活解决方案四种形式，其中前三种形式均在海尔交互定制平台上实现，这是全国家电行业首个用户社群交互定制体验平台。

海尔的大规模定制平台COSMOPlat实现大规模个性化定制的具体流程如下。第一，用户提交产品创意和想法，平台整合设计师资源、供应链资源等以实现资源最优匹配；第二，基于平台资源，运用工业技术实现产品图纸设计、零部件、物料等数据信息的数字化、软件化管理；第三，依托线上线下相结合的采购平台，实现产品供应商资源协同及物料精准配送；第四，基于COSMOPlat智能生产制造系统，完成产品智能排产，快速响应生产异常，实现物料精细化精准管理、质量大数据智能预测、高效率下的零停机管理及成本动态分析等；第五，依托海尔智慧物流平台，完成产品到用户的精准配送，实现用户全流程可视化、零距离交互的最佳体验；第六，利用海量用户与产品的交互数据，形成用户使用行为画像，有效支撑产品创新和生活服务创新，从而更好地提升用户体验。

举个简单的例子，小王在海尔平台订购了一款印有个人照片和标志的大容量梯形冰箱，平台接收到小王的个性化订单后，会安排产品设计师与其实时在线沟通，确认照片、标志的布局，冰箱体积等产品细节，完成企业与用户的交互。之后设计师运用相应的计算机辅助软件对产品进行动静态分析、过程模拟及设计优化，完成个性化冰箱的图纸设计，通过产品数

⊖ 本案例根据以下资料编写：优管网.从平台案例看工业互联网能做什么 [EB/OL].(2019-05-28)[2019-11-22].https://www.sohu.com/a/316977291_120066730.

据管理系统（PDM）对产品的技术信息进行标准化汇总。COSMOPlat 智能系统将冰箱的运行参数、零部件、工艺、原材料明细表等数据自动传递给各个工序生产线及所有模块商、物流商开始"投产"，比如安排采购部门采购冰箱制造所需的原材料、零部件等。生产部门的 MES/APS 等智能生产系统开始安排冰箱的生产环节，进行产品智能排产。冰箱生产完成后，智能物流系统就会将冰箱配送至小王家。小王在使用冰箱的过程中，可以在社群平台交流冰箱使用体验与心得，同时冰箱也会持续采集自身的工作数据，包括耗电量、工作时间、模式等，通过 COSMOPlat 形成用户画像。海尔产品设计师则针对用户画像，开始新一轮的产品升级迭代。

4.2.3　产品的免费化和方案化

众所周知，过去产品要想免费就无法赚钱，要赚钱就不能免费，免费与赚钱之间是对立的。而互联网时代的基本商业模式就是免费，产品既免费又赚钱，通过免费赚钱，二者是统一的。在互联网时代，免费的商业模式成就了一家又一家的巨人级企业。腾讯 QQ 的使用是免费的，微信的使用是免费的，360 的杀毒软件是免费的，淘宝最初开店是免费的，门户网站的新闻资讯也是免费的。而在未来，工业互联网时代的企业产品也将朝着产品的高性价比甚至免费化走出一条新的发展道路。此外，随着产品成本逐步降低，产品同质化问题愈加严峻。企业要想在激烈的竞争中突出重围，就必须将产品与物联网、大数据等技术结合起来，形成差异化的综合解决方案，以开拓新的蓝海市场。因此，在工业互联网时代，产品的免费化和方案化或将成为企业又一重要发展趋势。

1. 产品的免费化

（1）产品免费化的含义。产品免费化指的是企业将产品或服务无偿提供给需要的用户，以达到获取海量用户基础的目的，而互联网时代产品边际成本不断降低甚至为零，则是产品免费化的前提。例如，目前大多数工业互联网平台上或多或少都会有专门的版块为用户提供免费的业务咨询、信息查询和相关的新闻资讯等服务，以吸引客户。

（2）产品免费化的实现方式。那么，企业又是如何通过产品免费赚钱呢？企业可以通过和用户建立情感连接，转化用户产生的需求来赚钱，或者通过与用户交互产生数据，用数据来赚钱。同时，网络时代的实物商品通常以软件化、数字化形式展现，因此软件就是商品、数字就是产品。虽然生产数字化产品的固定投入成本较高，但边际成本较低，即初次生产成本高、再次生产成本低，甚至几乎为零。因此当商品价格等于零时，用户选择的心理成本就会消失，从而消费心态得以转变，产生非理性的产品消费。企业看似放弃了部分收入，实际上收获的却是更多的尝试者和参与者，免费模式可以为企业开创蓝海市场和蓝海用户。总体而言，企业利用产品免费化方式赚钱的实现方式主要包括以下几种。

"交叉补贴"的模式，即通过捆绑销售另一种商品、服务来补贴免费赠送的商品、服务。这种模式通常包括：常规产品免费，升级产品收费；单个产品免费，关联产品收费；硬件产品免费，软件服务收费；社交服务免费，游戏娱乐收费；搜索服务免费，广告客户收费等。

"三方市场"的模式，即针对产品生产者和使用者以外的第三方收费。例如，任何人都可以免费登录互联网门户网站浏览信息，而在页面中投放广告的广告商则会为浏览信息的人付费，也就是互联网领域常说的"羊毛出在狗身上，让猪来买单"，这里的羊毛指的是利润，狗指的是消费者、用户，而猪则指的是第三方广告商或投资者。

"版本划分"的模式，即根据产品不同的版本、级别以及使用对象采用不同的收费方式。例如，产品初级功能免费，升级功能收费；基础服务免费,增值服务收费;前期服务免费,后期服务收费;前端产品免费,后端服务收费;个人用户免费,企业用户收费等。

"数据服务"的模式,作为实体世界中价值链上利润最高的环节,数据服务将大有可为。例如,阿里巴巴掌握着数以万计的经济运行核心数据、成千上万企业的经营情况、几亿人的消费行为数据等,这些数据都能给企业带来巨额利润。

2. 产品的方案化

(1)产品方案化的含义。随着产品同质化趋势的发展,众多厂商开始考虑如何突破在产品红海市场的激烈竞争,谋求通过综合解决方案寻找新的蓝海市场,提出了"产品方案化"的概念。工业互联网时代的产品已不再只是单一的实物产品本身,而是将多个产品或服务集成为一个有机整体,将软件产品+硬件产品+工程实施等整合成一个可执行的方案,企业也从销售单一产品向销售整体解决方案的服务转变,或通过提供解决方案带动相应产品的销售,从而给客户带来更大的价值。通过产品方案化,厂商寻求路径突破原有激烈的市场竞争格局,形成差异化的解决方案,扩大原有产品的经营范围,通过解决方案带动产品销售。

(2)产品方案化的实施手段。产品方案化比较适合具备较强集成能力、较多行业整合资源的经营单位。通常可从广度和深度两个维度集成产品解决方案。

从产品深度方面集成。可以通过软件结合相应的硬件产品,形成面向客户的新的解决方案,帮用户解决新的问题。典型的此类方案比如 VDI 云桌面方案,通过桌面虚拟化软件集成服务器产品、存储产品、网络产品、云终端产品等硬件,形成云桌面解决方案,能够帮最终用户实现绿色节能、统一管理、信息安全、资源共享等功能,完全突破了原先提供单一服务器、交换机产品的竞争层面，进入云桌面这一新的竞争市场。

从产品广度方面集成。可将原先单一的设备产品+工程，与云计算、物联网、大数据平台、行业应用相结合，整合出诸如智慧城市、智慧政务、智慧教育、智慧家居等诸多智慧类的交钥匙工程项目，这类项目对于公司的综合项目运作能力和方案整合能力、方案交付能力有着极大的考验。

3. 产品方案化的企业实例

（1）美的集团工业互联网平台 M.IoT。美的集团在实施工业互联网过程中具有先天优势，其建立的 M.IoT 平台在集团内部成功应用后，已开始对外提供服务，包括为大型企业提供定制化、数字化转型服务，向中小企业输出低成本的套餐式解决方案等。数十年丰富而独到的制造业知识，全价值链数字化解决方案，与库卡等世界机器人巨头的合作，加上在工业仿真等核心领域领先的软件实力，成就了美的得天独厚的竞争优势。

（2）腾讯觅影。腾讯觅影是腾讯公司利用人工智能技术与医学大数据相融合推出的首款 AI 医学解决方案，通过利用 AI 医学影像分析，辅助临床医生筛查早期肺癌、眼底病变等疾病。据介绍，只需几分钟就可完成一次眼底检查，并可发现眼睛疾病，捕捉糖尿病、高血压等多种全身性疾病的蛛丝马迹。目前，该系统已和全国 30 多家医院联合进行验证，并在广东、山东、广西等省和自治区基层医疗系统进行试点运行。

（3）百度 AI 安全行业解决方案。百度安全带来最新的 AI 安全行业解决方案，重点展示在工业制造、场馆和教育等领域的应用案例。比如，在工业场景中，利用 AI 技术可以判断合规行为和危险行为，监控生产机械的安全性和仪器仪表读数，而且通过 24 小时不间断的安全检测，可以实现未雨绸缪[一]。

[一] 根据以下资料编写：徐隽，余建斌. 智能互联时代，改变创造未来 [N]. 人民日报，2019-10-22(6).

（4）树根互联：产品＋解决方案双驱动打造工业互联网平台。树根互联从服务三一重工解决内部业务智慧化起家，基于工程机械后市场服务的经验，一步步拓展到其他行业高价值的、关键设备的后市场服务，然后进一步拓展这些设备应用工厂的生产优化服务，进而形成产业链维度的工业互联网平台方案，同时横向拓展多个行业，最终形成跨行业、跨领域的通用型工业互联网平台。

INDUSTRIAL INTERNET

第 5 章

商业模式巨变

管理大师彼得·德鲁克指出,当今企业之间的竞争,已不再是产品之间的竞争,而是商业模式之间的竞争,商业模式是企业竞争制胜的关键,是商业的本质。成功的商业模式革新必然能给企业带来一定时期内的竞争优势。但是随着时间的推移,不变的商业模式就会成为企业发展的绊脚石,因此企业必须随着时代的变革,不断地重新思考它的商业模式设计。

探究商业模式的第一步就是要了解商业模式的概念。商业模式是一个较为宽泛的概念,与商业模式相关的概念有很多,包括运营模式、盈利模式、B2B 模式等。商业模式是企业按照商业目的,优化配置自身能力与资源,从而提升环境适应能力并且实现持续盈利的企业运营管理模式的统称。用一句话来简单阐述就是,企业商业模式是以价值主张为核心的,描述并规范一个企业价值创造、价值传递以及价值实现的核心逻辑和运行机制。商业模式画布如图 5-1 所示,其中价值主张是核心,是指企业为客户提供的产品和服务以及对客户的价值定位。位于画布左侧的价值创造,是基于客户需求，通过核心资源和关键活动来提供产品和服务，强调运营与效率；位于画布右侧的价值传递，是通过对客户细分、客户关系管理以及渠道通路来实现价值的传递和交付，强调营销与服务；位于画布下侧的价值实现则是通过一定的盈利模式来持续获取利润。

在工业互联网时代，网络化、数字化和场景化正在重塑企业价值链，它带来的不仅是效率和体验的提升，更推动着商业模式的创新和进化，除了上一章我们所探讨的核心的价值主张，也就是产品和服务发生变化以外，在价值创造、价值传递和价值实现方面也发生了巨变，将分别在下面的章节中进行详细的讨论。

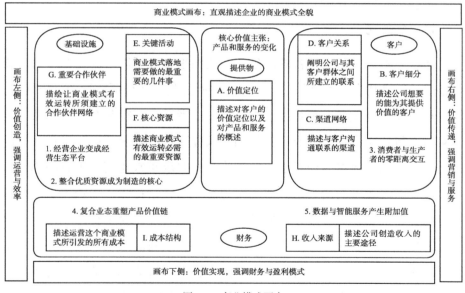

图 5-1　商业模式画布

5.1　经营企业变成经营生态平台

在工业互联网时代，企业可以通过互联网面向所有客户整合所有的资源。市场、产品和服务的空间距离被最大化地缩短或消失，地域垄断乃至原有的竞争逻辑也被打破。企业之间的竞争正在从初期产品之间的竞争演变成供应链之间的竞争，再到今天不同生态系统之间的竞争，传统企业的运营模式正经历着一次深刻的变革。企业不再只关注自身产品和服务的性价比，而是更多地关注对产业链的掌控能力、商业生态系统的构建和孵育能力。供应链协作、网络组织、虚拟企业、国际战略联盟等企业合作形式也应运而生，适应平台竞争是未来企业竞争的关键。因此，在工业互联网时代，经营生态平台成为企业商业模式在价值创造方面所发生的一个显著的变化。

5.1.1 生态型平台的内涵

1. 平台范式

互联网时代推动了平台的产生，企业在平台上可以与其他企业实现资源流通、信息共享，甚至是共同发展、共同盈利，获得可持续的竞争优势，因此越来越多企业在向平台型组织发展，或者通过获得某个平台的领导地位从而获得相应的权力和收益。例如，携程通过机票服务构建了和顾客的深度联系，但是随着人们对于商务和旅游的要求越来越高，原有的机票服务已经不能满足人们的需求。为了获得更大的竞争优势，携程与其他服务供应商合作，构建了一个在线旅游综合服务平台，整合了机票、酒店、出行、旅行管理、会议旅游等服务，成为一家在线旅游集成供应商，这就是平台范式。平台范式被认为是数字经济时代商业模式创新的重要途径，成为平台型的价值链领导者也是许多企业实施战略转型并走向成功的重要原因。

2. 生态系统

企业生态系统的商业模式，颠覆了传统价值链、生产链、管理链和资金链的运营理念，不仅涉及供应商、经销商、外包服务公司、关键技术提供商和互补与替代产品制造商，还要统筹考虑包括竞争对手、客户、监管机构与媒体等在内的企业利益相关者。一般来讲，企业生态系统的形成要么是强势核心企业通过控制核心资源，如资金、技术、流量等，吸引其他企业依附形成的；要么是若干家初创企业自发联合，通过打通上下游产业链，组建强有力的协调机构，从而带动更多企业加入而形成的。生态系统的兴起必然引起众多企业走向价值共生、网络协同的关系。企业生态系统中的各参与方牵手合作，依托科技，聚焦场景，围绕用户打造新生态系统。例如，腾讯通过投资控股和参股了上百家企业，围绕社交入口及内容服务，打造了属于自己的完整的生态系统；阿里巴巴以电商平台为基础，通过直接控股、兼并，整合了一大批各行业的优秀公司，努力扩充、完善了自己的生态系统；甚至包括后起之秀小米、今日头条，它们也都在努力扩充产品线，构建自己的生态系统。

5.1.2 生态平台型企业的运作模式

打造生态平台型企业的运作模式可以从产品、企业、员工和用户四个层面进行阐释，具体说明如下。

1. 把产品做成平台

把产品做成平台打破了原有产品的经营理念，产品不再只是产品，而要围绕用户需求不断进行升级，围绕核心功能进行体系化扩展，使产品成为更多功能的平台载体。比如，海尔智能冰箱不仅可以用来储存食物，还有在线购物、百科问答、生活小常识、信息咨询、语音留言等功能，一台冰箱就可以满足购物、搜索等多种需求。

2. 把企业做成平台

把企业做成平台是指企业通过整合全球资源来构建一个商业生态系统，帮助自身实现战略目标。如海尔过去非常强调对员工的管理和控制，现在则转变成经营生态平台，将权力下放，给予员工更大的自由，海尔每个员工都可以在这个平台上进行内部创业，企业被打造成了一个供更多合作伙伴自由创业、供更多用户自由分享的开放平台。

3. 把员工做成平台

互联网时代是一个员工个人价值崛起的时代，把员工做成平台是指充分发掘现代知识型员工的个人价值潜力，让员工不再是单一岗位的工作者，而是成为可以拥有更多资源，为公司创造效益的合作伙伴。不少知识密集型企业，如3M公司，在其研发中心，新产品发明和新技术应用都是在员工的自由时间产生的，这些企业给员工安排了除工作时间之外的自由时间，员工可用来完成自己想做的事情，因而有众多的新产品发明和新技术应用在这个时间内产生，为企业带来了丰厚的利润。

4. 把用户做成平台

把用户做成平台是指充分挖掘用户需求，为用户定制系统化的生活、工作和交往的解决方案。用户的需求就体现在大数据中，企业通过大数据的挖掘，分析用户真实需求，在不同的阶段实现精准营销。例如，网联汽车企业在用户购车之后，通过用户数据分析，为其提供一些网联化的服务，如个性化运维等，还可以通过数据的反馈了解汽车的行驶情况，是否会出现一些安全问题以进行预警等，形成全生命周期的服务。

5.1.3　实践引领：海尔的平台型战略和高德智能网联生态圈

1. 海尔的平台型战略⊖

在多年的工业互联网实践中，海尔已搭建出众多平台，并着力打造海尔生态系统。比较典型的平台包括众创汇、海创汇、HOPE平台等。其中，众创汇是海尔的定制平台，结束了海尔传统的工厂模式，用户不再是单方面接受工厂生产出来的产品，而是由被动化为主动，直接在众创汇定制平台上通过前端交互发表创意与需求，企业方接受用户的意见，从而引发产品升级；海创汇则是海尔的创业孵化平台，为创客提供投资、学院、供应链、创新技术等一站式孵化平台；HOPE平台是由海尔开放式创新中心开发并运营的开放创新平台，秉承"世界就是我的研发部"这一理念，旨在服务全球的创新者，平台覆盖了原型设计、技术方案、结构设计、快速模型、小批试制等全产业链的资源。海尔官网的数据显示，从产业创新的层面看，海尔还聚焦于白电转型平台、投资孵化平台、金融控股平台、地产产业平台和文化产业平台五大平台的创新，海尔的生态模式已基本成型。

2. 高德智能网联生态圈⊖

高德地图是市场变革背景下的"平台+生态"范式企业。2018年高德地图提出了"智行战略"，目标是构建生态智能平台。该平台依托高德城市大脑、高德易行平台、高德A+box，把7亿用户、30万款移动应用和150多个城市的交通管理部门连接起来，以满足用户个性化、智能化、场景化的需求，实现用户的最优体验，为整个出行行业赋能。

⊖ 本案例根据以下资料编写：韩沐野.传统科层制组织向平台型组织转型的演进路径研究——以海尔平台化变革为案例[J].中国人力资源开发，2017（03）：114-120.

⊖ 本案例根据以下资料编写：仉瑞，宋迪.5G时代高德智能网联生态圈[J].企业管理，2019（10）：105-108.

高德地图成功构建了具备"云+端"能力的智能网联汽车生态圈，如图 5-2 所示。将场景需求解决方案的相关元素及共生关系纳入生态系统内，向合作伙伴及共生关系开放数据、计算能力、平台功能及人才等资源，推动人、车、路三元素的联结、协同和进化，实现了商业生态系统的无边界演化，构建起了顺应时代发展的智能网联汽车生态圈。

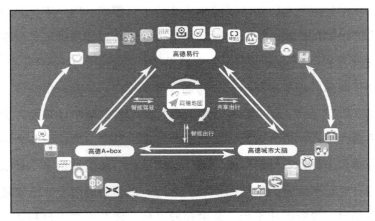

图 5-2　高德智能网联生态圈

5.2　整合优质资源成为制造的核心

以电子商务为核心的消费互联网利用平台集聚了大量的客户群体，衍生出的互联网公司纷纷进行"跨界打劫"。在工业互联网浪潮下，制造业市场竞争也出现了新的要求。一方面，在市场需求不断变化的情形下，要求制造型企业能够不断地基于网络获取信息，及时、快速地对市场需求做出反应；另一方面，市场竞争实际上就是资源的竞争，要求制造型企业具备整合及合理利用各种资源的能力，能够将各种资源集成与共享，这已成为企业发展的核心竞争力，这也是企业商业模式在价值创造方面发生的另一个显著的变化。本节将主要介绍网络化协同制造和云制造两种资源整合的先进制造模式。

5.2.1 企业资源整合的含义及方式

1. 企业资源整合的含义

企业资源整合是指企业对不同内容、不同来源、不同层次、不同结构的资源进行识别与选择、汲取与配置、激活并有机融合的一个动态过程。任何一家企业所拥有的资源都是有限的，因此如何充分利用外部资源来帮助企业实现战略目标是企业发展的关键。在工业互联网时代，一些企业没有厂房，没有机器设备，甚至没有自己的员工，也能生产出产品。因为这些企业可以充分利用社会资源，进行虚拟研发、虚拟营销、虚拟运输以及虚拟分配等。

2. 企业资源整合的方式

企业资源整合的方式主要可以划分为三种形式，即纵向整合、横向整合和平台式整合，具体说明如下。

（1）纵向整合。纵向整合是指企业将处于一条价值链上的两个或多个环节联合在一起，整合产业价值链资源，以创造更大的价值。比如，传统鲜花店的采购流程是花店从花农处采购鲜花，然后卖给顾客。但是美国一个花店却放弃传统的经营方式，与花农和快递公司结成战略联盟。花店作为一个订购中心，接收顾客的鲜花订单，之后把鲜花的种类、数量等订单信息发给花农，花农准备好鲜花。同时，花店把顾客希望送达的地址和时间等信息发给快递公司，由快递公司直接到花农处取得鲜花送达给顾客。花店通过整合花农的花卉资源以及快递公司的运输资源，让顾客享受到产地直达的鲜花并有了更多的鲜花选择。

（2）横向整合。不同于纵向资源整合，横向整合关注的是价值链中的某一个环节，将该环节的资源进行整合利用，让这个环节的效用和价值最大化。横向整合主要是通过企业间的兼并和收购或业务外包的形式来帮助企业扩大生产规模、降低成本、巩固市场地位、提高竞争优势。例如，海尔从1991年起，先后兼并了原青岛空调器厂、冰柜厂、武汉希岛、红星电器公司等10多家大中型企业，使集团资产从几千万元迅速增长至39亿元，成为中国第一家特大型家电企业。

（3）平台式整合。不论是纵向还是横向资源整合，都是把企业自身作为被整合资源的一部分，考虑怎样联合其他资源得到最佳效果。平台式整合是把企业作为一个平台，在这个平台上整合价值链上各环节的资源，同时提高各方的收益，降低交易成本，平台自身也由此获利。阿里巴巴就是平台式整合的典型案例，供应商和需求方通过它交换信息，满足双方的需求，而阿里巴巴则通过收取服务费而盈利，它打造了一个整合供应商和需求方的信息平台，类似的成功案例还有携程网等。

5.2.2 网络化协同制造

1. 网络化协同制造的内涵

随着互联网技术的普及和成熟，在工业企业中产生了网络化协同制造这一先进的生产模式。网络化协同制造是制造业与网络技术结合的产物，通过网络将地理上分散的企业和制造资源汇集成逻辑上集中的虚拟组织，突破传统制造企业在地域、时间、观念和组织形式上的约束，覆盖企业生产经营的所有环节，从而实现以产品为中心的协同生产和技术资源的快速重组，具有敏捷性、协同性和数字化的特点。网络化协同制造构建了一个不同生产主体之间的合作网络，通过大范围地整合和优化生产要素与资源，能够高效、快速、灵活、准确地为消费者提供个性化的产品与服务。

2. 网络化协同制造的实现方式

要实现网络化协同制造，关键要依靠分散模块化制造。在工业互联网平台上，通过对产品的分工以及对企业经营环节的分工组合，在全球范围内整合和优化生产要素与资源，并形成生产制造网络，实现网络化协同制造。一方面，模块化可以来自产品供应链的分工组合。产品供应链的分工组合首先是将产品细分成最小化部件，然后进行拆分、归类、组合，形成系统的模块，再对系统模块分门别类，制定模块界面联系规则和系统集成规则，最终组装成为产品。模块化研发的产品可以更好地适应市场需求的动态化和个性化。另一方面，模块化也可以来自企业经营环节的分工组合。对供应链上各环节，即研发、生产、营销、服务进行极致的分工，再在全社会范围内对这些区段进行大规模的协同整合，从而产生经济效益。这里的模块化实质上是将分工产生的效益和整合产生的效益融为一体。

网络化协同制造比较成熟的行业有很多，其中非常典型的就是大型客机的制造。从飞机的设计、工艺规划到零部件的生产制造再到成品组装都是需要紧密协作的业务流程，但在实际生产中由于这些业务大多由不同国家、不同地区的不同企业完成，而且不同的企业均有一套不同的管理模式，资源分配并不均衡。因此，为实现价值最大化，整合优势资源，必须建立大型客机数字化设计或制造协同平台。美国波音公司采用基于网络协同、制造服务外包的制造模式，整合了全球40多个国家和地区的资源，协同研发波音787，这使得研发周期缩短了30%，成本减少了50%。我国自主研制的新一代喷气式大型客机C919也是通过网络化协同制造平台，整合了西安、成都、南昌、沈阳、上海等核心城市和周边地区数百家企业、数十家高校以及数十万名产业工人。此外，GE、Honeywell、CFM等飞机制造领域的跨国巨头也成为 C919 大型客机的机载系统供应商。可以看到，通过网络化协同制造平台，真正实现了全球化的协同创新和协同制造。

5.2.3 云制造

1. 云制造概念的提出

云制造是在网络化制造模式的基础上进一步发展而来的。随着以云计算、物联网、虚拟化技术、面向服务技术、高性能计算等为代表的先进技术的迅猛发展和应用，以及虚拟企业、动态联盟的敏捷制造模式的成功落地，为解决如何在制造过程中整合社会化存量资源，提高资源利用率，降低能源消耗，减少排放，实现服务型制造，有专家学者适时提出了"云制造"的概念。那么，什么是"云制造"呢？云制造是指制造企业将先进的信息技术、制造技术以及新兴物联网技术等交叉融合，将材料供应、制造能力等制造资源禀赋虚拟化，集中于云平台，制造商可在云端对接市场需求侧和制造侧的资源并通过工业互联网渠道和云平台载体进行整合，进而实施制造行为，充分发挥制造资源最佳效能，实现最大限度的集约化制造。

2. 云制造的运行原理

云制造的运行原理如图 5-3 所示。云制造系统中的用户角色主要有三种，即资源提供者、制造云运营者和资源使用者。资源提供者以服务的形式，把产品全生命周期过程中的制造资源和制造能力提供给第三方运营平台（制造云运营者）；制造云运营者主要实现对云服务的高效管理和运营，同时为资源使用者提供相应的服务；资源使用者能够在制造云运营者的支持下，按需使用各类应用服务，并实现多主体的协同交互。知识在其中起着核心支撑作用，它不仅能够为制造资源和制造能力的虚拟化接入和服务化封装提供支持，还能为实现基于云服务的高效管理和智能查找等功能提供支持。

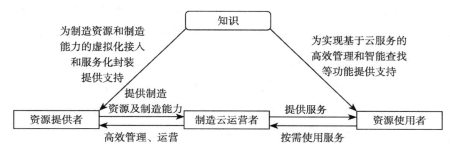

图 5-3　云制造的运行原理

资料来源：Alpha 智能工业大数据. 什么是云制造？离我们有多远？[EB/OL].(2017-07-05)[2020-11-13].https://www.sohu.com/a/154703505_820034.

3. 云制造的国内外应用

在云制造的应用方面，发达国家如美国，早在 2000 年就搭建了一个致力于为全球制造业伙伴提供更加快捷高效交易的平台 MFG. COM，目前已成为世界上最大的制造能力交易平台；美国越野赛车制造厂 Local Motors 通过众包的方式，仅用 18 个月的时间，就在干洗店大小的微型工厂里实现了从汽车图纸设计到上市的全部活动。而在国内，面向轨道交通装备的中车集团打造的企业云制造服务平台，打通了轨道车辆、工程机械、机电设备、电子设备及相关部件等产品的研发、设计、制造、修理和服务等业务；由航天科工集团开发的面向航天复杂产品的集团企业云制造服务平台，通过接入集团下属各院所和基地，获得了丰富的制造资源和能力；面向中小企业的云制造平台，也陆续出现在了装备制造、箱包鞋帽等行业和领域。

国内外主要的云制造平台简介如下：

（1）航天云网。航天云网平台是基于智慧云制造的理念、技术和生态初步打造的智慧云制造系统，于2017年6月正式发布。截止到2019年5月，已注册企业超过230万家，发布需求金额达5 564.47亿元，接入设备80万台，在制造企业的研发、设计、制造、运营等领域实现了一定规模的需求和应用㊀。航天云网产品贯穿生产活动的各个环节，具有较强的平台应用、服务和基础设施以及资源接入和安全保障能力，解决方案涵盖轻工业、汽车行业、电子行业、机械制造、能源电力、石油石化等，已建成长三角、珠三角、京津冀、东北、中原地区、川陕渝、新疆云制造产业集群生态，为制造企业的数字化、智能化转型提供全面支撑。

（2）树根互联。树根互联成立于2017年，是国内首个安全、可控、自主的工业互联网平台企业之一，入选Gartner 2019工业互联网平台魔力象限。截至2019年，树根互联旗下的根云工业互联网平台已接入工业设备56万台，涵盖61个细分行业，面向制造商、设备使用者、政府部门等组织，成功打造了铸造行业、注塑行业、纺织行业、工业机器人行业、工程机械行业等14个行业云平台，创建了设备全生命周期管理、能耗管理、设备资产管理等应用，旨在成为普适中国制造客户的工业互联网平台。

（3）华为云。华为云已遍布近200个国家和地区，有超过10 000个合作伙伴，已上线210多个云服务。其中制造业云设计解决方案与CAD行业先进软件服务商开展深度合作，为客户提供多样、灵活的用户体验。目前解决方案主要面向汽车行业、智慧园区、工业互联网等，其中东风本田、广汽蔚来都与华为云在大数据、人工智能方面有所合作，快速推动了企业的数字化、智能化转型。

（4）西门子云平台。西门子为客户提供包括执行、采购、运行监控及支

㊀ 数据引自：李伯虎，柴旭东，侯宝存，等.新一代人工智能技术引领下的智慧云制造系统[N].中国信息化周报，2019-05-13.

持服务的云体验，具有安全、柔性、可扩展、简单、便宜和创新等特点。用户可从西门子云平台上获取 SaaS 工业 App，中小型企业可通过云制造和云工程解决方案加强与供应商、客户及团队的协作，从而提高生产力；用户还可从平台上获取 IoT App，从而获得设备健康监测、智能能效管理、制造平台可视化、数据分析预测等服务，以提高生产效率，挖掘潜在生产效能。

（5）通用电气 Predix 云平台。通用电气的 Predix 平台可将任何厂商与各种型号的工业设备互联，实时采集数据，分析数据，并提供实时可执行的见解。可帮助客户实现机器与设备健康管理、预见性维护策略、制造自动化与效率、后勤优化及机器与工厂操作员智能化等核心业务功能，满足海量的可扩展工业分析需求，保护和监测全球范围内的工业产业。此外，Predix 还提供数字孪生的平台和学习系统，依据通用电气积累的大量工业经验，对零件、资产和系统进行早期预警、学习和优化，适用于各种复杂的环境和情况。

5.2.4　实践引领：用友精智平台助力万和新电气⊖

用友公司推出的面向智能制造的用友精智工业互联网平台是一个融合了各种企业互联网化基础技术支撑层，包括云计算、大数据、物联网、3D 打印、机器人、AR/VR、机器学习等，并提供覆盖企业互联网化应用全生命周期的技术能力的平台。通过用友精智平台，广东万和新电气股份有限公司实现了网络协同制造和云制造。

广东万和新电气股份有限公司是一家热水器、厨房电器、热水系统制造企业，以前虽部署了 ERP 系统，但依然存在大量信息孤岛，数据利用率低，大量统计分析工作需要手工完成。通过应用用友精智平台，万和新电

⊖ 本案例根据以下资料编写：辉哥.26 个最经典的工业互联网 + 人工智能案例 [EB/OL].(2018-08-10)[2020-06-12].https://cloud.tencent.com/developer/article/1182280.

气实现了 6 个法人、5 个事业部、7 个生产基地的统一管理，信息实时协同，内部业务全要素互联互通，以及与 460 家经销商、600 余家供应商、20 余家物流承运商的产业链大协同。同时，通过用友精智平台连接工业企业设备、应用系统、操作人员等，实现了本地资源上云，每月采集、归档、分析 150 万条数据，极大地提升了数据的收集效率和利用价值。例如，一个全方位的合并利润表，以前人工统计需要 12 个人花费大约 5 天时间，通过大数据分析，只需要 2 分钟即可完成，效率提升十分明显。

借助用友精智平台，万和新电气整体效率提升了 30% 以上，产品交付周期缩短了 20%，市场竞争力明显提升。其销售收入由 30 亿元增长到 40 亿元，同比增长约 33%，原材料库存由 6 700 万元减少到 5 200 万元，同比下降约 22%，取得了明显的经济效益。

5.3 消费者与生产者的零距离交互

在工业互联网时代，企业商业模式在价值传递方面的一个重要变化是消费者和生产者之间的零距离交互和价值共创。传统的制造企业与用户之间只是简单的供求关系，用户购买企业的产品，不会关心和了解企业是如何设计和生产产品的；而对企业来说也不能实时了解和获取用户的个性化需求。在工业互联网时代，人人都是自企业、人人都是自媒体、人人都是自结社⊖以及人人都是自金融。在这样的时代背景下，为了适应环境的变化，企业和用户之间的关系将变得更为紧密，由供求关系转变为协同关系，用户的多样化和个性化需求因而能够及时被企业捕捉，企业通过定制化生产和个性化服务来更好地满足用户的个性化需求。用户可以通过互联

⊖ 人人都是自结社，即个人可以建立生活社区、网络技术社区等网上虚拟组织，通过线上召集，开展线下活动。详见：李海舰，田跃新，李文杰.互联网思维与传统企业再造 [J]. 中国工业经济，2014（10）.

网深度参与企业的产品研发、设计、生产制造以及营销的全过程，企业通过社交化制造模式，与用户进行价值共创，以实现产品与服务的个性化定制，提升用户的消费体验。本节将主要介绍个性化定制和社交化制造模式。

5.3.1 个性化定制

1. 什么是个性化定制

在工业互联网时代，生产制造逐渐由实体空间转移到虚拟数字空间，从而也使个性化定制得以更好地实现，这也是传统工业向智能制造过渡的一个重要标志。个性化定制是指充分利用工业互联网平台和智能工厂，无缝对接企业与用户，通过社群交互将用户的碎片化、个性化需求直接转换为企业的生产排单，让用户深度参与企业生产全过程，实现以用户为中心的个性定制与按需生产，不仅有效满足了市场多样化需求，也解决了制造业长期存在的库存和产能问题，从而达到产销动态平衡的一种模式。

2. 个性化定制的核心理念

个性化定制的一个核心理念就是用户本位主义，即企业的经营发展模式从以企业为中心转向以用户为中心，由 B2C 转向 C2B、C2M。工业互联网重塑了企业与用户的关系，产品设计、生产标准、产品推广乃至销售和体验都来自用户。用户从参与企业生产到融入企业生产，再到主导企业生产，从产品的使用者变成产品的创造者。同时，企业还把用户培养成粉丝，甚至发展成为活跃粉丝、核心粉丝，以提高用户忠诚度，形成持续购买和终身购买。另外，通过粉丝的对外宣传和评价，企业可以形成良好的口碑效应，让更多潜在用户关注和购买产品与服务，实现企业的持续发展。

3. 个性化定制给企业带来的好处

（1）从价值主张上更好地满足消费者需求。过去消费者只能购买企业生产的头部产品，选择范围小，个性化需求得不到满足；对企业来说，产品同质化严重，市场竞争激烈，企业经营风险大且效益差。现在，消费者可以选择和定制符合自己个性化需求的小众产品，海量的消费者使企业即使生产小众的长尾产品也能实现规模经济，企业处于发展广阔的蓝海区域，经营效益好，经营风险小。

（2）从价值创造上助力企业降本增效。以用户为中心的个性化定制模式，在满足市场多样化和多层次需求的同时，还能有效解决企业库存和产能问题，有利于促进生产和销售的动态平衡，实现企业的降本增效。大规模定制的思想很早就被提出，但直到近些年才有了较为普遍的推广和应用，这正是因为工业互联网的出现，加速了大规模定制生产方式的实现。作为我国智能制造和两化融合示范企业，青岛红领集团就是通过实施工业互联网转型，凭借数据驱动的产业链协同生产方式，实现了男士西服的大规模定制化生产。

5.3.2 社交化制造模式

在工业互联网时代，设计、生产、制造的数字化，推动了社交化制造平台的产生。传统制造业是一种纵向格局，而当前制造业则呈现水平格局，供应商、经销商、用户以及产品设计和生产都在同一个平台上进行互动，这种互动就是一种社交化的制造模式。在这样一种社交化制造模式之下，用户之间、个人与企业之间以及企业所在的供应链的时空约束都被打破，具体说明如下。

1. 用户之间交流的时空约束被打破

用户通过互联网这一媒介，在网络空间进行交流，不用线下见面就可以实时发布自己的疑问，分享产品研发、设计和使用的经验，甚至为别人解决疑难问题，而且用户之间可以通过成立社交组织、建立网络关系等方式结成联盟，提高个人在市场谈判中的议价能力。

2. 个人与企业交互的时空约束被打破

在社交化制造平台上，个人作为企业的用户，可随时随地进行线上选择、购买、支付和商品评价等。个人作为企业的合作方，可以与企业进行线上交易，获得企业的分包订单，并在线上跟进生产情况，让双方的交易透明化。同时，个人作为企业的员工可以借助网络移动办公系统，实现远程办公，及时了解公司情况，获取所需资源。

3. 企业所在的供应链时空约束被打破

对企业来说，用户的消费数据都可以通过企业网络信息平台得到，通过海量的消费者信息数据，能够了解消费者的需求，跟上用户的需求节拍。员工可以通过移动终端平台了解零件物流信息和订单信息，实现按单生产。同时企业生产信息也可以通过信息平台共享给上游的零件供应商，让不同地域的企业之间实现产品订单信息互动，让供应商即时生产、即时发货，与系统集成商一起缩短产品周转时间。

例如，曾经有一位海尔洗衣机用户结合自己的产品使用经历，指出洗衣机产品中存在的内桶清洗周期短、清洗难度大等问题，希望企业能对该产品进行改进和创新。之后，海尔的众创汇平台上发布了该用户的个性化需求，有990万用户、57个设计资源参与了新式产品的创意设计。创意立项后，引入了26个外部专业团队共同研发，攻关技术难题。产品样机生产出来后，利用26个网络营销资源和558个商圈进行预约销售。用户下单后，开启模块采购和智能制造，借助于平台上125个模块商资源和16个制造商资源，产品实现了按需定制、柔性生产。最后通过涵盖 9 万辆"车小微"和 18 万"服务兵"的智慧物流网络进行上门安装。在用户使用产品的过程中，还通过社群在免清洗基础上持续交互，催生出净水洗、无水洗系列产品，极大地提升了用户体验。○

在工业互联网时代，机器与制造商、供应商、经销商乃至消费者之间的交流障碍被打破，个性化定制成为现实，消费者也不再作为产品的被动接受者，而是广泛、实时地参与产品的研发、生产以及价值创造的全过程，突破了原有生产模式的可能性边界。

5.3.3 实践引领：上汽大通数字化转型实践○

上汽集团名列 2020 年世界 500 强第 52 位，在此次上榜的全球汽车企业中排名第七。上汽集团在汽车"电动化、网联化、智能化、共享化"的新四化领域，坚持战略转型和创新发展，积极探索数字化转型路径，建设工业互联网平台。在战略指引下，上汽采用 C2B 模式进行数字化转型。C2B 模式实质就是一切由客户选择，以及由用户驱动的研发、智能化生产、运营和营销流程、组织管理。在产品的研发设计方面，上汽构建了面向用户的"我行 MAXUS"平台和"工程在线"平台。

1."我行 MAXUS"平台

"我行 MAXUS"平台是上汽自己搭建、自主运营，用户参与、用户制造的"入口"，是汽车行业首个由车企创建的数字化平台。平台构建之初就让所有的用户一起参与，目的是让用户深入产品开发、制造、销售的全过

○ 本案例资料来源于：工控网.26 个国内外工业互联网平台，你会选择谁？[EB/OL].(2018-07-11)[2020-11-13]. https://www.sohu.com/a/240585486_319781.

○ 本案例根据以下资料编写：刘建军.上汽大通数字化转型实践：是什么支撑了 C2B 智能定制模式创新成功？[EB/OL].(2019-08-21)[2020-06-03]. https://www.sohu.com/a/335316351_100028964.

程。此平台的发布，意味着 C2B 中最为关键的"C 端"被打通，并将带动包括研发、制造等企业整个体系流程和系统的全部贯通，实现造车过程的全透明化，同时充分与用户沟通以实现其对汽车产品的个性化需求。

2."工程在线"平台

"工程在线"平台是研发专家与用户互动的"社区"，平台能够让用户看到上汽产品的"设计端"运营，参与产品的设计环节，同时提高用户参与的趣味性，丰富用户参与的内容。平台通过大数据、人工智能、虚拟/增强现实等先进技术，构建了上汽工程师和社会设计力量协同设计的环境，形成了 C2B 社会化协同设计社区及新体验研发在线平台，以社交化的在线设计产品与服务培养年轻设计人员，突破企业边界，优化行业资源，形成社会化协同生态。催化开发环节与资深用户和广大设计师的化合反应，将传统意义上的消费者转变为生产型消费者，实现一个集众创、众包、众筹及众测为一体的业务创新平台。

除了研发设计层面，上汽在营销、运营、组织结构与管理、生产制造等方面的数字化平台也为用户驱动型组织助力，为 C2B 智能定制模式提供全方位多层次的支撑。

5.4 复合业态重塑产品价值链

在前面我们已经提到，工业互联网的一个重要特征就是企业内制造与服务融合，以及企业间的跨界融合并由此形成新的复合型业态，因此工业互联网时代，企业商业模式在价值实现维度所呈现出的变化就是企业通过内外部资源整合形成新的复合业态并重塑产品价值链。不同业态的复合能便捷地整合产品资源，帮助企业在有限的资源下扩大营业额、增加利润。可以预见，工业互联网将重塑现代工业体系，复合业态是工业互联网时代未来产业发展的大趋势。

5.4.1 从制造向服务的延伸

互联网在工业中的应用和推广加速了制造企业产品的更新迭代，促进了产品创新、服务创新和商业模式创新。由于企业的创新能力快速提升，创新成本稳步降低，企业的重心从制造环节逐步向服务环节转变。产品的价值不再只聚集于加工环节，而是更多地向研发、服务、整体解决方案等价值链高端环节跃升，由此制造业将实现从以产品为中心向以客户为中心的根本性转变，制造业企业将从生产型企业向服务型企业转变，服务型制造应运而生。

服务型制造即服务和制造相互融合的制造模式，是传统制造业转型升级的有效途径。企业通过网络化协同的方式整合价值链上的资源，实现制造向服务的拓展以及服务向制造的渗透，最终为顾客提供产品服务一体化系统，在为顾客创造最大价值的同时，也获取了自身的利益。例如，汽车制造商从最初的汽车制造，延伸到汽车服务、汽车金融等领域，整合了售前售后的环节，在为顾客带来便利的同时，自身的利益也取得了大幅增长。再如房地产开发商从建造房屋扩展到了房屋维护、物业管理等服务领域，进一步打造了旅游房产、养老房产和教育房产等新的产业业态。

服务型制造的一个重要趋势是价值链中服务环节的延长和加深。在上游阶段有市场调查、设计开发等服务环节；在中游制造阶段有设备安装、维护保养、机器调试等服务环节；在下游阶段有产品销售、售后服务、报废处理等服务环节。这些服务环节在价值链中的比重越来越大，专业化趋势也日益明显，从而产生了专门从事这些环节的服务企业，这些企业依靠制造和服务的融合发展取得了巨大成功。例如，世界著名的运动鞋企业耐克，早已不是单一的制造型企业，其公司总部主要从事产品的研发设计和市场营销，其他制造环节几乎都外包给海外一些加工成本低、加工质量好的鞋厂。

再以挖掘机企业为例，以往挖掘机被厂家出售后，就与生产厂家或经销商脱离关系，厂商对客户基本没有后续服务。当挖掘机出现故障时，机主一般会就近找修理厂维修，维修所需的配件也就近购买。而在工业互联网时代，当挖掘机企业与工业互联网对接后，通过设备连接、数据采集分析等，挖掘机企业为客户提供的服务将从一次性销售向提供设备管理、预测性维护以及设备实时监控等服务延伸。

5.4.2　跨界融合的复合业态

跨界是互联网情境下产业融合的新现象和新特征。由于生产和交易过程的网络化和智能化，生产者之间、消费者之间及生产者和消费者之间的信息交流和价值转换更加便捷，由此催生了各种跨界融合的复合业态。所谓复合型业态，是指一个企业经营多种商业业态，每一种业态适合不同的目标市场，企业通过资源合理配置和资源共享，获得合力效应。产业内部的日益分化，服务性环节逐渐从生产过程中分离出来，产业链进一步向上下游延伸，信息技术日益渗透到生产生活的各个方面，这些都成为企业跨界融合发展的催化剂。对制造企业来说，跨界融合可通过互补实现差异化，跨界价值链条的延伸与拓展可以创造更多价值。

以生鲜电商易果生鲜与家电企业海尔的跨界合作为例，双方构建了一个基于海尔智厨冰箱的厨房场景商业模式。消费者通过海尔智厨冰箱，不仅可以进行产品选购或预订，还可以获取生鲜农产品种植、采摘、检验、配送等各环节的数据信息和与食材相关的菜谱知识。同时，对易果生鲜来说，借助厨房场景商务平台获取了消费者的生活习惯和消费需求数据，通过大数据分析，实现了生鲜农产品的精准营销。生鲜供应商和海尔智厨冰箱在产业链下游的保鲜环节进行合作，打造了一个产品购买、食材检测、菜谱查询、烹饪指导全方位的厨房场景商务平台，满足了消费者产品个性化以及服务一体化的需求。

当前随着新一轮科技革命和产业变革的兴起，跨界融合进一步拓展到更宽广的领域和范畴。以移动互联网、物联网、云计算、大数据等为代表的新兴技术、新兴业态、新兴行业、新型功能区不断涌现且规模日益扩大。信息通信技术与各产业领域技术的融合创新以前所未有的广度和深度推动了经济发展方式、模式的深刻变革，当今社会正在从近代的工业经济逐步向数字经济方向发展。

5.4.3 实践引领：苏宁 C2M 模式重构智慧零售新生态⊖

提出了"智慧零售"概念的苏宁，近年来联合万达、恒大、融创等国内知名房地产商，开出了多家苏宁小店。苏宁小店将整个店面进行互联网化，通过商品展示改造、购物流程优化、用户电子化的精准营销手段，实现了基于物联网建立场景的重塑和再造。同时，苏宁通过大数据和人工智能赋能零售业的升级变革，在科技+零售的路上一路狂奔。除此之外，苏宁通过布局红孩子、体育连锁店、苏生鲜、汽车超市、无人店" Biu "等领域，对品牌、商品供应链、流通与全渠道销售过程进行升级改造，重塑业态结构与生态圈。

1.C2M 模式

在 2019 世界智能制造大会上，苏宁携 C2M 平台、苏宁极物、Biu+ 生

⊖ 本案例根据以下资料编写：扬子晚报网.苏宁 C2M 生态来了！平台总部双十一落地苏州相城区 [EB/OL]. (2019-10-18) [2020-06-05]. http://mini.eastday.com/mobile/191018193954043.html#；苏宁科技.亚太零售商大会：苏宁数字化重构智慧零售新生态价值链 [EB/OL]. (2019-09) [2020-06-05]. http://www.suningcloud.com/cms/companyNews/24142.htm.

态系列产品参展，展示其发展数字经济，构建工业互联网生态价值链的成果，凸显 C2M 业务创新能力，展现多维度智慧场景，真正将智慧零售新生态分享给更多用户，以推动零售行业的升级与再造。苏宁 C2M 模式是以数字化技术积累为基础，支持制造企业入驻，通过提供订单、资金和技术服务等帮助企业实现价值，并依托苏宁全场景资源和数据优势，打通消费端和生产端，通过产品生态的开发，提供差异化和具备竞争优势的产品，支撑企业批量化生产，达成规模效益，最终重塑产业价值链。

苏宁极物是 C2M 模式的典型代表，过去制造业的路径是"生产—销售—用户"，而苏宁极物依托于线上线下全域的消费大数据与人工智能深度学习技术，深刻洞察消费经济的分层次需求，通过挖掘潜在消费需求，向制造端提供产品创新、升级迭代的决策能力，并以反向思维将制造零售的路径升级为"用户需求—销售端反馈—生产—销售—用户"的智能供应链模式，不仅缩短了产品从创新到市场落地的路径，更大幅提升了转换率。以婴儿趴趴枕为例，在苏宁易购上，枕头类产品积累了上千条评论，对其进行大数据分析后发现，用户对枕头的评价可提炼为"爸爸妈妈很喜欢，宝宝用太高了"。在此基础上，苏宁和品牌商合作推出了一款趴趴枕，这款产品上市后月销量近 10 万个。

2. 苏宁 C2M 平台

苏宁 C2M 平台依托苏宁线上线下丰富的场景资源和用户数据，通过对用户数据进行分析，将用户的个性化需求传达到生产厂家进行定制化生产，从而达到以需定产，既满足了客户的个性化需求又减少了生产厂家的库存压力。同时，苏宁 C2M 平台通过联合行业领军企业共同打造 C2M 生态圈，为平台入驻企业提供智能制造升级、企业上云、数据服务、工业技术服务、供应链服务等全方位的赋能服务。

随着消费升级，C2M 模式为零售业的发展注入了新的增长动能，同时也对数字化驱动能力提出了更高的要求。苏宁凭借自身在智慧零售领域的行业经验以及在数字化技术领域的布局，立于零售变革的潮头，以 C2M 为驱动，秉承共创、共享、共赢的目标和理念，致力于重构零售生态价值链，推动零售行业的升级与再造。

5.5 数据与智能服务产生附加值

数字经济时代，随着数据量的爆炸式增长，工业大数据已然成为与实物资产和人力资本同样重要的关键性生产资料，将重构未来企业的生产方式。人们逐渐从以控制为出发点的信息技术时代，走向以激活生产力为目的，实现价值回归的大数据时代。数字化和工业大数据打破了行业壁垒，摧毁了以往成功的商业模式，创造了新的机会。工业互联网时代企业商业模式在价值实现方面的另一个重要变化就是更加关注数据与智能服务所产生的附加值。

5.5.1 数据产生的附加值

当今的时代，是数据制胜的时代。从企业层面来看，现在的行业巨头无一不是数据型公司。阿里巴巴最大的竞争优势并非电商领域的龙头地位，而是其拥有的数亿用户近二十年的消费数据；腾讯最核心的资产也并非赚得盆满钵满的游戏业务，而是它掌握的中国几乎所有智能手机用户的社交数据。从消费者层面来看，中国的数字化程度全球领先，中国网民数量居全球第一，相当于欧洲的人口总量。现在人们出门可以不带钥匙，但绝对不能不带手机。从工作到生活，涵盖衣食住行用等方方面面，我们每一刻都在产生数据，每一刻都在依赖数据。

大数据和云计算为制造业向全球化、经营化、协同化和服务化转型提供了重要支撑。而工业领域的大数据源源不断地产生，与IT技术在工业制造领域应用的不断深入和普及有密切关系。传统的统计方法采用历史数据收集技术，导致数据、分析和决策之间存在一定的孤立性。而在工业互联网时代，通过将传感器和其他先进的仪器仪表嵌入各种机器设备进行数据收集，收集的数据是海量的、实时的。企业通过高级分析，充分利用历史数据和实时数据，进而产生新的附加值，如改进机器性能，提高运作效率等。

在航空领域，数据的潜力得到了充分发挥。以大型商用飞机为例，其一般可以分为机体、发动机和机载设备三个部分。其中，机载设备主要用于对飞行中的各种信息、指令和操作进行测量、处理、传递、显示和控制。飞机飞行产生的数据经过系统处理后传递给操作员，操作员根据接收到的经过高级分析的数据进行科学操作，使发动机维护、燃料消耗、机组分配和调度的效率大大提升。由此，数据产生的高附加值得以体现。未来，随着全球对航空服务的需求不断增加，数据产生的附加值将更加难以估量。

5.5.2 智能服务产生的附加值

随着人类社会迈入智能服务经济时代，提供智能服务已经成为企业转型发展的必然趋势。智能服务可以优化整个业务流程和操作流程，从根本上改变和优化产品研发、制造、使用、运行、维护等环节，实现更高的生产效率，企业也必然会由此产生新的结构、新的文化以及新的商业模式。

1. 企业由提供单一产品转变为提供"产品 + 服务"

在工业互联网时代，大多数用户的需求已经转变为更高要求的个性化服务，供需双方的关系变得更加紧密，制造业与服务业之间的边界也日益模糊。产品的含义变得更加广泛，不再只是消费品或工业品，也可能是整体解决方案。在大数据技术的支持下，通过人工智能和互联网的结合，对产品运行现状进行实时监测，从而为用户提供远程维护、故障预测等一系列增值服务，有效延伸了价值链条，扩展了利润空间，进而推动企业实现服务化转型。具体来说，在售前营销阶段，利用大数据技术对用户需求进行分析，实现精准投放；在售后服务阶段，利用物联网、大数据和人工智能算法，实现产品监控和管理，对可能出现的风险进行预警。在这个方面做得比较好的一个例子就是三一重工结合腾讯云，利用大数据和智能算法，对庞大的设备群进行远程管理，这样的方式大大提升了设备运行效率，同时还降低了运营成本。类似地，提供电梯设备的企业可以通过电梯运行维护收取服务费；医疗健康产品制造商也可以研发智能产品，让设备自动采集并分析消费者的健康数据，为消费者提供定制化的健康解决方案；给公交公司提供新能源汽车的制造商也可以根据节省的能源成本和碳排放来收取服务费用，以更好地激励产品的改进并能够防止政府补贴的滥用。

2. 智能服务的实现

智能服务的实现不仅依赖于物联网、人工智能、区块链、5G等全新的技术基础，也依赖于智能化的服务供应链，它能够对收集到的数据进行分析处理，并反馈至顾客及供应商，因此数据的作用显得尤为重要。敏捷的、具有创造性的企业，能够沿着数据价值链，借助工业互联网平台赋能，通过获取、提炼和利用工业互联网所形成的工业大数据而创造商业价值。

智能化的、全新的服务技术是实现智能服务的基础。智能服务的实现过程包括以下两个步骤。首先，需要通过智能组件，如传感器、微处理器等对数据进行分析处理。其次，将结果通过连接性组件反馈给物理部件去执行或呈现。在这个过程中，它更强调多平台、多系统、多终端的协同化、一体化、数字化和信息化的管理。例如，特斯拉向其汽车用户提供了智能保障及后勤服务，通过车辆反馈回来的发动机使用情况、轮胎磨损和胎压、用户习惯等尽早地判定车辆的损耗情况以及可能出现的故障，并通过远程的智能平台将结果反馈给用户。

5.5.3 实践引领：海尔和凯撒空气压缩机公司案例

1. 海尔的智能服务[一]

在海尔的智能产品出厂后，海尔 COSMO 平台仍会通过智慧物流服务、智能互联生态圈服务、用户智能交互服务等进一步提高用户体验。在这个过程中，不仅所有智能产品之间可以实现智能互联，智能产品与用户、智能服务平台之间也能做到高精度互联，从而实时收集用户使用信息和反馈信息，不断对智能产品进行迭代升级。另外，智能服务平台提供的智慧解决方案服务和数据服务，帮助海尔不断从其他领域的创新资源和技术中获取灵感，生产跨界创新产品。

海尔 COSMO 平台的核心理念是以用户为中心，保证用户在生产全流程、全周期的参与和体验，通过与用户持续交互实现用户终身价值。用户交互从参与设计到参与生产，智能产品的每一个部件和功能都是基于用户体验而设计生产的。而在物流、售后服务等后续场景中，智能产品也可以持续收集用户的使用数据，并将用户体验实时反馈回智能生产系统，从而使产品在用户体验的基础上不断进行迭代。

2. 凯撒空气压缩机公司商业模式创新[二]

凯撒空气压缩机公司是成立于 1919 年的德国最大的空气压缩机设备制

[一] 本案例根据以下资料编写：吕文晶，陈劲，刘进. 工业互联网的智能制造模式与企业平台建设——基于海尔集团的案例研究 [J]. 中国软科学, 2019(7):1-13.

[二] 本案例根据以下资料编写：IT 经理世界. 家电的新工业革命进行曲 [EB/OL]. (2017-04-18) [2020-06-07]. https://baijiahao.baidu.com/s?id=1564981573548780&wfr=spider&for=pc.

造商，在全球经济增长乏力的大环境下，这家公司尝试通过工业 4.0 来创新企业商业模式，以拉动销售。公司首先将所有的设备和产品进行智能化改造，然后借助移动终端和传感器芯片，将生产制造的实时数据上传到云端。在实现智能化生产之后，通过远程监控，可以了解所有工业设备运转的状态，做到有预防性的检修，以确保设备稳定运行，避免事故的发生。通过传感器装置，企业还可以实时收集设备的使用量数据，公司将所有的压缩机设备放在线上，根据客户使用的压缩空气流量来收费，从而实现了从出售空气压缩机到出售压缩空气的转变，在压缩机销售乏力的困境中找到了新的盈利模式。借助智能制造，凯撒公司不仅实现了业务模式的转变，还在智能网络中结合了服务，将其整合到公司资产网络中，形成了公司的网络化经营模式。

INDUSTRIAL
INTERNET

第 6 章

组织管理重塑

　　传统企业的金字塔型层级管理结构，在生产力相对落后的阶段，具有权责分明、组织稳定且命令统一的优势，为组织的管理带来了高效率。但在互联网信息技术高度发达的今天，它缺乏组织弹性和民主意识，过于依赖高层决策，若高层对外部环境的变化反应不及时，就会导致组织落伍，不能与用户需求相适应，甚至脱离市场。全新的互联网时代呼唤着全新的企业形态，全新的企业形态又离不开全新的组织结构。基于管理控制的传统科层制组织结构必将让位于以赋能创新为核心功能的未来组织模式。未来企业的核心功能不再是管控，而是赋能。创造力是未来最重要的生产要素，促成创造的唯一方法就是赋能。

　　在上一章我们探讨了工业互联网背景下的商业模式变革，由此导致的组织管理变革将在本章进行详细探讨。组织追随战略，企业的商业模式变革必将导致组织形式的变化，二者之间有着紧密的内在逻辑关系，如表 6-1 所示。

表 6-1 工业互联网环境下的商业模式变革导致企业组织形式变化

商业模式变革	由此导致的组织形式变化
经营企业变成经营生态平台	平台型组织成为重要的组织形式，组织由科层制向赋能型组织转变
整合优质资源成为制造的核心（网络化协同制造、云制造）	地域分布式网络化组织形式
消费者和生产者的零距离交互（个性化定制、社交化制造）	社会化人力资源组织形式
复合业态重塑产品价值链（服务型制造、跨界融合）	跨组织的动态联盟式虚拟企业
数据与智能服务产生附加值（数字化转型、智能化生产）	人机物协同共生的工作组织关系

工业互联网环境下的商业模式变革导致企业组织形式变化，由此导致组织管理发生变革。企业经营向生态平台方向发展，平台型组织应运而生，企业的组织形式由传统的正三角科层制组织结构向倒三角赋能型组织转变；组织通过网络化协同制造来整合协调资源，组织形式便更多地转变为地域分布式网络化组织，以通过网络对不同时空的优质资源进行整合；商业模式中对于用户需求的重视程度越来越高，消费者和生产者要做到零距离交互，员工、用户、供应商以及社会人力资源的潜力得到发挥，企业通过价值共创来满足客户的个性化需求；工业互联网的跨界融合要求企业对内通过向产业链上下游不断延伸，实现服务与制造的融合，对外形成多领域的跨界复合业态，企业的组织形式相应转变为适应企业跨界融合的动态联盟和跨组织虚拟企业；最后，组织的盈利模式由仅靠产品盈利转变为通过数据和智能化服务提高企业附加值，这必将改变组织中人机物之间的关系，通过人机物协同共生以实现企业的数字化、网络化和智能化转型。本章主要从以上五个方面来探讨工业互联网背景下企业组织管理变革的趋势和特点。

6.1 平台型组织成为重要的组织形式

6.1.1 平台型组织产生的背景

在工业化时代，企业所面临的环境相对简单且比较稳定，生产采用的是大批量的机器流水线运作方式，生产的产品呈单一化、标准化特点，企业不会去主动迎合顾客需求。当时的社会生态决定了企业必然采用以内部管理为导向，以财务管理为主体，以计划和控制为主要管理方式的多层次的塔式组织结构的管理范式。在这种管理范式下，企业管理者更关注计划和控制，追求的是生产工具的变革和生产效率的提高。

随着工业互联网的深入发展，智能制造技术及可重构制造系统的综合应用，能够满足个性化需求的大规模定制及网络化协同制造成为产业组织变革的新特征，跨界融合、平台经济成为产业组织的新模式。阿里研究院与德勤研究院联合发布的报告显示，预计中国平台经济规模将在2030年突破100万亿元。

工业互联网时代带来的个体价值的崛起和市场生态环境的快速变化促使整个组织管理谋求转型。当组织能够为个体提供价值和做出贡献的时候，这个组织才会有持久的生命力。因此，工业互联网时代的管理新范式需要的是赋能，而不是控制，平台型组织正是为应对这种需要而产生。

6.1.2　平台型组织的含义及特征

1. 平台型组织的含义

平台型组织结构源于平台型商业模式，就是通过服务平台，向多类客户提供多元化的服务。多类客户即多类市场，多类客户群也就是多边市场。这里的多类客户群，并不是简单地按照服务对象或是年龄这种显著特征加以区分的，更多的是按照服务内容及项目等方面存在的实质性差异、需求群体之间的差异以及产品或服务功能的差异进行划分。不管服务平台和客户群体之间的关系多么复杂，连接的纽带依然是价值关系，平台都是以价值链方式为客户创造价值。我们生活中常去的万达广场，以及常用的互联网电子商务服务平台（淘宝和天猫）等都是通过采用平台模式来扩展多边市场。

平台型组织就是通过连接多边资源来创造单独一边所无法创造的价值，通过重新组织生产要素来激发企业的创新能力，实现价值创造。多边资源的连接拓展了组织内部的生产要素，同时将外部生产要素，如人力资源、资本、技术、用户等要素也纳入平台型组织的生态系统中，实现内外部资源的协调整合，赋予了平台型组织超越传统组织的价值创造性。

2. 平台型组织的特征

平台型组织的特征主要体现在以下三个方面。

（1）组织去中心化。互联网时代企业追求的是客户的极致体验，为了真正实现以客户为中心，企业的前后端共同对客户需求和市场变化做出快速响应，这就需要对传统的企业组织形式进行去中心化变革，平台化和生态化成为组织的发展趋势。组织去中心化并不是指组织不需要中心，而是指在组织中人人都可以作为中心，人人都是领导，通过去中心化充分释放员工个人的创造力，组织由传统的直线型组织向网络化组织转变。

（2）组织去权威化。组织去权威化的关键是改变以往一切以各级管理层为权威中心、一切围绕着上级领导转的传统管理模式，使组织更多地围绕客户、市场和一线员工转，缩短企业与客户之间的距离。组织中每个人的权威性不是由行政赋予，而是取决于自己的粉丝有多少、网络中被认同的程度的大小以及为客户创造价值的多少。

（3）组织去等级化。组织去等级化就是要打破过去传统的金字塔型科层制组织结构形式，代之以扁平化和网络化的平台型组织形式。传统的科层制组织在决策的实施及问题的反馈与解决上需要逐级传递，会导致信息失真和沟通成本高、效率低，而去等级化之后的扁平化组织可以实现问题的快速响应与解决，大大提高了组织效率。

6.1.3 平台型组织的创新

平台型组织作为一种开放、协作、共享的新型产业组织形态，它有效地解决了信息不对称的问题，从而降低了商品的交易成本，在电子商务、分享经济、社交媒体、大数据等诸多领域取得了较大发展。平台型组织的创新主要是从以下三个层面进行的。

1. 价值链层面的创新

从传统的简单串联价值链变成与客户信息同步并联，各个节点都协同面对客户要求，共同响应客户需要，共享客户信息的并联式网络化价值链。企业组织结构从正三角转变为倒三角，基层员工直接接触客户，了解客户需求，在增强企业服务能力的同时，也大大提高了产品的定制化水平，提升了客户满意度，从而实现价值链层面的创新。

2. 协作关系层面的创新

传统的职能化的协作关系是一种单向管理，这种协作不仅导致效率低下、信息阻塞，同时还无法实现信息的共享以及资源的有效整合和利用；而在平台型组织中的协作关系则是多节点的协同互联，组织中各单元之间是互利、共赢、共享的市场交易关系。也就是说平台型组织打破了企业中的"信息孤岛"，让企业的信息与资源实现互联互通，整个组织内部成为一个相互协作的信息共享平台。

3. 资源配置层面的创新

传统组织强调资源的集中管理，不能充分且实时了解各部门资源需求及其变动，导致资源配置不合理，甚至会造成资源浪费，增加企业成本。

平台型组织的资源配置则能够在工业互联网平台的支撑下更好地利用企业生产要素，依托网络技术的实时性，实现资源的高效整合和准确配置，最终实现组织的高效优质生产目标。

6.1.4　从传统科层制到赋能型平台

1. 赋能型服务平台组织和"阿米巴"组织模式

传统的金字塔型科层制组织形态，是一种由基层员工、中层管理者和高层决策者组成的多层级正三角形结构，企业的决策信息从上到下逐级下放，最终到达基层的业务人员。随着互联网时代的到来，企业的组织结构逐渐由正三角向倒三角转变。倒三角形的组织形态更加强调赋能，通过权力的下放，使得智能管理部门和决策层成为一线员工的资源支撑。拥有了一定决策权的企业一线员工可组成自主经营体与消费者快速互动，实现精准供给匹配。

例如，韩都衣舍的产品小组制，就是由传统的科层制组织结构向赋能型服务平台转变的典型案例，其组织形态由金字塔式职能管理转变为强调创新导向、以客户为中心的自主经营体模式，如图6-1所示。韩都衣舍基于产品小组制对员工进行业务考核及绩效评定，强调小组内部的权、责、利统一，实现小组的自我管理和自主决策，同时通过小组之间的竞争机制，激发小组内成员的创造力和活力，实现组织的高效运作。这样的组织形式也暗合了日本"经营之神"稻盛和夫推崇的"阿米巴"组织模式。"阿米巴"组织模式将整个公司分割成许多个被称为"阿米巴"的小型组织，每个小型组织都可作为一个独立的利润中心，按照小企业的方式独立经营。产品小组制背后是企业强大的IT系统、供应链系统以及管理体系的平台支撑，员工通过产品小组制获得充分授权，同时也提高了运营效率，降低了库存风险。

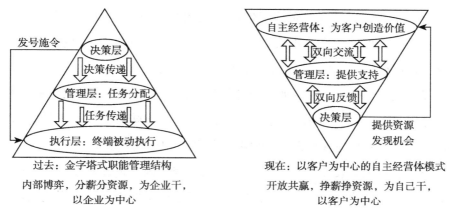

图 6-1 科层制管理结构与赋能型服务结构

2. 从科层制组织到平台型组织的转变

随着网络经济时代的到来,企业外部的技术环境、市场环境以及制度环境发生了很大的变化,促使企业从传统模式向平台型商业模式转型,平台型组织的出现是网络经济环境下企业组织形式发展的必然趋势。如图 6-2 所示,从传统的科层制组织到赋能型平台组织发生的具体转变可归纳为以下四个方面。

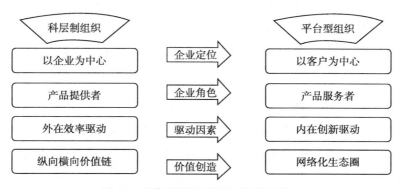

图 6-2 从科层制组织到平台型组织的转变

资料来源:韩沐野.传统科层制组织向平台型组织转型的演进路径研究——以海尔平台化变革为案例 [J]. 中国人力资源开发, 2017 (3): 114-120.

（1）企业定位转变。企业定位由以企业为中心转变为以客户为中心。在工业互联网时代，企业不再以自身为中心，而是更加关注市场，以市场为导向，以客户为中心，以更好地适应时代的发展。

（2）企业角色转换。企业从单纯的产品提供者转变为产品服务提供者，把服务附加到产品之中来增加产品附加值。这也意味着企业不再是简单的生产制造商，而是为满足客户个性化需求的产品服务提供商。

（3）驱动因素转变。由外在效率驱动转变为内在创新驱动，企业以客户需求为导向，实施创新驱动战略，强调通过员工的内在创新来提高组织的创新能力，为市场及客户提供更有竞争力的产品和服务。

（4）价值创造升级。由原有的以行业或供应链为基础的横向或纵向价值链向网络化生态圈发展，整个平台型组织利用互联网平台的优势，通过授权、赋能、协作、共享成长为一个新型网络化生态平台，实现价值创造的升级。

6.1.5　实践引领：京东组织架构大调整⊖

2018年1月，京东商城进行组织架构调整，将原来的多个事业部组建为三大事业群。将生鲜事业部、消费品事业部、新通路事业部组建为大快消事业群；将家电事业部、3C文旅事业部、全球售业务部组建为电子文娱事业群；将居家生活事业部、时尚事业部以及TOPLIFE、拍拍二手业务部组建为时尚生活事业群。2018年7月，京东商城又进行了一次组织变革，宣布实施轮值CEO制度，由京东集团CMO徐雷兼任首任京东商城轮值CEO，向集团总裁刘强东汇报，而事业群总裁向徐雷汇报。同年12月，京东商城再次进行了关于组织平台的新一轮调整。此次组织架构调整主要集

⊖ 本案例根据以下资料编写：京东集团. 关于京东商城组织架构调整的公告 [EB/OL].（2018-12-21）[2020-06-13]. https://news.qudonq.com/article/539555.shtml.

中于前、中、后台，在原有部门基础上细分出更多的条线和负责人，向徐雷汇报工作的人员扩展至10个部门负责人。

前台是由各类前台系统组成的前端平台。每个前台系统就是一个用户触点，即企业的最终用户直接使用或交互的系统，是企业与最终用户的交点。京东前台部门主要围绕C端和B端客户建立灵活、创新和快速响应的机制，成立平台运营业务部和拼购业务部，将生鲜事业部并入7Fresh，另外前台部门还包括新通路事业部和拍拍二手业务部。

中台是为前台而生的平台，它存在的价值就是更好地服务前台进行规模化创新，进而更好地响应服务引领用户，使企业真正做到自身能力与用户需求的持续对接。京东中台部门主要是通过沉淀、迭代并组件化地输出可以服务于前端不同场景的通用能力，不断地适配前台，将事业群按业务模式和业务场景调整为3C电子及消费品零售事业群、时尚居家平台事业群和生活服务事业群；另外，将中台研发调整为技术中台和数据中台两个部门；商城用户体验设计部服务和支持所有部门的业务，也属于中台部门。

后台为前台和中台提供保障和支持。现在更多的企业把后台合并到中台，就是参照阿里提出的"小前台+大中台"的一种组织架构。京东后台部门主要为中、前台提供保障和专业化支持，包括基础设施建设、服务支持与风险管控等职能。

京东认为，随着人口红利的消失、竞争环境的变化以及技术和商业模式的演进，需要更加精细化地满足客户需求，持续不断地创造出更加敏捷和灵活的响应机制，所有这些都对京东的组织能力提出了更大的挑战和更高的要求。通过组织架构调整，可以从三个层面发挥组织平台的作用。一是组织层面，通过打造业务平台，将企业内部各业务整合到统一平台中；通过构建数据平台，积累数据资产；通过建立统一标准化的规则，整合共性业务需求。二是业务层面，组织平台可以快速响应创新和市场变化，具有极强的柔性和适应性；通过智能化的管控平台提高业务运营效率与人力资源效率。三是数据层面，通过构建数据平台，打破以往组织内部的信息数据孤岛；另外，构建稳定安全的平台化系统，能够降低企业运营维护成本，提升业务效益。

6.2 地域分布式网络化组织形式

6.2.1 网络化组织产生的背景

计算机、网络通信、信息技术、人工智能以及管理理念等科学技术和创新理念的迅猛发展和突破，尤其是工业互联网的迅速崛起和发展，深刻地影响和改变着社会的生产生活方式及企业的运作模式。现代制造业的竞争已由原来的基于生产成本、产品和服务质量的竞争，转变为基于柔性和时间的竞争。在对制造业提出更高要求的同时，也给传统制造业的转型与升级带来了新的契机，新的制造模式应运而生，企业发展模式开始从传统的多层级分工模式向地域分布式网络化模式转变，逐渐形成以企业核心能力为基础，向外辐射进行资源要素整合的网络化生产体系。地域分布式网络化组织一方面利用大数据、云计算、物联网等工业互联网先进技术，打通生产端和消费端之间的连接通道；另一方面从组织模式上通过中间节点的模块化拆分重构传统价值链，有效建立起资源整合和交互平台。

6.2.2 组织结构网络化的类型

组织结构网络化主要分为企业内部结构网络化和企业间结构网络化。

1. 企业内部结构的网络化

企业内部结构的网络化是指在企业内部各部门之间打破界限，各部门及成员以网络形式相互连接,实现企业信息和相关知识在企业内部的快速传播与共享。组织内部结构的网络化突破了传统的层级组织的局限性,通过网络技术打破了资源及要素在时间和空间上的约束,促进组织内部无边界的顺畅沟通,在提高沟通效率的同时也大大推动了组织内部资源的高效合理流动,极大提高了组织管理效率,还能促进企业内多方协调共进,加速企业全方位运转,最终实现企业经营绩效的提高。

2. 企业间结构的网络化

企业间结构的网络化包括纵向网络化和横向网络化。纵向网络化组织是由处于同一价值链的不同层次的企业共同组成的网络型组织,例如丰田汽车公司就构建了一个由众多供应商和分销商共同组成的垂直型网络。纵向网络化通过打破传统企业间明确的组织边界和层级,在提高资源利用效率的同时也增强了应对市场变化的灵活性和反应能力。横向网络则是指由处于不同价值链或行业的企业所组成的网络。由于这些企业之间存在着业务往来,在一定程度上相互影响,相互依存,因此可以在不同企业之间建立一个横向网络,以便于企业间信息的沟通和共享。这样的工业互联网平台让分布在全球不同地区的合作者通过互联网实现数据交互与共享,使得由供应商、制造商和分销商组成的松散网络形成一个无缝对接组织。

6.2.3 实践引领:海尔的网络化结构[⊖]

在工业互联网转型的征程中,海尔通过网络化战略的调整形成了集设计、购买、配送、安装、使用、服务于一体的全价值链网络化体系(如图 6-3 所示),海尔的网络化转型包括内部转型和外部转型。海尔的内部结

⊖ 本案例根据以下资料编写:程泽雅.从海尔"砸组织"看互联网时代人力资源管理重构[J].中国工业评论,2015(1):84-88.

构网络化是指让企业内部员工组成自主经营体，将每一个自主经营体视为一个节点，通过互联网实现节点之间的交互，同时利用信息平台收集市场资源、供应商资源以及设计资源，以获取相应的资源支持和服务帮助。海尔的内部结构网络化调整能够实现更加快速流畅的数据和信息交换，同时增强组织柔性，更好地响应用户及市场需求的变化。同时，海尔利用网络化实施对外开放，不仅与市场中的用户，还要与全世界的创新者，甚至与竞争对手开展深入的协同运作。海尔利用工业互联网平台与合作伙伴实现信息互联互通，进行资源协调配置，达成价值链层面的上下游之间的协作，既可在一定程度上节约信息传输成本，又能保证信息交互与传达的准确性，提高了企业的生产效率及响应速度。

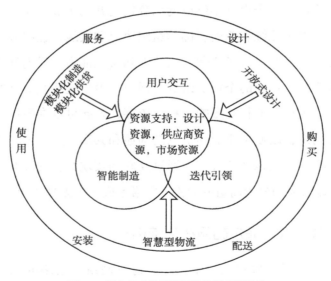

图 6-3　海尔的全价值链网络化战略及结构

6.3　社会化人力资源组织形式

随着工业互联网基础设施的完善，过去以专业化分工为前提的遵循从产品研发设计、原材料采购、生产制造到产品销售的垂直命令式价值链逐步被瓦解，取而代之的是生产商与供应商交易合作化，员工与消费者价值共创的网状价值链结构。这种新型网状价值链的形成使得用户由价值链末端的产品被动接受者转变为价值链中心的主导者，生产商、服务商、品牌商围绕用户这个中心形成了开放的生产结构。由此，组织边界被打破，组织之间的分工变得越来越模糊，价值创造活动不断外部化、社会化，各个参与方互联互通、共享信息，一张以用户价值为中心的巨型价值链网正在形成。与此同时，开放式生产结构也给传统人力资源管理带来新的挑战，模糊的组织边界使开放式的人力资源管理模式应时代变革而生。

6.3.1 社会化人力资源的整合方式

传统的科层制组织，人力资源是集中和单一的，企业只能协调和利用企业内部的人力资源。现在，组织边界被打破甚至完全消失，企业可以通过互联网以极低的交易成本整合社会化的外部人力资源，互联网和云这两个工具，使得原本不易实现的连接变得可能和高效。企业通过众智、众创、众包等平台，充分调动全社会的闲置人力资源，使得社会化人力资源潜力得到最大化的开发和利用。全球社会化人力资源整合方式主要包括以下几方面。

（1）思想全球众智。思想全球众智是指利用网络平台发布组织运营中所面临的技术性或管理性难题，通过网络汇集全球思想，最终找出可行方案并解决问题。美国的波音、杜邦、宝洁等大多数世界500强企业都将企业内部研发设计人员解决不了的问题放在"创新中心"网页上，吸引全世界顶尖人力资源参与研发设计。

（2）设计全球众创。设计全球众创是指企业为了更好地获取消费者对产品的需求信息，或为了解决在产品研发中所面临的问题，利用网络平台开展全球消费者产品偏好投票或邀请消费者参与设计共创的活动。例如，美的曾经针对电饭煲开展网络投票，以获取消费者需求偏好，并按照投票结果确定最终需要生产的产品。

（3）业务全球众包。业务全球众包是在企业业务外包的基础上发展而来的，是指企业依托互联网平台向全球发布需要协作完成的任务，经过企业筛选之后，选择能够满足企业要求的组织或个人进行合作。业务众包充分调动了分散在世界各地的闲置资源及生产要素，将企业内部非核心业务外部化，既可以节约企业的生产经营成本，又能使企业将主要精力放在核心能力建设上，有助于企业的发展。

6.3.2 社会化人力资源的作用

工业互联网时代应重视人性化发展理念，强调激发员工潜力，重视员工价值，提升员工创造力。企业通过社会化人力资源的力量可以拓展资源使用范围，实现内在自我激励并实现开放价值创造。

1. 利用社会人力资源拓展资源范围

过去传统企业往往依靠企业内部的专家或精英人力资源，通过给专家提供高报酬，给专有知识、稀缺资源制定高价格，来构建和增强企业核心竞争力，企业也因此需要付出高成本、低收益的代价。工业互联网时代企业可以使用大量免费的普惠知识和充裕的全球人力资源，以低报酬甚至零报酬的社会力量帮助企业实现低成本、高收益的运营。

2. 利用社会人力资源实现自我激励

传统制造业的工作特点是劳动强度大、劳动时间长、工作重复度高、知识技能含量低、考核评价指标单一、个人收入低，员工工作的唯一目的就是获取薪资和报酬，企业的业绩主要靠外在激励。而工业互联网时代，制造业员工的工作特点是劳动强度低、劳动时间短、工作更具挑战性、知识技能含量高、绩效考核指标多样、个人收入高，员工工作不再只是为了薪资，还为了自身兴趣爱好的满足和自我价值的实现，企业的发展主要靠内在激励。企业通过打破边界和层级限制，利用社会人力资源，最大限度地激发其创造力，来实现企业的持续创新。

3. 利用社会人力资源实现开放经营

过去企业经营大多是"闭门造车"，如封闭式研发、封闭式制造、封闭式营销等，产品的全价值链活动都在企业内部完成，忽略了市场以及用户的需求，导致企业运营效率低、销售增长缓慢。工业互联网时代强调开放、共享、互联、互通，企业的经营更加开放，企业依托网络平台充分利用全球海量人力资源实现开放式研发、开放式制造、开放式营销。企业价值链活动除了少数几个节点在企业内部外，大部分环节都采取虚拟经营方式，企业可充分利用社会人力资源，发挥其低成本、高效率的优势，实现价值链的延伸与开放式经营。

6.3.3 实践引领：海尔"天铂"空调的众创⊖

市场上的空调外形大都是长方形，在外观上能有花样翻新的不多。但在海尔，一切皆有可能。一位网名 DK 的用户，提出了想要一台有鸟巢外观的，既具有空调功能又有装饰感的空调产品的奇思妙想。他在海尔众创汇平台上提出需求之后，有 30 多名用户与他一起讨论设计方案，在得到 1 700 多名用户的建议和支持之后，他的这个创意被提交到海尔企业内部的开放创新平台。在设计团队与用户几经磨合后，这款名为"天铂"的空调

⊖ 本案例根据以下资料编写：毛俊霆."UFO"真的来了 海尔发布全球第四代空调 [EB/OL].（2014-09-19）[2019-06-13].http://jd.zol.com.cn/480/4800836.html.

产品正式诞生并投放市场。这款空调具有风洞的环状设计,因为使用了空气射流技术,可以做到凉而不冷、热而不燥,在一定程度上可以使用户避免患上"空调病"。与传统产品不同的是,这款产品在还未面世前就已有近万名预约者和咨询者,在其上市后更是受到消费者的热烈追捧。

制造业互联网化真正的内涵是把整个互联网的基因注入"互联工厂"里,实现企业与用户零距离接触,让用户以及社会人力资源能够参与到产品的设计开发、制造以及营销过程中。海尔"天铂"空调依托众创平台实现了用户需求的收集及创新思想的汇聚,充分利用了企业外部的社会人力资源,在产品的设计过程中实现了高效的创新与开发。

6.4 跨组织的动态联盟式虚拟企业

工业互联网的跨界融合特点要求企业对内向产业链上下游不断延伸,实现服务与制造的融合,对外形成多领域的跨界复合业态,企业的组织形式相应地转变为适应企业跨界融合的动态联盟和跨组织虚拟企业。

6.4.1 产业边界日益模糊

过去制造业发展以单兵作战为主,一家龙头企业就能够具备掌控产业链的能力。但在工业互联网时代,生产制造涉及众多学科和领域的融合,单个企业很难精通所有领域。制造业企业不再是只提供产品,其重心将从制造环节向服务环节延伸,使制造与服务走向融合。与此同时,跨界整合也有效地促进了制造企业的价值创造,制造企业可以通过与经济、科技、生态、社会等不同领域的企业进行合作来扩展制造业边界,实现资源的迭代升级、高效运作及循环利用,进而提升制造企业的综合价值贡献。不同产业领域、产业链不同位置的企业跨界合作,从而形成联盟或集团军,也使产业的边界日益模糊,主要表现在以下两方面。

首先，制造企业与数字化、网络化技术深度融合，发展为数字化、网络化企业。在软件定义世界的时代，未来每一个企业都将是软件公司、互联网公司。如波音787飞机的设计生产使用了8 000多种软件，其中有7 000多种是由其自行开发的；又如洛克希德·马丁公司虽然是一家美国航空航天制造商，但该公司每年自行编写的软件代码数量已超过了微软公司；再如德国西门子公司是世界工业巨头，却位居全球十大软件公司之列，是世界上最大的工业软件公司之一。

其次，随着制造业与服务业的加速融合，服务型制造、制造业服务化成为制造业演进的重要趋势。目前国外很多领先的制造公司，如GE、IBM、罗尔斯·罗伊斯、罗克韦尔自动化等，其来自服务的收入已经占到公司总收入的50%以上，服务对企业利润的贡献率也远超过产品的贡献率。

6.4.2 动态联盟和虚拟企业的含义及特征

1. 动态联盟和虚拟企业的含义

（1）动态联盟的含义。企业动态联盟是为抓住已经或即将出现的市场机遇而组成的团体或联盟，在一定的市场经济环境下，通过组建虚拟的、动态的组织，解决企业研发设计、生产制造、资源利用层面遇到的瓶颈。

（2）虚拟企业的含义。虚拟企业就是将不属于企业的人或设备与企业相连，就好像它们是企业的组成部分一样。不同公司的资源有可能被组合在一起，通过计算机网络连接达成合作，以实现某些精心确立的协作目标。

2. 跨组织的动态联盟式虚拟企业的特征

（1）联盟化。动态联盟式虚拟企业是由两个或两个以上的组织成员或单位组成的一种有时限、非固定化的相互依赖、相互信任的组织，是为了实现资源整合及信息共享而出现的虚拟企业联合体。跨组织的动态联盟式虚拟企业具有明显的自愿特征、动态性特征和松耦合组织特征。它可以利用其灵活性高、敏捷度高的特点，实现最小的投资成本，并以最快的反应速度、最短的反应时间对市场做出响应。

（2）云端化。在信息技术高度发达的今天，越来越多的企业致力于通过互联网实现全部业务的云端化，以将企业各个环节集成在一个整体系统下进行统一的指挥和控制。在由互联网支持的分布式网络化计算环境下，动态联盟式虚拟企业能通过工业互联网云端将时空上分散，但能力和资源互补的常规组织或个人高效地组合起来，且不必改变他们原有的工作环境，大大提高了解决问题的能力和对挑战性机遇的快速应变能力。尤其在制造业，动态联盟式虚拟企业和跨职能项目工作组已成为21世纪新一代制造业的核心概念，云端为动态联盟式虚拟企业中的不同企业提供了组织运作的共享空间，是企业凝聚力和价值导向的实施场景。

（3）互联化。物联网是物物相连的互联网，是互联网的进一步扩展和延伸。当数以亿计的"物"实现互联互通之后，给企业带来的将是翻天覆地的变革。工业互联网是以物联网为基础的，企业能够依靠物联网技术提升工厂的生产效率，减少设备的意外停机，追踪商品的运输流转，改进用户的产品体验。当工业互联网将机器、设备、机组和网络整合在一起的时候，数据流、硬件、软件和智能的交互使生产率提高，成本降低，废物排放减少，带来的益处将带动整个产业链与工业经济的发展，工业互联网的潜能将被充分挖掘出来，这就是动态联盟式虚拟企业的运行机制实施的主渠道，是组织高效运作的基础条件。

6.4.3　实践引领：西飞公司的异地协同制造体系[⊖]

飞机、轮船等大型复杂商品由于零部件繁杂且生产商和供应商空间分

[⊖] 本案例根据以下资料编写：王海龙，赵芸芸，张昕嫱. 从西飞公司看网络化协同制造模式 [J]. 中国经济和信息化，2017(8)：86-90.

布广，对零部件供应的协调能力要求较高，因此，在制造过程中，实现跨地域多部门之间的协同生产非常必要。

为此，西飞公司构建了基于网络的异地多厂商协同制造体系，将整机组装厂、零部件厂等资源整合，形成了一个针对飞机组装和零部件生产的网络化制造联盟，能够针对不同型号的飞机的制造需求，制定个性化的组装方案，而零部件厂则根据实时动态信息，及时提供配套零部件，实现对生产资源的优化配置。

异地协同制造的基础在于研发阶段的数字设计，整个飞机制造过程按照研发设计环节的三维模型的唯一数据源进行制造，广泛采用数字化、网络化生产装备和制造系统，开展柔性化、分布式的生产，以实现生产过程的可预测、可调整、可追溯。同时，在飞机检验环节，直接从三维设计实体模型提取信息进行检验，方便了数控测量等数字化检测手段的应用。西飞公司以建立智能精益加工中心、智能部件装配工厂和智能总装配工厂为目标，通过协同制造，实现了信息、资源、物料和人的高度互联，确保了工艺流程的灵活性和资源的高效利用，成功地将整机制造周期压缩到 15 个月左右，成为国内数字化、网络化协同制造的典型。

6.5　人机物协同共生的工作组织关系

随着 5G 商用进程的发展以及工业互联网技术的成熟，万物互联将会极大地改变我们未来的生活方式及工作方式。工业互联网平台能够将生产过程中的人、机器设备、物料等产生的即时、海量数据连接起来，使生产车间变成整合各个环节以实现合作共生的"有机生命体"。工业互联网时代，人与机器的关系被赋予新的内涵，人机物多元融合、协同共生的工作组织关系是企业组织变革的又一个显著特征。通过人机物的协同共生可实现产品生产的数字化和智能化，生产效率将实现质的飞跃。这正是工业互联网的制造愿景，也是我国"互联网+制造""智能+制造"正在努力的方向。

6.5.1 人机物互联

工业互联网是人、机、物全面互联的新型网络基础设施，将推动形成全新的工业生产制造和服务体系，是工业经济转型升级的关键依托。和消费互联网相比，工业互联网有两大显著区别。一是连接对象不同。消费互联网主要连接人，应用场景相对简单；工业互联网连接的则是人、机器、物料等各类工业生产要素，目的是实现上下游企业间的实时连接与智能交互，其连接的种类、数量更多，场景也更为复杂。二是技术要求不同。消费互联网对网络时延、业务承载、可靠性等要求不高，但工业互联网由于直接涉及工业生产，网络性能上要求时延更低、可靠性更强、安全性更高。在这一点上，5G具有的高速率、低时延、高可靠性的特点能够更好地支持海量机器之间的通信，支撑工业自动化场景和大流量业务。

过去，中国制造业依赖粗犷的发展模式，既消耗了更多的生产要素，也牺牲了环境的发展。现在，我们要更多地关注生产制造的效率，提升全要素生产率。工业互联网将网络的连接对象从人延伸到机器设备、物料乃至工业产品和工业服务，通过人机物的互联互通，将原来的二元生产空间扩展为三元协同，实现了智能控制、系统优化以及提质增效。

6.5.2 人机物融合

上面我们提到工业互联网是人机物全面互联的新型网络基础设施，但连接只是一个开始，接下来的融合则更为重要。正如有些工业企业经常抱怨的那样，企业上云，有了数据之后做什么？不太清楚。数字化、网络化和智能化是工业互联网的核心，其中的智能化已成为新的风口，也就是工业智能。结合工业互联网，人机物互联之后，企业还可以进行哪些规定动作和自选动作，是实施工业互联网的企业所要考虑的问题，对此，不同规模、阶段的企业有不同的认知，但总的来说离不开工业大数据及人工智能。智能是一定要包括交互的，并且是包括人机环境系统的交互，既不存在脱离场景的智能，也不存在没有交互的智能，这种交互的表现方式有很多，其中数字孪生是目前最受关注的。

人机物从互联到融合，这中间不仅仅是要素角色的转变，也是生产运作方式的革新，更是企业组织形式的革新。通过人、机、物的三元融合，协同互补，实现企业的高效运作，最终推动全新的工业生产制造体系和服务体系的形成。

6.5.3　人机物协同共生

工业互联网要求企业组织形式向专业化、网络化、协同化、定制化、平台化转型，而制造企业通过工业互联网整合优质资源和信息，协调企业内部工作关系，形成的人机物协同共生的工作组织体系就是协同化、专业化、网络化的重要体现。

将人工智能与制造业结合发展，更多是为了使机器人"达到甚至超过人类技工水平"，从而实现企业生产效率的提升。这与过去完全寄希望于"用机器替代人"有着本质差异。传统的自动化追求的是机器自动生产，本质是由机器代替人，而现代制造业的智能化发展，则更多是追求机器的柔性生产，其本质属于人机物协同。机器人可以承担简单重复或是危险的工作，使人类从繁杂的基础工作中解放，获得更多从事创造性工作的机会。比起人工智能完全取代人的方式，工厂不必担心人工智能做出错误的决定延误生产，也不用考虑人在做重复劳动时效率降低的问题，双方取长补短，最大化地提升生产效率，从长远的角度来看，这样的方式无疑更符合生产的需求，也更符合社会的需求。

未来的工作关系将不再是简单的机器代替人力，而是人、机、物三者之间互相补充，互相完善，通过三者的互联互通建设三元网络生产与服务体系。在这样的体系下，人机物三方都有独立思考、自主决策的能力，传统的人管理机器和物料的模式被打破，三者处于平等、相互配合的协同工作关系之中。人机物协同的终极目标是通过人力资源质量的提升、制造技术的革新、网络技术的使用实现制造业的转型升级。这种新型的人机物协同共生的工作组织模式为企业的决策提供了最为关键的保障，也是智能制造的发展方向和趋势。

6.5.4　实践引领：博世的人机物协同共生智能工厂⊖

2013年德国向世人第一次展示了智能工厂的模拟生产过程，之后，德国工业4.0就成为全球热门话题。其中"领头羊"博世已在全球260多个工厂进行了工业4.0的试点和实践，位于中国江苏武进国家高新区的博世汽车电子工厂也就毫无疑问地成了武进智能制造革命的"领军者"。作为博世汽车电子在中国的第二个生产基地，博世武进工厂主要生产汽车自动驾驶和互联领域的摄像头、雷达传感器等电子产品。让我们一起去博世武进工厂感受全球顶尖的"智能生产"场景吧。

走进博世武进工厂的智能生产车间，首先就看到这里配备了目前世界上最先进的自动化设备和智能化系统。生产车间的设备除了拥有非常高的自动化水平之外，还拥有强大的人机互联功能，当发生故障的时候，机器就会第一时间发出信号给离它最近的工程师的手环上，基本上可以在3到5秒之内进行维修的响应。

通过Andon（安灯）精益生产系统、MES制造执行系统以及UWB室内

⊖ 本案例根据以下资料编写：微武进.智能制造·高新区新实践.博世：人机物交互连通打造全方位智能工厂[EB/OL].（2018-01-10）[2019-09-17]. https://www.sohu.com/a/215837085_649720.

高精度定位技术的应用，工厂内的机器能够自主分析问题、寻求帮助、展开维护，从而减少由此带来的停机时间。在原料管理上，每件原材料进入工厂后都会拥有一个"射频身份证"，实现实时自动叫料和送料。整个工厂通过智能工作站，对各个环节进行实时监控、数据收集和分析处理。

在这里，机器与机器自主对话、无纸化生产等早已不是什么新鲜事物。基于博世的物联网建构，人、机、物相关的信息在该工厂、国内各厂区乃至全世界更大的生产网络中都将得到连通。目前博世武进工厂和苏州工厂已经实现了多种数据的互联，工厂以数字化为基础，辅之以数据挖掘手段，实现了工业互联网背景下的智能制造。

第三篇

企业运营管理变革

工业互联网是工业经济全要素、全产业链、全价值链的全面连接，通过新一代信息技术赋能制造业，以数据驱动产业转型升级，从而实现资源共享及优化配置。工业互联网时代工业企业的生产方式将会发生巨大的转变，从大规模生产向定制化转型，从生产型制造向服务型制造转型，从要素驱动向创新驱动转型。工业互联网正在重塑制造业，成为数字经济新动能。

INDUSTRIAL
INTERNET
———

在当今工业互联网迅猛发展和普及的背景下,与传统工厂生产管理相比,工业企业的运营管理机制、管理思想、运营模式等都发生了天翻地覆的变化,企业价值链得以重塑。本篇将探讨工业互联网背景下企业从产品的研发设计、生产制造到营销与服务等各价值链环节的运营管理变革,具体包括以下几方面:以 PLM 系统应用为基础介绍企业研发管理变革,以 ERP 系统功能为基础介绍企业资源计划管理变革,以 MES 系统为依托阐述企业制造执行管理变革,以电商平台为依托阐述企业商务管理变革,以 OA 系统为基础介绍企业行政管理变革。通过当今工业企业常用的基于工业互联网的软件系统的应用情况客观地描述现代企业运营管理内容、思想理念转变、模式转变等,并以具体的案例进行展示。期望读者能够在工业互联网思维下全面了解和掌握现代企业运营管理理念和运用网络系统软件开展运营管理的实操方法。

第 7 章

研发设计管理变革

由于中国制造业正处于由要素驱动向创新驱动转型的过程中,自主知识产权产品的研发能力越来越成为企业的核心竞争力。因此,研发管理也越来越得到企业的重视。现代企业的研发管理普遍采用基于互联网的分布式管理方式,在众创、众包等新的社会创新模式下,基于网络社区、微信等公共平台的研发组织方式也逐步开始运用到企业的实际管理中,互联网特别是工业互联网给工业企业的研发管理带来了新变革,甚至是颠覆性的变革。

7.1 基于 PLM 的产品研发管理

7.1.1 基于 PLM 的产品研发管理内涵

产品研发管理通常指产品全生命周期管理(PLM),是指对产品从需求、规划、设计、生产、经销、运行、使用、维修保养,直到回收再利用或处置的全生命周期中的信息与过程进行管理，它可以支持先进制造技术，是实现制造业信息系统过程集成应用的一个环节。PLM 是包括 ERP 在内的所有产品相关的管理内容，实际上一般的 PLM 主要还是指产品数据管理（PDM），即主要集中在产品研发管理方面。

目前的工业企业产品研发管理一般是基于流程和工具软件的。从产品来看，PLM 是通过 PLM 系统组织产品设计，完善产品结构，跟踪进展中的设计概念，及时方便地找出存档数据以及相关产品信息。

从过程来看，PLM 可以协调产品生命周期内所有的过程事件，包括前期的设计审查、批准，中期的更新、工作流优化，以及后期的产品发布等，涵盖了整个流程。与此同时，PLM 可以为全部相关用户提供更新的数据应用，让用户更加方便地存取和使用数据。

7.1.2 基于 PLM 的产品研发管理内容

基于 PLM 的产品研发管理内容可分为以下四个部分。

（1）产品数据管理。包括产品定义和设计过程中的所有信息和数据，如企业管理的各类与研发和生产相关联的材料清单或俗称的物料清单（BOM），最初就是在设计阶段产生，后面加入其他资源信息逐步演变成 ERP 中的 BOM。

（2）产品设计管理。通过互联网进行协同作业，把设计组织人员的工作流程规范地管理起来。

（3）产品组合管理。为管理新产品和现有产品的组合提供决策支持，包括用于日常工作任务协调的项目管理、一次处理多个项目的纲要管理以及理解产品如何共存于市场的组合管理。

（4）客户需求管理，通过整合市场销售反馈意见，设计出符合客户需求的产品。

7.1.3 PLM 的核心功能

PLM 的基本功能有：产品数据管理、项目管理、业务流程管理、供应商管理、销售与维护管理、个人工作管理、分布式业务协同管理、工作动态及绩效管理、数据安全管理及系统集成管理等。其中，核心功能包括以下几点。

（1）产品数据管理。产品数据是企业最宝贵的财富。PLM 系统能确保企业产品数据的完整性、一致性和正确性，同时也能够方便研发设计及相关人员在权限范围内查找所需数据，实现企业内部的数据共享，避免重复劳动，缩短研发设计周期，提高研发设计质量。

（2）项目管理。产品数据管理主要管理产品数据，在权限范围内实现产品数据的共享。但产品数据产生的过程、企业人员之间的协同、图文的签审、变更等业务管理需求，则需要通过项目管理及工作流程管理来实现。

（3）业务流程管理。在企业的日常运营中，很多工作都是按照企业的相关流程来执行，如签审流程、变更流程、订单开发流程等。业务流程管理既可以与项目管理相结合，也可以由某事件触发。

（4）供应商管理。供应商管理解决方案帮助企业从众多的供应商信息中及时获取采购与货源方面的信息，以便更好地控制整个运作过程，制定正确的战略决策，并从与供应商的合作关系中持续获得最大程度的回报。

（5）销售与维护管理。公司销售部门可以通过 PLM 销售管理平台进行产品的虚拟展示，产品基本参数查阅以及进销存管理等。公司售后部门在接到客户反馈的产品质量及相关问题时，能够通过 PLM 系统查阅问题产品的生产过程日志等数据，并快速地将问题反馈给相关人员，以便进行工艺改进。

7.2 研发设计管理理念的改变

中国企业经常强调市场导向、用户意识、技术创新等概念，但整体看来，绝大多数的中国企业对产品研发、技术研发、技术研究、基础研究、核心技术等基本概念缺乏正确的理解，也没能从整体产品角度去定义产品研发。

沿着工业文明发展的脉络，制造业从以生产为中心到以市场为中心，再到今天的以用户为中心，这是从落后的工业时代产品供不应求到发达的今天大部分大众消费品供大于求的转变，特别是互联网的普及在很大程度上减少了用户与企业的信息不对称，传统的产品研发理念和行为都已经跟不上时代发展的步伐了，如果不寻求改变，那么一定会被淘汰。现代企业产品研发人员首先要以为用户创造价值为己任，要追求简单而不是复杂、完美，要用迭代的思维去做产品，还要有开放、协作的团队文化。

7.2.1 用户思维

"用户就是上帝"这句话早在互联网出现之前就经常被人们挂在嘴边，但很多人都忽略的一个问题是，企业一边宣称"用户就是上帝"，一边期望用户对自己忠诚。这个逻辑本身就是错误的。在卖方市场时代，用户只是企业嘴上挂着的"上帝"，而不享有真正的话语权，因为大部分信息掌握在企业手中，用户无从得知，严重的信息不对称遮蔽了用户的双眼，用户没有太多的话语权和选择权。

那什么时候用户才是"上帝"呢？只有当选择权真正掌握在用户手中时，也就是买方市场时代、当今的社交网络时代，更准确地说是当今的用户主权时代，他才是"上帝"。在这个时代，人们可以实时、便捷地接触到大量的信息，用户与企业之间的信息不对称问题得到了较大程度的改善，随之而来的是两者关系的显著变化，即用户对产品的话语权越来越大，对产品的需求也越来越个性化，没有统一的尺度，在注重传统功能消费的同时越来越注重感情消费和感觉消费，同时依托各种全天候的免费社交网络平台，所有人都可以发声，都可以在瞬间让全世界听到他的声音，因此用户的口碑将对企业的生死存亡、兴衰浮沉产生越来越大的影响。

因此，工业互联网时代的产品研发与设计一定要建立在用户价值之上，企业必须把用户需求和用户价值摆在第一位，坚持用户至上。

7.2.2 简约思维

在中国道家思想里有一句话叫作"大道至简"，是指基本原理、方法和规律等大道理是极其简单的，一两句话就能说明白。14世纪西方哲学家奥卡姆提出了著名的奥卡姆剃刀原理，告诫人们切勿浪费过多的东西去做那些用较少的东西同样可以做好的事情，即"如无必要，勿增实体"。时至19世纪末期，意大利经济学家帕累托提出了二八定律，即"重要的少数与琐碎的多数"。帕累托认为，在任何特定的群体中，重要的因子通常只占少数，不重要的因子则常占多数，因此，只要控制住重要的少数，就能控制全局，反映在数量比例上，少数与多数的比例大体就是2:8。

同理，在产品开发领域，一个产品通常有80%的功能是不常使用的，剩下的20%才是核心功能。因此企业在产品开发过程中要学会做减法，聚焦于20%的核心功能，从简单出发，再回到简单。做减法主要包括两个方面：给外在部分做减法，使外观足够简洁；给内在部分做减法，使操作流程足够简化。

玛丽莎·梅耶尔（谷歌前副总裁）曾说过："谷歌就像一把瑞士军刀，其主页是瑞士军刀合起来的样子，简单、优雅，你可以把它装在兜里，但当你展开它的时候，它就会展示出了不起的功能，非常具有杀伤力。"谷歌正是通过利用人类对简单的渴望取得了举世瞩目的成功，占据了全球搜索市场份额的半壁江山，因为它了解用户的行为以及他们与产品互动的方式，特别是当涉及技术的时候，用户追求的最重要的东西往往就是在使用上的简单、方便和快捷。

乔布斯所开创的苹果品牌本身就代表着简约。从产品到运作，再到广告宣传，公司的各个方面都围绕着简约这一主题。苹果的手机最初只有一个"主页"键按钮，后来连这个按钮都被取消了，因为苹果公司认为这是手机最简约的设计，也是最符合人性的设计。不单单是苹果手机，苹果几乎所有的产品都遵循最简约的设计，以简为美，甚至在后乔布斯时代也是在遵循着这样的产品设计与研发原则。简约推动着苹果公司创造了人类历史上最伟大的消费电子产品，苹果公司自身也成为近十年来全球互联网企业乃至传统企业竞相效仿的典范。

追求简约是人的本性，至简意味着人性化，意味着回归人的本源。从低等生物变形虫到高等生物人类，自然界的每一种生物体天生都倾向于寻找所有问题的最简单的解决方法。哈佛大学设计过一个实验来判断人们是否会从对一件事的诸多解释中选择最简单的那个，结果显示被测试者一直都倾向于更简单的解释。人性倾向于追求简约，了解这一点对于满足用户需求、提高用户满意度是至关重要的。在一个产品功能繁杂、性能饱和的红海市场中搏杀，简约无疑就是最好的竞争利器，是开创崭新蓝海、寻求竞争新优势的最好的武器。企业能让产品看起来简洁，用起来简化，说起来简单，能让用户少走一步路，就能让用户获得更好的体验，从而提高用户的忠诚度。

7.2.3 迭代思维

迭代思维是产品与用户不断互动的螺旋上升的研发思维，涵盖了用户至上和简约的设计理念。我们都知道一个最简单的公式：距离 = 速度 × 时间，这意味着能走多远取决于速度和时间。而时间具有单向性，只会不停地往前走，不可能回到过去；时间也是最公平的，每个人每天都只有 24 个小时。既然时间是无法左右的，能走多远最终取决于速度，而提高速度最好的方式就是快速迭代，就产品研发来说，就是一个对产品的"微创新—验证—反馈—优化—再微创新"的过程。

迭代思维的核心首先是用最短的时间将产品推出，其次是用最低的成本将产品推出。相较于传统的基于生命周期的瀑布式软件开发方法，迭代思维首先被互联网行业普遍使用，之后逐步被一般的工业用品研发组织采用，将来也会成为企业取得竞争优势的另一个撒手锏。

迭代思维的典范莫过于微信了。微信成功的原因在于快，当市场上类似的软件刚起步时，腾讯就对微信进行了快速迭代，在第 1 版推出之后针对收到的大量用户反馈，对微信进行了升级改造，之后，微信不断迭代，至今已发布了 7.0 版，其功能也在小步快跑式地不断增加与完善。

7.2.4　协作思维

《淮南子·兵略训》中有这样一句话："故千人同心，则得千人力；万人异心，则无一人之用。"意思是说，一千个人同心同德，可以发挥超出一千个人的力量，有一万个人但离心离德，那么恐怕连一个人的力量也比不上。因此，团结协作是成功的基础，没有完美的个人，只有完美的团队。团队合作能完成世界上各种复杂艰巨的工作，比如汽车生产、飞机制造、软件开发等。在信息爆炸的今天，随着专业分工不断细化，任务愈加复杂，越来越多的工作需要由团队合作完成，团队已经成为维持社会运转最主要的力量，也是当今社会中成功企业赢得竞争优势的一大武器。

协作也是互联网时代企业的核心价值观之一。企业经营一定要倡导"团队作战，互相补位"，为实现企业的使命和宏伟愿景，全体员工必须并肩作战，精诚团结，同甘共苦。具体到研发设计团队，协作需要：其一，和谐，良好和谐的人际氛围有助于激发成员的工作热情和聪明才智；其二，信任，成员之间充分信任，才能把工作做得更好；其三，分享，产品研发设计过程涉及各种各样的资料，如果团队成员只专注于自己的工作，不会分享，不去交流，很容易产生重复的工作或出现同样的错误，导致整个团队效率的降低。

协作思维一方面是指上述组织内部的团队协作，另一方面还要求企业突破组织边界，寻求与社会优质研发资源协同研发，强强联合，从而取得竞争优势。

7.3 研发设计管理模式的变革

7.3.1 研发设计管理模式的发展

西方国家自20世纪50年代开始，已进行了四次产品研发设计管理模式迭代。研发设计管理模式按照开发环境、组织和运作原则可划分为以下四种类型。

1. 直觉型

由科学家对研究项目进行提炼，形成可转化实施的科研成果或产品技术突破，为企业创造利润。但是这一模式依赖科学家的直觉，研发设计的主要目标比较模糊，缺乏项目规划和管理，属于无战略框架的"放任式"管理模式。

2. 目标型

强调以用户为主体，根据用户提出的需求，以数据标准为基础，通过改善业务流程，缩短研发设计周期，并利用组织手段明确研发设计的作用，主动协调部门之间的关系。但这一模式没有从战略的高度对项目进行策划和资源分配。

3. 战略规划型

研发设计部门不仅考虑企业的长远发展，同时还兼顾各利益攸关方的需求，从而更好地承接公司的战略任务。这一模式能够平衡职能部门与研发设计部门之间的协同与交互关系。

4. 技术创新与市场需求互动型

企业更加重视与技术密切相关的战略决策，重视技术创新带来的收益，通过采取有效的流程设计和控制机制，建构全球研发设计网络，将知识创新、技术创新、产品创新、市场创新等纳入全球研发设计网络体系中。

随着经济全球化、信息化的深入发展，企业研发设计需要多方共同合作。同时开展自主研发设计并探索海外研发设计，为我国企业进行产品研发设计创新提供了新的途径和方向，在降低研发风险的同时，推动企业逐步探索出适合本企业的研发设计模式。

7.3.2 "互联网+"的研发设计管理变革

1. 传统的产品研发设计管理存在的问题

传统的人工管理或系统应用以及集成不足的半自动化管理，导致研发设计管理过程存在以下三个方面的问题。

（1）信息反馈不及时，沟通不畅。需要花费大量的时间和精力来跟踪掌握各项执行情况，往往难以高质量地完成任务。因此，通过网络沟通平台进行管理是支撑企业进行管理创新的必要手段。

（2）资源统一协调机制不完善，协同效率低。随着各部门工作量的增加，研发设计管理部门很难对资源和进度进行科学的统筹规划和协调，管理的规范性得不到保障。而且，部门间的壁垒使得跨部门协作的困难难以得到解决。

（3）流程效率不高，缺乏有效监管。传统的企业研发设计管理几乎都通过纸质文件的流转来实现，严重影响项目的进度。此外，由于运营机制、业务流程、考评激励措施等的欠缺，加之研发工作本身的不确定性，导致研发设计项目管理的有效性也比较差。

2. 基于"互联网＋"的研发设计管理变革

借助互联网平台，使用 PLM 软件，再加上规范化管理，可以有效解决上述问题，同时也会使传统研发设计管理模式发生较大的变革，主要包括以下几方面。

（1）便捷地沟通与交流，促进与用户价值共创。特别是通过 CAD/CAPP/CAM/PLM/ERP/MES 等系统的无缝集成，使企业的全局资源优化调度、决策控制及风险防范等成为可能，打破了部门壁垒，让研发设计部门与其他部门能够便捷地沟通与交流，便于企业扁平化管理的实施。制造模式已经由大规模生产转变为大规模定制和用户定制化生产，以及未来的用户全流程参与的智能制造，用户不仅是产品的使用者，也会变成产品需求的提出者，共同参与产品的研发和设计。所以，未来的研发设计者要通过互联网与用户进行产品全生命周期的互动（既包括研发设计阶段的互动，也包括制造过程向用户开放，以及售后服务的透明化等），以此提高产品的质量、用户的满意度和企业的服务水平，以与用户共创价值的导向牵引研发设计管理活动。

（2）快速响应市场，敏捷迭代开发产品。对市场敏捷快速地做出反应是现代产品研发设计管理的基本需求。在互联网平台上，快速响应市场一方面是通过互联网进行战略情报爬取，进行产品的动态规划与调整，缩短产品研发设计周期。从管理视角看，以往追求产品功能的丰富，等到完美后再投放市场的做法难以适应当今的竞争需求，企业需要改变传统的产品研发设计模式。敏捷迭代开发产品的思路要求先投入市场的产品功能只满足用户最想要的价值追求部分，等到用户需求积累到一定程度后再不断地推出新版本的产品，其特点是上市快、更新快、灵活多变。另一方面是完成个性化定制，满足用户需求。对于这一方面，企业往往以工业互联网平台为依托，通过网络连接实施模块化设计以及柔性生产线等智能化、自动化手段来实现。

（3）有效配置资源，协同产品设计和制造。在工业互联网中，协同工作平台通常采用基于工作流引擎技术的数据驱动工作方式，人在系统中的行为受到严格约束，研发设计流程是按照节拍安排和预设的，单个人如果耽误了进度就会影响整体进度的执行，所以系统督办、催办等功能可以有效提升管理效率，杜绝官僚作风。同时，基于工业互联网，可以实现产品协同设计与制造，集成优势技术与制造资源，共同完成研发设计活动，实现面向制造、装配和服务的设计，进而实现企业制造资源的全局优化。

（4）建立研发生态，丰富研发资源。互联网时代，作为研发主力的专家、技术员等往往不是一个企业或组织的成员，他们往往是企业间的共享资源，这也是由产品更新换代快等特点决定的，企业必须借助大量的外部研发人力资源，实现"不为所有，但为所用"的研发管理目标。所以，企业要基于互联网面向行业或主流产品建立研发生态系统平台，保证外部研发资源的及时供给、实时沟通以及信息和知识共享等，从而丰富研发资源，提升企业研发能力。另外，产品研发阶段的工作往往决定了 80% 以上的产品成本和价值。因此，在激烈的市场竞争环境下，产品研发要与上下游供应链紧密协作，并通过工业互联网进行实时沟通，以便在综合成本效益、交货期、产品质量、售后服务等方面实现全局最优，从而提升产品的市场竞争能力。

7.3.3 "互联网 +"的众创众包模式

互联网时代，创新资源得到了极大丰富，企业、行业乃至国家面临着更多的创新机会，相应地也带来了更多的挑战。互联网时代的创新不仅仅是某种跨越式的技术的出现，而是要利用互联网思维创造出前所未有的商业模式。以基于"互联网 +"的众创众包为核心的研发创新模式，对企业研发创新、技术转化、产业升级具有重要意义。

1. 众创众包的内涵及特点

（1）众创众包的内涵。社交的发展改变了开放创新的基础，表现在个人、群体以及技术三个层面。个人层面，在互联网时代，知识网络的泛在性推动了知识的传播，每个人都可以作为创新的主体。群体层面，社会结构更加扁平，社交网络的兴起推动了创新交流，促使创新创业成为一种文化潮流，而知识的分享、集聚和联结变得更为频繁。技术层面，大数据丰富了创新资源，开放创新平台为创新提供技术支撑。以维基百科为例，该平台通过众包的模式，仅仅依靠 2 名全职员工就在 5 年时间内创造了 100 万条百科信息。

通过互联网将碎片化的资源组织起来，形成海量的资源供给，一旦形成规模，将会产生巨大的能量。众创众包模式在许多领域都显示出巨大的生命力，开源软件是其中最成功的应用之一，如 Linux 软件，以及近几年兴起的 Uber、Airbnb 等。而众包模式与企业运营环节相结合，形成了众包研发、众包创意、众筹、众包制造等多种众包运营形式，给企业带来了巨大的效益。

（2）众创众包模式的特点。众创众包模式的特点主要包括以下三个方面：①创新民主化，每个人都可以作为创新的主体，创新资源和信息的快速流动使个人创新能力得到极大释放；②内外一体化，在社交化的推动下，企业内外部界限被打破，创新边界消失，呈现内部创新结构扁平化、外部创新环境开放化的特点；③从理念到实际，社交化浪潮下，催生了一批开放创新平台，众包研发创新被实用化、工具化和平台化。

2. 众创众包研发创新服务平台的类型

（1）任务挑战平台。这是指通过公开悬赏、竞赛等多种公开透明的方式，开展创新研发活动，促进服务水平提升。第三方平台为主要支撑，企业协同参与，创新更加公开、高效，能够有效降低创新研发成本，提升创新研发效率，同时充分利用群体智慧，发现更多创新想法。

（2）资源共享平台。这是指以公开的方式发布供需信息，实现信息匹配，避免信息不对称、地位不对称、信息不准确等多种问题。由第三方平台主导，通过公开悬赏、众包、分享等开放的方式，协助寻找合作伙伴，促进供需对接。

（3）协同研发平台。这是指以平台本身为依托，提供多主体协同合作服务，跨领域、区域合作服务，线上线下融合服务等。所提供的协同合作服务以企业资源为基础，吸纳全球资源，充分利用群体智慧，以发现更多的创新想法，平台提供灵活的协同合作方式，促进工作更加高效地开展。

（4）众创平台。这是指为用户以及创业企业提供开放的从创意提出到想法生成再到创意实现的加速环境。其提供的转化加速服务以企业资源为基础，支持创意从概念到产品落地。

3. 众创众包研发创新的主要形式

面向用户的开放创新、非正式网络创新、创新征集竞赛等，正在取代大学等研究机构和非正式产业联盟，成为更加重要的开放创新手段。用户、大学和供应商是三类最主要的众包研发创新合作伙伴。另外，众包研发创新合作的价值表现也有所变化。建立新的合作伙伴关系，探索新的技术趋势，发现新的商业机会成为最重要的价值表现，提升研发能力与降低研发成本已经退为次要目标。众创众包研发创新的形式主要有如下几种。

首先，打开企业边界，众包连接外部资源。通过互联网平台将外部的创新资源进行整合利用，积极寻找外部合作机会、创新创意、解决方案等。例如，海尔与九西格玛（NineSigma）建立了战略合作伙伴关系，通过NineSigma平台寻找创意来源以及创新合作伙伴，海尔净水洗衣机的研发就是其中一个产品案例。起初，海尔论坛中的粉丝提出了洗衣机的水越洗越脏的问题，吸引了大批网友给出了如银离子杀菌、水循环过滤洗等解决方案。海尔充分认识到用户需求之后，与NineSigma合作，向全球顶级资源征求解决方案。最终，海尔与陶氏合作，开发了净水洗技术，颠覆了传统洗衣模式。

其次，内部众包，激发创新活力。探索内部开放创新的组织模式，最大限度激发企业创新活力，实现企业创新资源的快速流动和高效利用。例如，美国第一大、全球第二大食品公司卡夫⊖，其四大核心产品为咖啡、糖果、乳制品和饮料，卡夫非常重视产品的研发，对传统研发模式进行了改革，创建了众包研发的创新研发模式。另外，卡夫设立创新全球副总裁统筹公司的创新研发工作。卡夫的开放研发小组由各职能部门抽调成员构成，以跨部门的项目小组形式独立运作。连接开放创新的关键有三个枢纽：外部开放平

⊖ 现已分拆为亿滋国际和卡夫食品两家公司。

台、内部开放平台、开放创新挑战，项目小组通过这三个枢纽平台与内外部沟通。卡夫的内部开放创新主要包括头脑风暴式产品概念开发、跨部门研发小组、知识共享与沟通等，通过与外部相连的内部众包模式成功地开发了很多具有竞争力的产品，帮助卡夫降低了研发成本，大幅提高了研发能力，实现了连续的快速增长，同时，帮助卡夫快速摆脱了2008年金融危机的影响。

再次，建设众包研发创新平台，汇聚各方资源。企业自建开放创新平台，依托平台打造内外部融合的创新体系，汇聚行业内外部创新资源，形成以企业为核心的创新生态网络。例如，宝洁联合发展（C&D）合作平台成立于2001年前后，伴随着宝洁运作思维的改变，由R&D转变为C&D，体现了宝洁对于与外部资源开展合作的重视。此外，宝洁还与NineSigma、意诺新（InnoCentive）、yet2、YourEncore等开放平台建立了合作关系，并通过在InnoCentive、yet2和NineSigma等网站上扮演求解人的角色与外部创新伙伴建立联系。通过建立的众包研发创新体系，宝洁获得了相当于自身研发能力200倍的外部研发能力，研发产能随之提高了60%。

最后，构建生态网络，形成研发创新。生态圈企业搭建平台，为行业提供技术或平台等基础支撑，形成"平台+应用"模式，与行业共同发展，构建行业内部甚至是跨行业的创新生态网络。如特斯拉（Tesla）通过开放专利打造开放平台。2014年6月13日，特斯拉的CEO埃隆·马斯克宣布对外公布特斯拉的全部专利，表面上看是让竞争对手占了便宜，然而从另一面来看也提高了特斯拉技术的普适性，使它在未来标准制定中抢占了有利的地位。

4. 大众创新助力提高区域创新能力

创新始终是推动一个国家、一个民族向前发展的重要力量，当前，开放创新和国际科技合作成为各国创新战略的新特点。

一是开放政府资源，利用和激发市场创新资源。政府通过开放创新资源为外部创新提供支撑，并通过获取外部创新资源来解决面临的技术挑战，进而提升国家的科技创新能力。如美国国家航空航天局（NASA）通过开放数据提供创新资源和商业机会。通过 open NASA 网站，NASA 的数据被应用于全球多个科研以及企业商业项目之中，带来了巨大的科技和商业效益。同时，其挑战项目成功吸引了全球范围内的参与者，由此推动了空间技术的发展，并形成了一批成功的科技成果。

二是连接各类主体，构建区域开放创新生态网络。政府运用开放创新思维规划区域的创新生态结构，集聚创新创业资源，进而提升区域创新能力。以龙头企业为中心建设开放创新生态网络，可以发挥资源优势并对周边形成辐射；集聚行业内中小企业和专业服务机构，可以带动中小企业发展，促进专业化服务集群。

7.4 实践引领：用设计说话的维尚集团[⊖]

维尚集团（以下简称维尚）成立于 2004 年，是一家依托科技创新迅速发展的家居企业，它以网络化为手段创新商业模式，实现了销售接单网络化、生产排程电脑化、制造执行信息化、流程管理数字化，开创了家具行业全新的"大规模数字化定制"生产经营模式，实现了从传统家具制造向现代家居服务的转型升级。16 年来，维尚已经为超过 500 万家庭设计了专属于他们的定制空间。未来维尚将持续探索和创新全屋定制，致力于为客户提供一站式全屋定制家居服务。

1. 研发设计中心

维尚研发设计中心由三大功能实体组成：门店销售设计中心、产品及解决方案设计中心、产品工艺设计中心。它们基于网络协同设计平台为消

⊖ 本案例根据课题组调研资料编写。

费者提供家居空间及定制家具产品的设计服务：门店销售设计中心的设计师在网络协同设计平台上进行家居空间及家具产品的预设计并记录消费者个性化需求；产品及解决方案设计中心、产品工艺设计中心基于这些信息，利用在线（云计算服务系统）和离线设计软件协同设计家具产品和家居空间解决方案。通过三个中心协同设计，大幅缩短了产品设计周期，及时响应市场需求的变化，使企业竞争力大幅提高。

（1）门店销售设计中心。维尚建立了覆盖全国超过 500 家终端销售门店的渠道网络，平均每家门店拥有 2 个家居方案售前设计师，利用专业的销售设计软件，每天为超过 1 000 个消费者提供免费的个性化家居设计及上门量尺服务。在为这些消费者进行免费售前设计的同时，也收集了大量的第一手市场需求信息，并通过网络协同设计平台及时地反馈到佛山维尚工厂和维尚广州分公司。终端销售革命性地参与到了为顾客设计方案的层级，一方面提高了门店成交率，另一方面获得了市场需求的第一手信息，从而提高了产品及解决方案设计中心的创新速度，并且使产品更加符合消费者需求。

（2）产品及解决方案设计中心。广州作为商业性城市，相比佛山更能吸引高水平的设计人才，这是维尚在广州建立产品及解决方案设计中心的初衷。维尚广州分公司产品及解决方案设计中心有 15 位设计人员，由结构设计师、外观设计师、室内设计师、软件工程师等组成。该中心实时跟踪全国 500 多家门店的市场需求信息，利用网络协同设计平台，与佛山维尚工厂产品工艺设计中心对产品进行协同创新、设计（外观、工艺、功能等），建设并完善产品库。维尚通过外包服务对各类房型进行归纳、总结和分析，建立了初步的房型库。将各种房型与真实的产品库结合，供消费者在装修前反复比较并进行选择，这一革命性的创新大大提升了消费者的购买体验。另外，解决方案库与订单管理系统实现互联并进行智能化的自我完善。如果消费者接受某一方案，该方案就会自动进入数据库，如果消费者不接受，则会引导系统进行完善。

（3）产品工艺设计中心。佛山维尚工厂产品工艺设计中心由10多名结构设计师、工艺设计师、外观设计师、技术人员共同组成，主要在网络协同设计平台上与门店销售设计中心、产品及解决方案设计中心协同完成基础原型产品及订单产品的参数化开发设计。该中心采用基础原型产品的"跟进开发设计"策略。"跟进开发设计"策略是目前国内各大型家具企业的研发策略，这种策略关注国内外产品的最新款式和家居行业的发展趋势，重点关注产品的款式，每年以一定的速度完成产品换代。在"跟进开发设计"策略下，产品开发受实际试制和展厅陈列的限制，产品种类和数量是满足市场需求和减轻企业负担的矛盾点。

在网络协同设计平台上，各设计中心利用先进、专业的在线和离线设计软件进行虚拟产品设计、虚拟产品制造，以有限的成本开发出无限的产品种类，突破了原有的种类和数量的限制，可以极大地满足不同消费者个性化的需求。

2. 研发管理创新

（1）创新设计理念。为了尽可能地满足消费者的个性化需求，维尚通过数字化服务让消费者主动参与到产品的设计中。消费者通过网络协同设计平台提交产品设计的初步想法并自动生成设计方案和相应的编号，随后通过编号和门店设计师在网络协同设计平台上进行设计方案的沟通，利用在线和离线设计软件进行虚拟产品设计、虚拟产品制造。此外，门店设计师可协助消费者直接调用参数化产品库，修改产品参数，即可得到不同结构、不同尺寸的虚拟家具，继而自动生成相应的生产图纸及表格数据。当消费者确认设计方案后，门店通过网络将方案传输到公司总部，进行定制化生产。

（2）创新商业模式。维尚的核心竞争力在于大规模定制生产，它的实现主要依赖于以下三点：订单管理系统、共享平台、网店一体化经营。

订单管理系统一方面为消费者提供订单跟踪服务，让消费者可以通过网络或短信查询订单进度，另一方面为消费者建立相应的档案数据库，不仅可以有效地开展售后服务，而且可以进行需求分析，从而进行未来产品的研发设计。

当订单生成后，共享平台随即将产品生产信息发送到生产部门，随之安排生产。与此同时，消费者也可全程跟踪订单的生产情况。

网店一体化经营则是基于共享平台建立的多功能服务体系。消费者可通过共享平台的提示，从现有产品库中选择产品设计方案，自己进行家具定制。在完成方案规划后，消费者可预约门店设计师上门洽谈，也可到实体店与门店设计师进行沟通。

目前，维尚每年为超过 10 000 个消费者提供全屋定制家居服务，所有的订单都是按照消费者的个性化需求进行生产的。维尚在为消费者设计产品的同时也建立了拥有海量数据的产品库，产品库与订单管理系统无缝连接，根据消费者的需求不断自我完善。

（3）创新生产技术。大规模定制生产依赖于先进的生产技术，维尚一方面积极自主研发相关技术，另一方面通过技术引进来实现创新。维尚在 2006 年研发建立了大规模定制生产系统。在接到产品订单后，系统将定制的产品按照不同规格的零部件进行拆分，并一一配对条形码用于识别。安装了电脑的机器对条形码进行扫描并解读，随后向机器发送操作指令，开始生产，从而实现大规模定制生产，有效解决了生产中个性化定制和标准化批量的矛盾。

3. 维尚转型案例评析

在工业互联网不断发展的背景下，维尚利用大数据技术，依托公司在设计、生产和销售过程中产生的大量数据资源，结合强大的软件系统，重构了从设计到生产再到销售整个运营过程，实现了运营模式的创新。维尚的大规模定制生产模式的成功对工业互联网背景下的企业运营管理有如下启发。

（1）探索运营新范式。维尚通过探索工业互联网背景下运营新范式，将制造业与新一代信息技术深度融合。通过引导消费者自助使用设计软件，实现生产流程数据化驱动，进而实现大规模定制生产，使得个性化定制和标准化批量得以兼容，扩大了维尚的市场需求规模。

（2）充分运用大数据资源与信息技术。维尚拥有的大数据资源及信息技术为其生产运营创新提供了关键性支撑。维尚的设计中心在为消费者设计产品的同时建立了自己的产品库，设计中心通过对海量数据进行深入挖掘，分析出消费者的深度需求，进而在研发端不断创新，以满足消费者的个性化需求。

（3）持续创新。工业互联网背景下企业运营管理的转型是一个持续创新的过程，是制造业和信息技术不断融合的过程。维尚从2004年开启家具产品的大规模定制生产模式转型，通过16年的不断创新，逐步实现了从设计到生产再到销售的整个运营过程的转型，如表7-1所示。

表7-1　维尚创新进程

开始时间	创新进程
2004年	用信息技术改造生产线
2007年	构建并完善数据库
2009年	将线上线下环节连通，创新拓展"O2O"运营模式
2011年	利用互联网和大数据深化大规模定制生产，创新拓展"C2B+O2O"运营模式

INDUSTRIAL
INTERNET

第 8 章

制造环节管理变革

20 世纪 80 年代中后期，大量计算机网络技术人才投入工业企业管理中，工业企业的生产、组织和管理模式从分层递阶式向分布式、扁平化发展，并进一步向网络化、数字化和精细化的方向发展。在工业互联网时代，许多工业企业正在通过物联网技术开发新的业务模式，它们大量采集工厂底层设备的各种数据，通过软件进行分析，从中挖掘出更好的想法，并做出最优的决策，最终为客户提供优质的产品或增值服务。

8.1　资源计划管理变革

企业的制造资源通常是分散的且分布不均，资源计划管理的主要作用是确保资源要素的顺畅流动、整合与优化。在当今数字化管理时代，制造业普遍借助互联网和软件系统进行资源计划管理，主要的软件就是 ERP。企业基于 ERP 系统的资源计划管理通常会在约束理论的基础上，融入精益生产、并行制造、敏捷生产等先进的管理理念和思想，以实施现代管理。

8.1.1 新资源计划管理的内容

现代制造业的资源要素流动主要体现为"四流"，即物料流、资金流、能量流和信息流。而企业管理对象一般概括为人、财、物。因此，除了"四流"之外，资源计划管理还包括对人的管理。ERP系统是将企业所有资源进行集成管理的信息系统，它的功能模块基本上与资源计划管理的内容相对应。

1. 财务管理

财务管理一般划分为核算与管理两大板块。当今基于网络和ERP系统的财务管理几乎完全取代了以往传统的手工记账模式。财务模块与制造、进销存等模块相互集成，使管理方式发生了彻底的改变，管理效率也成倍提高。

2. 生产控制管理

生产控制管理是一种以计划为导向的先进的生产管理方法，通常需要编制排产计划，即具体的产品在车间的排程。企业一般采用的是多订单并行、动态调整的生产控制管理模式。随着物联网的发展与普及，车间的管理和控制得到了有效加强。在生产中，目前普遍采用基于网络的电子看板管理来替代传统图纸、工艺卡片等手工管理方式。注重生产节拍管控，实现生产平衡，从而达到生产线的设计生产效率。生产控制管理还包括产品质量管理、设备开工及维护管理等内容。

3. 物流管理

物流管理主要指各类物质资料在社会再生产过程中的流动管理，包括对陆路、水路、空中道路等运输路线的规划，仓库、配送中心等物流存储网络的设计，物流商业模式，运输生鲜产品的冷链物流，运输石油、化工产品的特殊物流等多方面的管理。物流涉及生产、生活的方方面面，已经成为人类社会的一个重要组成部分。具有一定规模的物流企业往往拥有基于互联网的物流管理信息系统，并在集装箱、运输工具等设备上装有信息发送器。通过全球定位系统（GPS）可以实时跟踪物料流动情况，了解订单执行情况。广泛收集用户信息，优化物流路径，可以防止物料丢失。以上都是物流企业降低成本、提高服务质量和效率的重要渠道和手段。因此，基于工业互联网的信息系统是物流企业的核心竞争力。

工业企业的物流管理主要是对工业企业制造产品所需物料的流动进行管理，通常是指进销存管理，实际上也包括从库房领料之后，物料在生产线上由原材料变成产品的过程管理，还包括生产线布局、各个工位之间的物料传送、物料存储、加工废料处理等的管理。

4. 人力资源管理

在工业互联网时代，人力资源管理方式逐渐科学化，手段也越来越多样化，特别是基于网络的数据采集、分析等为人力资源的科学管理提供了重要支撑。ERP 系统可以根据公司不同地区、部门、工种的不同的薪资结构，制定与之相适应的薪资核算方案，进而实现员工薪资核算动态化。

8.1.2 资源计划管理思想的转变

以 ERP 为工具的企业资源计划管理的核心思想是对整个供应链流程进行有效的集成管理，推行精益生产、并行工程、敏捷制造等现代管理理念和方法。相对于传统的资源计划管理，其管理思想的转变主要体现在以下两个方面。

1. 由企业内部管理扩展到对整个供应链的管理

全球网络化制造模式的普遍应用有效地推动了产业结构的全球化布局，改变了传统的什么都靠自己生产制造的重资产、大规模生产模式，推动了适应市场动态、多变需求的敏捷制造模式的发展，进而推动了生产制造外包以及供应链的发展。企业往往只做自己有优势的核心制造业务，其他业务则用外包的方式完成，更加经济和快捷。该模式使得全球制造资源得到更加优化的配置，大大地推进了人类工业文明的发展，也推动了中国的工业发展进程。

工业互联网的应用和普及更进一步推动了全球网络化制造模式的发展。如波音、空客的飞机制造至少涉及几十个国家，靠的是网络协同制造资源调配。我国的制造业也采用了类似的方式。如中国国际海运集装箱（集团）股份有限公司十几年前就实现了全球沿海地区工厂布局，分布在不同区域的工厂又带动了其他零配件配套厂商的发展。一个简单的集装箱产品不再是由一个企业制造完成的，而是由供应链上下游多个企业共同完成的。这样的模式也存在一定的弊端。如早年经常发生的由于个别零部件质量问题而导致的汽车召回，对汽车企业的打击是非常大的，但发生质量问题的环节往往不是在汽车企业，而是在供应链中的配套商。所以，新的制造模式对资源计划管理提出了新的要求：不能只管理企业内部的资源，还要把整个供应链企业的资源全部管理起来。随着云计算的快速发展、企业上云的普及，云 ERP、云 MES 等将使这种想法变为现实。

2. 融合了精益生产、并行工程和敏捷制造等先进管理思想

工业互联网主要解决的是信息不对称问题。业务相关方可以通过便捷的网络手段实现即时通信、信息共享，把业务流畅地串联起来，从而实施精细化管理。ERP 系统支持对混合型生产方式的管理，像号称管理大师的

国际顶级 ERP 产品 SAP，融入了众多企业的管理实践，有超过 85% 的世界 500 强企业使用该软件。

（1）精益生产。当今的制造，除了一些基础零配件、标准件等产品外，已经由原来的大批量生产方式逐渐转变为大批量定制、个性化定制生产方式。很多面向客户的产品的生产制造慢慢将客户吸纳进来，使他们全程参与。新资源计划管理追求的是价值攀升，要去除不增值、冗余的环节，即按照精益生产的思想进行管理。

（2）并行工程。自 20 世纪 80 年代并行工程提出以来，很多企业就逐步摒弃了原有的生产计划下达、工艺编制、备料、组织生产的串行制造模式，开始采用并行工程模式，大大缩短了产品的研发与制造周期，来满足客户越来越苛刻的需求。在资源计划管理方面，只有采用基于工业互联网的 ERP、MES、PDM 等系统，并且进行有效集成才能实现资源动态管理与配置的并行工程。并行工程并不要求所有工序都在同一个起跑线，只是相对于传统的串行制造模式，使能够同时进行的工作同时进行，并且可以做到实时互动，动态更新，实现及时反馈。

（3）敏捷制造。在买方市场中，产品大量供应，客户早已不满足于简单的产品功能，而是更多地追求个性化和价值体验。大众化产品竞争激烈，流行周期越来越短，加之客户群体不断细分，一个产品长久占领市场的时代一去不复返了。另外，个性化定制要求企业建立柔性生产系统（FMS）。在柔性生产系统中，生产线可以混排，可以动态组合，遵循模块化思维进行组织。企业面临特定的市场和产品需求时，通过动态联盟用最短的时间将产品打入市场。敏捷制造思想已经逐步成为主流。

8.1.3　资源计划管理方式的变革

工业互联网的宗旨就是重构全球工业，激发全球生产力的活力。工业互联网引发的不是纯粹的技术问题，而是一场关于经济管理的革命。宏观上体现为国家产能布局与全球资源配置能力，中观上解决地区产能调整与协作，外部资源获取、整合与交易的问题，微观上重点解决企业内部管理问题和外部信息交互及其准确性与及时性的问题。不同的时代有不同的商业模式、商业逻辑，以及不同的指导理论，最终产生不同的结果。工业互联网为什么会颠覆已有的管理模式？原因就在于时代在变迁，我们的商业模式也必须随之改变。具体而言，工业互联网引发的企业资源计划管理方式的变革主要体现在以下四个方面。

1. 从层级管理到扁平化

亚当·斯密提出的分工理论长期统治着管理理论的发展，在其影响下，科学管理之父泰勒、组织理论之父韦伯和现代经营管理之父法约尔分别提出了科学管理理论、层级官僚制理论和一般管理理论，并催生了对现代企业影响深远的流水线、科层制和职能部门。中国的企业管理早期主要是学习和应用西方管理理论，因此，传统企业的组织结构是金字塔型层级结构，层次多、权力距离大、上下级沟通不畅，不利于企业灵活高效地应对外部多变的市场环境。而扁平化的组织结构要求管理者下放管理权限，建立分权的决策和参与机制，赋予员工更多自主权，以发挥主观能动性并提高工作效能，激发员工自发为组织做贡献，成为当今企业管理的新方向。

传统的以人工管理为主的企业层级管理模式常常被形象地称为"金字塔式"管理。在工作流程方面，传统的企业管理中，处理一项工作实际所需的时间可能是很短的，但是与该项工作相关的命令需要从最高领导者开始下发，所有环节需要借助电话或人员口头通知，直到完成工作，造成了大量时间和人力的浪费。而在互联网思维下的扁平化管理模式下，一项工作的命令完全可以通过手机或是电脑网络来下达至每一位员工，并利用软件随时随地监督员工的工作进程，甚至可以在网络上召开视频会议对员工进行直接指导，不但节省了大量的时间和人力，免去了冗繁的流程，而且管理者可以主动获取需要的信息，变被动为主动。这样的管理模式不仅提高了企业的管理效率，也提升了企业的竞争力。因此，要用互联网思维进行组织结构创新，以缩短信息链，减少传递信息的层次，实现组织结构的扁平化。这样在企业遇到问题时，就能够更加快速地应对问题、加快决策。企业实行扁平化管理，还能够促进员工和管理层之间的沟通交流，在一定程度上提高员工的工作积极性，从而更好地促进企业的发展。

当今企业面对海量信息"井喷"的态势，不仅要提高数据挖掘、分析、整理、预测的能力，同时要将其快速应用到产品研发、生产、营销等方面。企业组织结构是影响效率的关键因素，基于互联网思维进行的扁平化组织结构变革包括以下两个方面：第一，企业管理"去中心化"，即从"金字塔式"的组织结构转化为扁平化结构，打破各部门、各层级之间的隔阂，实现内部管理效率的有效提升。第二，企业信息管理"去组织化"，基于企业信息化建设的完善以及互联网技术的应用，员工与管理者之间的信息交流更加便捷。例如，员工可以通过微信、QQ等直接与管理者沟通，每个员工都可以作为市场需求、用户信息的收集节点，这将大大降低企业信息收集和决策的成本。

2. 从职能管理到流程管理

传统的金字塔型企业架构，在纵向上由于层级较多，上下级之间信息传递困难，在高速、动态发展的互联网时代将严重影响企业决策的时效性。在横向上主要是按功能划分的设计、工艺、采购、销售、生产等各个职能部门。各职能部门之间的横向沟通不仅手段传统、效率低，而且信息量不充分，主观因素影响大，常常造成误解，给企业带来竞争力弱、管理成本高等弊端。在协调层面，企业面临文牍主义。基层抱怨管理层不了解实际情况，指令满天飞；中层之间由于分管领导不同，多难以沟通，官僚作风严重。所以，必须从以管理层级链条为主的职能管理转变为注重协调合作的流程管理。

流程是制度的灵魂，制度因流程而存在。ERP系统利用互联网实现了企业各部门业务层面的集成，实质上是从传统职能部门"人制"管理模式转向流程业务数据驱动的"法制"管理模式。依据ERP等软件系统和相应的管理规程，人的权力和管理的随意性、自由度受到了制约，事先设置好的企业管理规程更具权威性。同济大学的张曙教授曾经打了一个形象的比方，信息化就是用"铲车"推倒传统管理的"金字塔"，把靠传统纸张、电话等方式低效沟通的职能管理"烟囱"取消，铺设让信息流顺畅流通的管道，使沟通路径畅通无阻。早在十几年前，华为、联想等公司就实行了流程管理，每个员工都必须按照流程的节拍在规定的时间内完成分内的事。就像在生产线上，一个工位的工作没有完成就会造成积压，从而影响整个生产进程。提醒、督办、问责等传统管理手段在网络和信息系统的支持下能够得到有效的实施。所以，无论从效率还是管理成本等方面，以流程业务数据驱动的资源计划管理都比传统的按照功能划分的职能管理有明显的优势。因此，商业化的ERP系统也逐步从按照职能部门划分的功能模块型过渡到按照业务流程配置的平台型。

当今采用信息网络技术驱动的流程管理实际上已经从业务驱动转变为数据驱动模式。数据是信息流的基础元素，是制定并执行决策的基本依据，也是实施科学管理的重要手段。特别是在大数据时代，数据成为资源计划管理的重要驱动力。数据驱动的流程管理主要有以下几个特点：第一，资源标签化。即所有资源都有唯一的用于识别的编码或标签，这是实施数字化管理的基础。第二，数据是紧跟业务动态变化的。工业制造就是将制造资源要素不断转化,由原材料变成产品。而资源计划管理的使命就是完成上述组织任务。所以,数据在信息网络中随着业务和资源形态的改变也在不断更新,使得业务透明化,全程可跟踪、可追溯。第三,数据体现业务的进展情况。通过数据的变化可以定量地描述业务的进展情况,如库存量、在途量(指原料或零配件采购运输状态时的数量)、加工量、待加工量等。有了精准的数据才能实施正确的管理,即以数据驱动流程管理。

3. 从粗放型到精细化

传统的企业无法做到定量的资源计划管理,主观性、随机性、经验性等特征明显,属于粗放型管理。很多企业在生产时未建立管理信息系统,采取人工记录管理方式,在制定市场变动应对策略时就会感觉到反应速度缓慢,无法迅速变革,也无法做到精细化和精准化,从而不能真正融入互联网时代。

20多年前,国内一家很有名的型腔模具厂,技术水平、产品质量等都是国内一流,作为国有企业信誉也很好,领导人水平和能力俱佳,唯一的问题就是交期问题。由于交期总是一拖再拖,最终失去了客户的信任。交期是商务谈判的一个重要因素,另外就是价格。早期一些企业拥有大量订单,但忙到年底却发现很多订单都是亏损的,全凭经验和"拍脑袋"盲目接单。这样的粗放型管理模式与中国企业2~3年的平均寿命不无关系。再如库存管理,传统靠人工管理的企业常常出现设计人员无法实时掌握库存信息的情况。例如,某企业早期经常会在盘点时找出不少单价大于5 000元的过期报废的电路板配件,造成了巨大浪费。

精细化管理可以帮助企业减少浪费,实现资源要素集约化,保证产品质量,从而提升企业核心竞争力。企业可以通过ERP系统实现精细化管理。通过ERP系统,在订单处理时可以根据粗能力计划管理模块实时了解企业工作中心的运行状况，还有哪些剩余加工能力、订单的执行情况、是否可以插单等，对交期的预判提供了科学的支持。销售人员通过 ERP 系统的成本核算模块基本可以确定价格底线，从而游刃有余地进行商务谈判。

互联网主要解决的问题就是信息不对称，当甲乙双方信息共享并实现信息对称后，沟通成本可以大幅降低，而且更容易迅速达成共识。

4. 从管人到管物再到人机物协同管理

在工业社会，资本是企业经营的决定性要素，且劳动者依赖于资本，形成的管理模式是资本雇佣下对"劳动者强制性管理"，强调的是对人的效率管理。因此，工业社会的企业社会生态决定了企业必然采用面向内部，以财物为主，计划管理，命令控制的多层次的塔式结构的管理范式。该范式从泰勒的科学管理理论开始，经法约尔的一般管理理论，到韦伯的层级官僚制组织理论，过分关注企业的组织结构和业务程序，忽视了人的主体性和创造力。

工业的核心是人与设备。随着设备的自动化水平不断提高以及人工智能技术的普及应用，设备和系统逐渐具备了人的智能，正在不断减少人在生产过程中的参与，设备在生产过程中的重要性不断提升。因而，工业 4.0 时代对"物"提出了更高的要求，要求设备应具备感知外部环境和自身变化的自省能力，根据自身运行状态和活动目标进行诊断和优化的自认知能力，与其他设备进行交流、比较和配合的自协调能力。因此，管理也将从对"人"的管理转变为对"物"的管理。未来将形成人机物协同管理的新局面，即在传统的"人"与"物"之间多了一个"机"的层面。"物"指传统的制造业的物流，是资源计划管理的对象；"机"指操作、使用"物"的设备或系统，具有一定的智能自主特性。所以，未来的企业资源管理是人机物协同管理，人在企业资源管理中不再是"说一不二"的了。

8.2 制造执行管理变革

制造执行管理即生产运营管理、生产运作管理。当今采用信息化手段开展车间级工厂管理主要通过制造执行系统(manufacturing execution system, MES)执行。本书从工业互联网视角阐述制造业的管理变革,提出了基于 MES 的制造执行管理内容。

8.2.1 新制造执行管理内容

20 世纪 90 年代初,美国先进制造研究中心(AMR)提出了制造执行系统(MES)。作为一种面向制造车间执行层的信息化解决方案,MES 是制造信息系统中联结上层 ERP 系统与下层控制系统的纽带,是产品生产过程中环节信息的集成。根据 MES 系统主要功能的划分,制造执行管理可以归纳为以下几个方面的内容。

1. 资源分配与状态管理

资源分配与状态管理是指管理生产所需的资源,协调劳动者、生产设备、工具和物料的分配并使之最优化,同时跟踪当前工作状态以及完工情况。完善的资源分配与状态管理不仅可以确保设备正常生产运行,大大提高车间运行效率及资源利用率,还能满足生产计划要求对资源所做的预定和调度。

2. 工序详细调度与生产单元分配

工序详细调度是指通过考虑生产中的交错、重叠和并行操作来准确计算设备上下料和调整的时间,通过对有限的资源和能力进行调度来对作业计划进行优化与排序,其目标是最大限度地减少生产过程中的准备时间。生产单元分配是指通过生产指令将物料或加工命令送到某一加工单元开始工序或工步的操作。生产单元分配模块能够调整车间已制订的生产进度计划，对返修品和废品进行处理，用缓冲管理的方法控制任意位置的在产品数量。

3. 数据采集与文档管理

数据采集是制造执行管理的基础，通过数据采集接口可以获取并更新与生产管理功能相关的各种数据和参数，包括产品跟踪、产品维护历史记录等。这些现场数据可以从车间由手工方式录入，也可以由各种自动方式获取。文档管理指管理和分发与产品、工艺规程、设计或工作指令等有关的记录和单据，以及对生产历史数据进行保存与维护。

4. 生产跟踪与过程管理

生产跟踪与过程管理是指通过监控生产过程来指导工厂的工作流程，提高生产加工效率和质量；同时，通过监视工件在任意时刻的位置和状态来生成每一个产品的历史记录，并可追溯到材料组件，或追踪到终端成品。

5. 质量与维护管理

基于工业互联网的 MES 系统的质量管理是指对从制造现场收集到的数据进行实时分析以控制产品质量，实现对工序检验与产品质量的过程追溯，对不合格品以及整改过程进行严格控制。维护管理则是指追踪设备和工具的保养情况并指导维护工作，保证机器设备的正常运转。

8.2.2 制造执行管理思想的转变

MES 系统致力于实现制造过程的可视化和可控化。通过 MES 系统，在车间打造数字化制造平台，改进车间的管理，打通生产各环节，从而实现车间数字化管理。

1. 从制度驱动到数据驱动

传统制造执行管理通常由规范的流程和制度来驱动，由经验丰富的管理人员来实施。在工业互联网时代，制造执行管理则趋向于由数据驱动，通过人员的干预集成各种制造数据，并进行系统操作，使管理层和车间执行层的信息能够顺畅流通。

2. 从经验式走向信息化

管理到了车间层面就会变得更具体、更复杂。传统的制造执行管理没有足够的一手数据做支撑，数据的实时性、准确性等又得不到保障，所以管理总是粗放式的经验管理。管不到细节、无法优化、不够科学、不够高效是普遍现象。而基于互联网的 MES 系统实现信息化管理后，通过实时监控生产工序、记录任务完成情况，如人员工作效率、设备利用率、劳动生产率、产品合格率等，使管理真正落到实处，进而实现精细化管理。

3. 从无形到透明

传统的管理往往是无形的，管理者对于组织的把握并不全面或充分，且不同的管理者有不同的管理风格，常常给人的感觉是看不见、摸不着。而通过 MES 系统可将报表实时呈现，让整个生产过程完全透明化。管理人员通过网络就可以将生产现场的状况尽收眼底。

4. 从僵化迟缓到动态闭环

传统制造执行管理缺乏实时转变的动态响应机制，无法实现企业产品和零部件从需求到设计、从设计到生产制造、从生产制造到交付使用的全程闭环动态调整与控制。过去十年是工业互联网造就的十年，软件系统厂商不断地进行自主创新，研发集成化程度更高、更智能化的系统软件，以连通企业经营和制造执行管理的各重要环节。为生产制造企业解决市场环境多变、客户需求个性化所带来的难题，使企业能够快速实时响应并改进生产工艺，完成从需求到生产到交付使用的动态闭环管理。

现代企业制造执行管理利用 MES 软件进行产品和零部件生产销售数据采集与追踪、安全作业管理、生产情况实时监控以及质量管理，提高了 ERP 软件计划方案的执行能力，让生产销售控制指令在生产车间现场合理执行，同时实现了可视化管理。MES 与 ERP、PDM 等软件的集成使企业制造资源管理系统不再僵硬迟缓，各个环节被有效连接，形成灵活高效的系统。

CPS（信息物理系统）正逐步成为指导智能工厂建设的重要工具，物联网的应用范围越来越广泛，MES 将对更多的制造执行信息进行闭环处理，涵盖了采集、传输、分析、调度、控制、决策等各方面，从管理执行层全面提升企业的竞争力。

8.2.3 制造执行管理方式的变革

在工业互联网时代，生产车间现场数据自动采集越来越普遍。MES 软件使制造执行过程透明化，传统的以人工为主的管理方式发生了根本性转变，具体体现在以下几个方面。

1. 文档管理数字化

文档数字化管理包括：对产品的高级信息进行加密，没有相应权限的人无法查看，实现了权限管理；对设备工艺技术参数、原料配方以及质量技术参数进行数字化管理；提供新生产线快速部署支持工作，比如相关设备工艺技术控制、质量技术控制以及原材料配方控制等；支持 PDM 软件集成；实施 SOP 作业指导书管理等。

文档管理数字化使物料基础信息更详细，BOM 信息更专业。除此之外，MES 软件还能为设置工艺和工序提供基础数据信息支持。文档管理数字化一方面便于信息、知识的共享和快速流动，成为科学管理、便捷决策的依据，另一方面促进企业管理知识形成并沉淀，是实施智能化管理的基础。

2. 生产管理可视化

MES 软件的数据自动采集技术和工业条码技术，可以显著提高生产质量和生产效率，减少损耗，降低生产成本，是现代生产管理的主流工具，是智能制造的基础。

MES 软件可以实时监控产品制造的整个流程，比如半成品的异常情况、设备的异常情况、数据流量的异常情况等，有效避免故障或事故的发生。通过生产线、设备等相关的历史数据分析，企业可以准确地判断生产线上不同设备的自动化投入紧迫性和合理性，据此来制定更加合理的生产管理方案。如根据订单需求、生产过重的最低指标以及相关资源利用率等计算并制订产品的生产计划，让人们对生产过程有提前的认知。通常应用 MES 系统的企业都会有生产监控中心，通过可视化的生产过程图表，动态显示生产计划的调整，进行仿真并辅助决策。特别是在生产计划发生变化和出现异常生产状况时，可视化的生产管理是科学决策的重要依据。

3. 质量管理自动化

MES 软件可以对生产过程中的产品进行实时监控和跟踪，当出现不合格产品的时候，就会立刻出现提示并显示原因。MES 软件还可以提供过程质量控制与数据采集，可确保采集数据精准无误，同时还能检测设备集成接口，实现质检数据记录和存档自动化。MES 软件对产品的全生产周期进行记录，包括产品批次、各工序开始和完成的时间、操作人员、加工设备、品质检测数据、用料批次、序列号、维修历史记录等。通过 MES 软件，能够对发生异常的产品进行退回，查看原因并进行维修更新。

4. 设备管理智能化

传统设备管理一方面是按照检修计划进行定期检测、维修、更换等作业，有些运行状态良好的设备也要按规定报废，常常造成巨大浪费；另一方面是设备出现故障后的补救管理，设备故障会对生产造成影响，进而影响企业生产效益，这是事后管理所无法弥补的。传统设备管理现在看来过于僵化和被动。

目前借助 MES 设备管理信息系统能够为每台设备配置不同的运维参数，对设备的巡检、点检和保养有明确的方案，对设备进行更好的日常维护。系统可以自动生成详细的计划表，如周报、日报等，对设备日常工作状态进行记录，最大程度保障设备的正常运行，避免在生产过程中出现异常状况。系统可以对设备零部件以及备品备件进行安全库存管理。另外，还能够自动对项目设备进行监控，比如转速控制、温度查看、位移偏差测量等，做到实时动态监测与预防性维护管理。

MES 为制造企业生产前线提供解决方案，可实现产品和组件的生产数据的收集与跟踪、作业人员的管理、生产状态的实时监控以及质量控制等，进而加强 ERP 计划的执行能力，让生产指令在车间现场得到有效执行，最终实现低成本、可视化管理。

MES 系统在智能工厂的构建过程中的作用主要体现在以下四个方面。

（1）网络化。通过互联网集成车间设备，MES 系统实现了车间设备的集成化控制管理，将整个生产系统串联在一起，帮助企业实现资源的优化配置和重组，大大提高了车间设备的使用效率。

（2）透明管理。通过互联网对车间设备进行实时监控，提高了管理的透明度,可以帮助管理者制订客观的生产计划,实现生产的科学管理。

(3)无纸化。在生产的过程中,MES系统将生产信息以数据的形式即时传递,这种无纸化的形式既保证了信息安全,又提高了信息存储效率。

(4)精确化。利用MES系统可以设定更加精确的生产比例,帮助工厂实现高精度生产。

在工业互联网时代,MES或许将被重新定义。在协同制造方面,或将超越目前企业内部这一范畴,扩展至与供应商和客户的连接;在制造智能方面,将不再局限于数据收集、分析与展现,而是进一步实现现场实时分析、协同智能决策,从而实现制造执行过程的动态管理。

8.3 实践引领:从制造到"智造"的飞鹤乳业[⊖]

1. 企业简介

始建于1962年的飞鹤乳业(以下简称飞鹤)从美丽的"鹤城"齐齐哈尔起飞,迄今已有近60年专业乳品制造历史,是中国最早的奶粉生产企业之一。飞鹤专注于婴幼儿奶粉的研发和生产制造,旗下拥有星飞帆、超级飞帆、飞帆等系列产品,是拥有最完整产业链的婴幼儿奶粉企业,并创造了近60年的安全生产纪录。飞鹤不惜成本,耗费了10年时间,在北纬47度黄金奶源带上打造了中国婴幼儿奶粉行业的第一条全产业链,实现了从源头牧草种植、规模化奶牛饲养(大牧场)到生产加工、物流仓储、渠道管控乃至售后服务各个环节的全程管控。飞鹤作为集生产、运营、销售为一体的现代化企业,开创了中国乳企最佳的发展模式,堪称行业典范。

⊖ 本案例根据以下资料编写:数字化企业网.飞鹤乳业打造智能生产工厂 [EB/OL].(2016-01-20)[2020-06-01]. https://articles.e-works.net.cn/plmoverview/article126722.htm.

2. 飞鹤的智能制造系统

（1）飞鹤工厂智能化总体设计。飞鹤通过智能制造转型，建立了数据驱动的智能工厂，以智能制造、敏捷供应链及 C2M 消费者服务平台为基础，为消费者提供最新鲜的产品和最快捷的服务。飞鹤的智能工厂改造主要体现在以下几个方面的智能化，如图 8-1 所示。

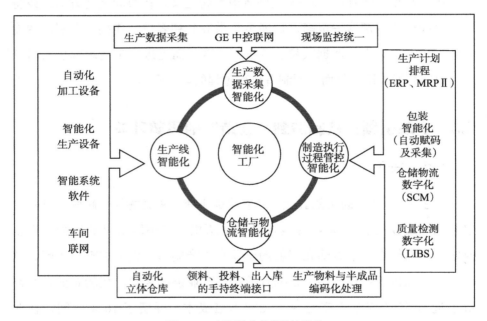

图 8-1　工厂智能化总体设计模型

生产线智能化。飞鹤引入了国际上最先进的智能自动化生产线，包括自动化加工设备、智能化生产设备、智能系统软件，实现了生产过程自动化，并保证所有生产车间和生产环节均可联网，随时调取生产任务，并及时上传生产数据。

制造执行过程管控智能化。建设全面的制造执行过程控制系统，智能管控每一个生产环节，主要包括生产计划排程（ERP、MRPⅡ系统）、包装智能化（自动赋码及采集系统）、仓储物流数字化（SCM 系统）、质量检测数字化（LIBS 系统）。

生产数据采集智能化。对基础数据进行全面智能化采集，赋予每一件生产物料、半成品、成品唯一的身份识别码，通过工业采集器对生产数据进行全面采集，可以全程掌握最为精准的基础数据资料。采用 GE 中控联网，可以实时监控生产环节中的各项指标数据。对生产现场进行统一监控，可以及时发现生产环节中出现的故障，并实时报警，方便第一时间进行排查。

仓储与物流智能化。建设自动化立体仓库及智能仓储管理系统，实现自动仓储及库存自动监控；对所有生产物料、半成品的领用、投料、出入库都进行电子扫码操作，保证数据的准确性及完整性；对生产物料及半成品统一编码，方便自动化管理及成本核算。

（2）资源计划管理系统（ERP）。飞鹤信息化系统建设包括基础级系统、应用级系统、内部管理系统和数据分析系统。其中，基础级系统有办公自动化系统、电子邮件系统；应用级系统有客户关系管理系统、人力资源管理系统、订单管理系统、赋码系统、视频会议系统；内部管理系统有企业资源规划系统、财务管理系统、数据整合分析系统。目前 ERP 项目已经全部上线并投入使用。

飞鹤通过实施智能化制造建设，可以从数字化设备、控制系统、手持终端、条码扫描仪及其他应用系统中自动获取数据，涉及产品、研发设计、采购、生产制造、质量、仓储、销售、物流、售后、财务等各个环节。实现了集团统一的编码，覆盖产品、物料、资产、组织、人员、供应商、客户、财务科目、质检项目等。在集成方面，ERP 系统与订单管理系统通过平台进行数据同步；与财务管理系统通过凭证导入进行应用集成；与供应链系统同步发货单信息，方便追踪产品物流信息。同时，各个系统的信息统一集成到数据仓库，在智能分析平台上进行数据整合及决策分析应用。

（3）制造执行管理系统（MES）。飞鹤智能工厂项目通过引进全球领先的 MES、LIMS、PLM 软件平台技术，以信息化促进乳业生产管理，带动智能工厂建设。MES 系统覆盖的工艺范围包括从原料出库到成品包装入库的整个流程，通过产品全生命周期整合，在产品研发生产等各个环节进行数据采集、处理、存储、利用和管理，形成了信息化监控与分析、质量管控、电子批记录、设备管理与维护、异常预警与探测、生产绩效评价与决策判断的综合性生产运营管理平台，实现了提高生产效率、保障生产运营安全、降低成本、提升产品质量和增强企业核心竞争力的管理目标。MES 系统为企业带来的效益主要体现在以下几个方面。

产品一次性合格率提升。通过 MES 系统对生产过程的全程管控，可以实现产品质量问题的"事前预防、事中控制、事后分析"，变质量追溯为质量保证，进而提升产品一次性合格率，降低生产环节造成的产品返工和召回的风险。

生产效率提升。MES 系统通过信息实时传递，定义工作流和集成 SOP 的方式，优化和规范了车间各个工序、各个岗位的作业流程，使生产过程更加流畅和规范，减少了因人员信息沟通不畅、操作不规范、质量信息不准确造成的生产停滞或返工等现象，从而有效提升了生产效率。

纸质记录减少。MES 的电子批记录系统可以减少至少 80% 的车间纸质记录。由于数据都是在线实时采集、自动计算和存储的，因此节约了手工记录和计算的时间，工作效率可以提升 10% 以上，用纸成本可以降低 80%以上。同时，电子批记录系统还可以保证记录的真实性、准确性和实效性。

生产成本降低。MES 系统通过全程物料自动识别、自动复核、自动预警等功能，可以大大降低生产过程中对人的依赖；同时，对作业流程的优化，可以减少人员的使用。通过全过程信息的自动采集，可以有效节约人工采集的时间，提升工作效率，降低人工成本。

第 9 章

商务与行政管理变革

9.1 商务管理变革

商务管理是指企业在特定的环境下,为保证经营战略目标的实现,对商务活动进行计划、组织、领导、控制的过程。商务管理的内容包括对与供应商的商务关系、与客户的商务关系、与中介的商务关系以及与社会公众组织和政府关系的协调与处理。在互联网时代,电商应用的普及程度越来越高,通过电商平台进行商务管理的比例也越来越大。

工业企业商务管理随着工业的发展和信息技术的融合而改变。20 世纪 80 年代初至 90 年代中期,随着信息时代的到来,许多大型跨国公司成立并发展壮大,使市场开始国际化、经济开始全球化。20 世纪 90 年代中期至今,互联网技术和信息技术的发展快速改变了企业的商务管理方式。在企业中,商务管理越来越依靠信息技术,使得商务管理更加智能化。这不仅提升了企业商务管理的效率,也大大降低了管理风险和管理成本。

9.1.1 基于电商平台的商务管理内容

基于电商平台的商务管理内容包括电子交易与支付管理、物流与供应链管理和客户关系管理等，企业商务管理正朝着数字化、网络化和智能化方向发展。

1. 电子交易与支付管理

与在商场、农贸市场等交易场所的面对面交易不同，电子交易是指通过电子系统进行的交易行为，一般是通过电商平台的电子交易市场开展的。电子支付是指通过电子手段把支付信息传递给银行或相关机构，以实现货币支付或资金流转的行为，具有以下特征：通过数字化的方式进行款项支付，工作环境是一个开放的系统平台（即互联网），使用先进的通信手段，具有方便、快捷、高效、经济的优势。

2. 物流与供应链管理

随着商业模式和思维模式不断创新，市场竞争已经演化为供应链的竞争。因此，企业需要站在整个供应链的高度创新商业模式，实现跨越式发展。

（1）向以用户为中心的供应链服务模式转变。互联网思维的核心是以用户为中心，因此企业的供应链管理也应该是以用户端驱动整体运作的体系。供应链管理需要深入了解用户需求，增加用户接触点并做好用户接触点的服务体验管理。首先，需要识别用户是谁，供应链管理的用户不仅包括需求部门，还要延伸到最终用户侧，以最终用户的满意为目标。其次，以便捷、低价的方式满足用户需求。特别是在需求管理方面，需要从响应需求逐步向参与需求和管理需求的方向转变，通过需求管理前置来提升用户的体验。最后，通过全过程信息的共享，实现供应链信息可视化，提升用户参与感。从企业实践来看，海尔在供应链管理转型过程中提出了零距离和网络化，并且提出了以用户为中心的供应链无尺度理念，通过"外去中间商，内去隔热墙"的策略，整合资源，压缩内部管理层级，从而拉近了与用户的距离。

（2）向平台化的供应链管理运作模式转变。互联网化的供应链管理一定是与云平台、智能等概念相结合的，未来的供应链管理应该是一个供需关系匹配的平台，而供应链管理部门则扮演平台资源整合者的角色，为企业提供供需平衡的平台与资源整合服务。平台包含用户、供应商、供应链管理部门等各方参与者，并通过供应链信息的整合与共享，实现平台的可视化运行。需求方通过平台可以看到所有的供应商信息和采购信息，供应商则通过平台发现需求并进行竞价。同时，在平台化过程中，供应链管理部门负责引入供应商资源、构建供需平台、发布供需信息并制定自动匹配规则。

（3）向优质资源整合运作模式转变。在社会化、平台化思维的引导下，供应链将由"链式"模式向"生态圈"模式转变，企业在致力于发展核心业务的同时，也需要根据信息的传导路径，高效整合资金流和物流，建立供应链生态圈。只有充分发挥生态圈内成员的能动性和创造性，供应链生态圈才能发挥最大的效能。在供应链生态圈中，各个环节、各个参与者之间将实现信息的互通共享，通过整合供应链整体在市场分析、质量检测、需求管理等方面的优势资源，将供应链管理视角拓展到多领域。目前，互联网化的供应链企业、物流企业都致力于打造生态圈。例如，菜鸟物流通过整合物流资源和信息资源等，打造了遍布全国的 24 小时配送网络、开放式社会化物流骨干网、大数据信息平台以及供应链平台，很好地体现了发展资源整合的生态圈的理念。

（4）向智联信息的数据挖掘与分享模式转变。在互联网时代，海量数据快速聚集，大数据处理技术日趋成熟，信息价值得到充分挖掘，数据辅助决策模式成为新的价值增长点。大数据在供应链管理领域的应用模式多种多样，例如信息的实时查询、供需的快速匹配、物流的全过程跟踪追溯等。要做好大数据应用，首先，需要统一数据结构，做好数据积累；其次，快速培养形成数据分析能力，能够从大量数据信息中挖掘价值；最后，还需要构建有价值的大数据应用模式，增强数据挖掘的目标性和导向性。如今，大数据已经成为互联网企业做好供应链管理的重要手段。例如，京东商城已经在销售预测、库存管理中广泛应用大数据分析。根据十几年的销售数据，结合季节变化、客单价、促销等因素来建立销售预测模型，确定未来销量。同时，基于数据积累建立健康库存模型，针对不同品类的商品建立相应的模型，以模拟现实业务场景。

3. 客户关系管理

在工业互联网发展背景下，客户关系管理也发生了根本性的变化，主要体现在以下几个方面。

（1）从随机型客户到专家型、粉丝型客户。客户可分为专家型客户、粉丝型客户、尝鲜客户、大众客户、落后客户等。其中，专家型客户能够最早深入了解某类产品和服务的核心内容，了解不同品牌产品和服务的特点；粉丝型客户对某一品牌或某种产品高度信任，具有极高的忠诚度，特点是购买量大、购买频次高、品牌忠诚度高、愿意推荐、愿意帮助改进提高、积极参与品牌活动。工业互联网背景下电子商务的客户关系，就是在稳固专家型客户的基础上，重点吸引和培养粉丝型客户，维持并提高客户的忠诚度和满意度。

（2）从满足客户需求到改进客户体验。客户关系管理关系到电商平台的发展前景。如今，随着人们消费水平的提高，对消费体验也有了更高的要求。满足客户需求是基础，而改善消费体验则是更高层次的客户关系管理目标。尤其是在工业互联网进一步发展的背景下，电商企业有条件为客户提供更多元、更智能化、效益更高的服务，从而为客户提供更良好的客户体验，这将在很大程度上提升客户对产品和服务的满意度，促成多次消费，并形成口碑宣传效应。

（3）从单向销售到社群互动营销。在电子商务时代，社群互动营销一方面可以帮助 B2C 企业精确识别和定位目标客户，另一方面可以有效增加 B2C 平台的访问流量，提升客户消费的潜在可能性。

9.1.2 商务管理思想的转变

互联网在改变人类生活方式的同时也改变了企业商务管理思想。这样的转变体现在方方面面，本书选取新零售思维、大数据思维和共享经济思维几方面进行阐述。

1. 新零售思维

新零售是指运用大数据、人工智能等先进技术手段对商品的生产、流通与销售过程进行升级改造，并将线上服务、线下体验以及现代物流进行深度融合的零售新模式。

2. 大数据思维

数据在任何时代都是非常重要的，而在移动互联网时代，数据则显得尤为重要。电商平台存储了海量数据，从数据中预测市场走向，可以说数据就是商机。大数据思维包括全样思维、容错思维和相关思维。大数据采用全样思维方式，小数据则强调抽样。随着技术的发展，获取、存储和分析全样数据成为可能。一般来说，全样的样本数量比抽样样本数量要多很多倍，这是因为抽样的一丁点错误，就容易导致结论与事实大相径庭。若采集全样数据而不是一部分数据，那么数据中的异常、疏忽、错误都是数据的实际情况，没有必要对数据进行清洗，其结果是最接近客观事实的。相较于因果关系，相关关系是一种不确定的关系，更具有现实性、普遍性和变通性。例如，很多男人去超市买了啤酒后会顺便购买纸尿裤，但并不是买啤酒就一定会买纸尿裤。因此，购买啤酒和购买纸尿裤的关系不能算因果关系，只能说是一种相关关系。同样，女性裙子的长度与经济热度、摩天大厦与经济危机的关系都是一种相关关系。

3. 共享经济思维

当前，产业经济正处在转型的关键时期，共享经济为资源优化配置提供了一种全新的思维方式，即资源共同使用与协同消费。借助共享平台和群体智慧的力量，闲置产业资源得到高效利用，从而为企业创造更多的价值。

9.1.3 商务管理方式变革

以工业互联网、大数据和人工智能为代表的新一代信息技术的发展带动了工业企业商务管理方式的变革，显著的变化趋势有以下几个方面。

1. 从单一卖产品到集合制造、赋能工厂（C2M）

工业互联网一头连接制造，一头连接服务和消费。只有将消费互联网和工业互联网打通，才能实现产销协同。相应地，企业的商务管理方式从过去的单一卖产品到现在的将产品与服务集于一体的 C2M 模式，实现了客户与制造商的端到端的打通，也缔造出全新的数字化零售生态。

2. 从实物展示到 VR、AR 体验

传统的商品展示通常是以实物展示为主要形式。在工业互联网时代，

由于虚拟现实（VR）技术以及增强现实（AR）技术的应用使商品的展示有了更为方便、快捷的方式，客户的体验也随之增强。例如，从 2016 年以来，以宜家、亚马逊和 Wayfair 等为代表的家居电商平台已经逐渐采用 VR、AR 技术对传统的图文商品介绍进行补充，以更立体、更直观地展示商品。VR 和 AR 的区别在于，VR 展现的是一个完全虚拟的三维空间，更适合用来为客户提供近乎真实的商品观感和体验，AR 展现的则是现实场景与虚拟的结合，更适合用来模拟商品与客户家中现有的家具和风格的协调度。

3. 从物流外包到智慧供应链

零售业本质上是效率的竞争，供应链的效率创新无疑是企业应对市场变化的制胜关键。以 IBM 为例，在优化库存方面，IBM MetroPulse 整合天气、人口、销售和商店信息等数据，利用预配置的高级分析技术，为零售商和制造商解决最相关的战略性和战术性问题提供支持，即在哪里开设实体店、如何进行优化库存管理，从而帮助它们提高销售额、利润和客户满意度。在优化供应网络方面，利用 IBM 区块链解决方案，增强零售供应链的可信度、透明度和可追溯性。在订单处理方面，通过 AI 技术优化采购环节，最大程度提高每个客户订单的利润率。

4. 从市场信息滞后到大数据精准预测

传统的工业企业想要获取市场信息，通常需要通过销售人员的市场调查和用户的反馈，这样往往会导致市场信息获取滞后。在工业互联网时代，企业可以借助大数据技术进行精准预测和精准营销。例如，电商网站可以根据用户的浏览历史和购买历史这些数据来为用户推荐可能感兴趣的商品；外卖软件会根据历史数据精准预测出送达所需要的时间。

9.2 行政管理变革

办公自动化系统（OA 系统）能够帮助企业保持竞争优势，使企业的发展形成良性循环。传统的依靠企业行政人员的人工管理方式存在着粗放、低效、官僚等弊端，已经不适合现代企业的行政管理需求。基于 OA 系统的无纸化协同办公管理可以有效地解决上述问题，企业操作人员只须点击一个按钮就可以进行信息处理，进而完成业务处理，极大地提高了行政工作效率、行政管理水平和决策的执行能力。

9.2.1 新行政管理内容与特点

1. 内容与特点

行政管理未来的主要发展方向就是智慧管理、智慧办公，就是企业运用 OA 系统辅助进行企业管理、高效率办公、费用管控等。OA 系统是以先进的计算机和通信技术为主要手段，以实现办公应用为导向，搭建一个覆盖整个企业的协同办公平台及办公自动化系统。

2. OA 系统的作用及特点

- 提高流程运行速度与效率，减少协作工作成本，实现事务处理"零响应"。
- 实现全面协同，连接各个孤立控制端，构建企业业务系统。
- 实现实时的管理和监控，可随时随地查阅各种资料，并对相关数据进行分析。
- 沟通成本更低，沟通形式更加丰富，效率更高。员工之间可以通过邮件、论坛、短信多种方式进行沟通。
- 实现无纸化办公。通过系统自动下发通知、会议纪要等文件，并且使生产订单通过系统自动流转。

9.2.2 行政管理思想的转变

基于"互联网+"的 OA 系统以工作流管理协同办公系统为核心，其基本功能随着用户需求的变化而改变。

1. 供应链数据化管理

供应链数据化管理是指在行政管理的具体过程中，通过对信息数据技术与信息数据资源的充分利用，提升供应链管理的有效性。作为供应链管理的重要信息技术平台，OA 系统在供应链管理过程中发挥着重要作用。通过 OA 系统数据分析功能可以实现日常管理规范化、事务处理自动化以及决策科学化。通过对海量数据的收集、分析和挖掘，发现供应链企业活动之间所蕴藏的相关关系，并以此为依据组织执行相应的决策。大数据作为供应链数据化管理的实施载体，依据对数据的整合分析、模型计算和演化推理来实现对供应链管理与决策的全面优化，有助于提升供应链管理效能。

OA 系统拥有数据挖掘和分析功能，包含收集与储存数据、关联和量化分析数据、转化为信息和知识应用的功能，甚至可以提出相关工作方案。数据挖掘和分析是对现有获取数据的隐含信息的进一步揭示，相对于供应链大数据挖掘而言，主要包含以下三方面的挑战。

（1）供应链企业在产品治理、产品研究、行政管理、员工活动等过程中产生了海量数据的收集与存储。这些数据来源于物联网、移动设备、企业信息系统等，大多是不同结构的数据。在数据收集与存储过程中，需要将其与历史数据进行对比分析，以保证数据的科学性、准确性和可比性。

（2）需要对数据处理分析，将其转化为有效信息。由于数据多元异构，使得数据极为复杂，需要从海量的、不确定的、动态化的数据中找到相关关系，并找出这种关系中隐藏的信息。

（3）需要将数据关系结果可视化呈现，将碎片化信息转化为结构化知识。所谓知识发现，即从各种海量信息中，根据不同的需求获取并提炼出有意义的、简洁的知识。企业需要将知识发现的过程嵌入 OA 系统中，以帮助企业领导层进行推理和决策。

2. 供应链知识自动化处理

知识自动化处理体现了 OA 系统的智能化服务水平。OA 系统以信息交流和信息管理为目标，是实现知识自动化的最佳平台。通过知识自动化处理后的信息可以使企业各部门之间、企业与企业之间进行高效的知识共享，在信息标准化和规范化的基础上，提高不同层次、不同部门的信息系统之间对于信息和信息产品的交流水平与共用程度。简而言之，通过知识自动化处理可以将信息资源通过特定的手段和媒介与他人进行分享，以使资源配置更加合理，在节约社会成本的同时，创造更多的社会财富。

大数据时代，克服技术难关、打破信息孤岛、实现供应链部门之间信息和知识共享并提升知识自动化处理能力将是新一代 OA 系统的重点关注内容。因此，要以 OA 系统为依托，专门设立公共信息服务模块，囊括供应链各部门的各类规章制度、办事指南、重要通知，以及上下游单位网站主页、办公电话。具有知识自动化处理功能的供应链 OA 系统的信息共享工作模式将使行政与公共信息服务互相融合，形成完整闭环。

3. OA 系统安全性管理

与传统人工管理的办公系统相比，OA 系统在带来便捷高效的行政管理的同时也面临着系统安全风险。OA 系统安全性问题中最常见的是数据安全、身份认证安全和系统服务器与网络安全。数据安全包括数据损坏、数据丢失、数据泄露等。在 OA 系统中，如果程序中存在漏洞，服务器被非法入侵，攻击者获取了服务器的超级用户权限，使整个系统处于完全暴露状态，那么极有可能导致重要数据的丢失和泄露，后果不堪设想。因此，OA 系统应有针对性地采取安全措施，以切实保障数据和系统的安全。

首先，要加强对系统操作人员的安全教育。通过举办网络安全知识讲座，对系统操作人员的安全知识和操作技能进行讲解和指导，让系统操作人员提高思想认识和网络安全意识。其次，要加强安全管理。需要对不同的操作人员进行权限控制，防止操作人员权限过高，有效避免数据泄露。最后，管理员需要定期进行系统维护。例如检查访问记录、排除系统故障、进行系统补丁升级、更新杀毒软件等。

9.2.3　行政管理方式的变革

OA 系统是在"互联网+"背景下，企业构建新型供应链管理执行体系、提高企业行政管理水平的必然选择。企业应从整体视角制定信息化发展战略，借助 OA 系统积极构建企业管理信息中枢，实现管理信息服务职能整体水平的提升，促进企业的科学发展。企业行政管理方式的变革主要体现在以下三个方面。

1. 便捷高效的移动办公

在"互联网+"时代，社会正向信息化快速迈进，企业信息化也随之高速发展。特别是 5G 时代的到来，使得移动办公 OA 系统成为大势所趋。移动办公 OA 系统（以下简称移动 OA）是利用手机、平板电脑等移动终端，将现代化办公设备与移动互联网相结合的一种网络化办公方式，可以实现信息快速传递、交流和共享，提高办公效率。

（1）实现工作流程的便捷高效运转。通过移动OA，可以实现工作流程实时跟踪、文件实时批阅，快速解决不同部门的需求，并将各环节处理流程透明化，能在使用过程中及时发现问题并对其进行改进，从而提高办公效率。

（2）实现管理资源的大量节约。通过移动OA进行数字化信息统一管理，实现各部门信息、资源有效互通及远程调用，精简了办公流程，避免了管理资源浪费，节约了办公成本。

（3）实现办公业务的跨区域管理。基于手机、平板电脑、笔记本电脑等移动终端的OA系统最大的优势是实现了办公业务的跨区域管理及远程办公，促进了信息共享，进而优化了办公流程。员工可以随时随地进行移动办公，不受工作场所的限制。例如，在出差的汽车上、宾馆里，在散步的马路上、公园里，只要有移动终端就可以处理办公业务，彻底打破了传统管理的时空限制。

2. 信息共享以降低成本

在信息经济时代，信息的价值无限扩大。企业应全力推动OA系统信息共享，从而提高信息基础设施的投资收益，提高有限资源的配置效率。

（1）通过信息共享合理整合内部信息资源。以信息共享需求为牵引，通过建立高效、可靠、安全的信息基础设施，收集、存储各项业务的基础数据，扩大数据规模并提高质量，逐步将企业各个业务系统纳入企业业务数据集成平台，以实现企业信息资源的交流与共享，打破信息壁垒，提高信息资源的利用效率。

（2）通过规范化消除数据信息差异。基于网络的OA系统常常通过建立适应整个企业信息需求的信息数据中心，赋予各职能部门处理权限来达到信息整合的目的。在对不同职能部门的档案进行归集、传输的过程中，即将不同类型的数据进行信息差异化消除。此外，综合整个企业的信息数据特点，OA系统建立了高效信息处理的原则、标准和规范，从而实现企业信息的高度共享和各种信息处理系统之间的无缝连接，消除了各部门数据信息的差异，有效降低由于二义性或信息不完整、不对称等造成的额外管理成本。

（3）跨平台信息集成系统实现协同办公。OA系统通过多数据库连接口将其他应用系统也集成于该系统中，并利用定制程序进行访问，以实现部门同步性管理和协同办公，有效降低沟通成本。

3. 高效协同的流程管理

OA系统在企业管理增效方面有着其他管理方式无可比拟的重要作用。如在OA系统中，请示、汇报等都需要严格按照流程操作。采用OA系统可以提高行政管理的自动化程度，便于实时监控各个部门的办公情况，提高各部门之间的协作性，优化工作流程。

（1）提升信息处理能力。随着信息化建设和发展进程的不断推进，企业需要通过OA系统建立公共性的网络平台。在该平台上发布信息，可以提高信息的流转速度，促进各部门之间信息网络的形成，有助于提升企业的信息处理能力和效率。

（2）打破企业内部壁垒。利用OA系统进行企业管理，可以促进信息整合，实现企业内部协同办公管理，使办公流程规范化、标准化。通过建立标准、科学的协同办公管理模式，各部门之间会形成畅通的沟通通路，打破企业内部壁垒。

（3）流程与管理有机结合。企业行政管理可以粗略地分为事务型办公和项目型办公。利用协同OA系统促进各种信息之间的整合，将企业的流程和管理真正结合起来，对优化资源配置有重要意义。

9.3 实践引领：美的用数字化重塑制造与生活[⊖]

美的历经风雨 50 余载，奠定了坚实的现代工业基础，曾连续 3 年荣膺世界 500 强企业。以"联动人与万物，启迪美的世界"作为使命，在智能制造背景下，美的加快了数字化转型的步伐。工业互联网成为美的推动中国制造业转型升级、践行"科技尽善，生活尽美"愿景的新途径。

1. 美的的大规模定制

在电商平台出现之前，家电产品定制对于人们来说是不可想象的。但随着电商平台在家电零售市场上占据的份额越来越大，家电厂商掌握的大数据逐渐为差异化和规模化生产制造提供了基础，C2M 模式在家电圈渐渐兴起。

在工业 4.0 战略下，美的开始推动智能制造。2018 年，美的旗下的小天鹅已经实现了大规模定制：与京东和天猫等电商平台合作，基于 C2M 模式，由用户需求反向倒推，进行规模化定制。2019 年 10 月，美的空调也开始推进大规模定制化生产，接下来还将推进全系列产品的大规模定制生产。

美的副总裁兼 CIO 张小懿表示，用户可以通过线上、线下渠道下订单，也可以进行 C2M 定制。用户在前装店可定制全屋家电，可选择不同颜色、形态的产品，一键下单。这种以用户需求推动的大规模定制模式将会成为美的新一轮的增长支点。

2. 美云销：看得到的效率提升

美云销 App 是美的基于渠道协同系统（CCS2.0）开发的，用于分销商与代理商之间进、销、存及账务管理的商城化移动平台，是美的效率提升

⊖ 本案例根据以下资料编写：陈晨.8 年投入过百亿，美的用数字化重塑制造与生活 [EB/OL]. （2019-07-26）[2019-09-11].http://www.kejixun.com/article/190726/468810.shtml.

的重要推手。美云销 App 可以随时跟踪顾客信息，致力于全面打通事业部到代理商再到分销商的信息流，实现渠道管理下沉的同时满足分销商个性化产品定制需求。简单地说，通过美云销系统订货更加透明、及时、公正，包括生产、财务在内的所有流程及定制过程都一清二楚。

美的通过"T+3"业务模式变革，坚定地推动全价值链精益管理，以销定产，快速分销，持续改善现金流水平。营销渠道方面，美的通过持续优化并拓展渠道协同系统、美云销系统和终端管理系统，聚焦县乡零售商直供、KA/TOP 直供、家装店直供、电商平台直供等，助力"T+3"业务模式变革。

美的在全渠道库存透明化和实物协同的基础上，打通协同仓信息流，建立全渠道库存共享及消化规则，实现了系统自动调节渠道库存水平，进而提高了存货周转率。

3. 精细化管理提升软实力

如果说核心技术和高性能产品是美的的"硬实力"的话，那么遍布全国的销售、服务网络和专业的售后服务体系则是美的的"软实力"。有了定制需求的"准"和供应链的"快"，那么管理精细化就是提升软实力的关键。

管理精细化主要体现在美的生产上的去人工化和服务上的强人性化。比如，美的在空调注塑环节已实现无人化，库卡机器人把压好的塑料件钳出来，放到自动传送带上，再输出到塑料件立体库。AGV 无人运输车根据系统指示，把塑料件送至相应库位。美的还将 MES 系统与品质检测设备智能对接，或通过 AI 手段进行检验，使品控做到去人工化。

针对线下服务，推广移动 App"美的通"，改变了过去电话预约后盲目等待的维修服务模式。全国有十万多名工程师负责售后维修，两小时路径可见且收费全透明化，还可以在线实时交流，既贴心又接地气。同时，联通设备智能质检，让工程师携带配件上门，使整个维修过程全部智能化，大大提高了售后服务便利性。

不仅如此，在物流这一对接用户端与制造端的核心环节，美的也将人机共协作为撬动产业链多方共赢的支点。一方面，机器人与自动化技术的融入意味着在大件集成仓储、小件高效分拣、自动装柜、移动AGV等方面，物流仓配能力将有效提高；另一方面，则是实现了从销售到仓储再到送装，包括售后所有业务环节的透明化无缝对接。而在此基础上运用人工智能、大数据与区块链技术，对海量数据进行实时分析，实现订单智能管控并为业务决策提供支持，从而使送货、入库的效率和安全性得到指数级的提升。

第四篇

新职业变革

工业互联网、大数据和人工智能等新一代信息技术的发展把人类带入互联网时代和智能时代,这是不可逆转的发展趋势。同时,也给人类社会带来新的职业变革。人类社会从农业经济步入工业经济,再到现在的数字经济,伴随着的是职业的发展和变革。因此,本篇第 10 章和第 11 章将分别阐述工业互联网发展背景下新职业挑战和人才需求以及新技术伦理与职业道德。

INDUSTRIAL INTERNET

第 10 章

新兴职业和人才需求

工业互联网给人类社会带来了多方面的重大变革，同样对新时代职业需求和人力资源结构产生了重大影响。特别是智能时代的来临，无人驾驶汽车、无人机、无人智能工厂等纷纷出现，很多职业将被机器人、计算机等所取代，给工业从业人员带来前所未有的巨大冲击。无论是像培训机构这样的人力资源输出部门，还是要在工业领域度过较长职业生涯的从业人员，都应该勇敢面对工业互联网时代新职业的挑战，积极应对并做出改变，在危机中发现机遇，尽快把握时代的发展脉搏。

10.1 新职业挑战

10.1.1 工业革命下的职业教育思维变革

1. 工业革命的概念

工业革命也被人们称作产业革命。社会变革派别认为工业革命是人们之间交易方式的根本性变化。工业组织派别认为工业革命改变了工厂的规模和结构。技术变革派别认为工业革命是一个技术不断革新的过程。宏观经济学派采用经济周期视角对工业革命整个过程进行细致的考察。

工业革命是科技变革的结果。一方面，无论是从重大科学发现和技术演进趋势来看，还是从人类共同面临的可持续发展需求来看，新工业革命的爆发将更加依赖于多重技术的交叉融合。另一方面，从第二次工业革命爆发到现在，人们还未能在最可能出现新工业革命的几大科技领域中找出领域之间的相关性和全局性。要想使科技突破和应用发明能够达到对人类社会生产生活产生深刻、持续影响的水平，还需要人们慢慢摸索。此外，孕育发展中的新工业革命将有可能从根本上改变技术路径、产品形态、产业模式，推动产业生态和经济格局的重大深刻调整。相比历次工业革命，新工业革命对制度的要求也将更为苛刻，更可能发生在具备良好制度条件的国家和地区。

工业革命的爆发本质上源于社会不断升级的需求，直接受制于科技变革的成果转化率。一方面庞大的市场规模直接刺激着基础科学的发展；另一方面市场无限膨胀势必造成制造业瓶颈和市场困局的产生，从而间接促进基础科学的发展，颠覆、重塑现有的产业生态。迄今为止，公认的工业革命已经发生了三次，人类社会也随之经历了蒸汽时代、电气时代、信息时代。现在，正在萌发第四次工业革命，即基于5G技术的无线通信、大数据、工业互联网应用等引发的以人工智能、量子信息及清洁能源为技术突破方向的新一轮产业变革。

综上，工业革命可以理解为基础科学与技术的重大突破，是以新的科学技术为基础，将新技术广泛应用于人类的生产生活，促进现有的产业结构、体系以及生产方式发生变革，继而促使经济、社会、伦理等各方面出现崭新面貌的一场多领域的全面变革。

2. 工业革命的起因

纵观几次工业革命的成因，无一不是以重大科学发现和技术发明为基础和先导，都是由科技变革引发和推动的。当新科技应用于社会生产活动，即新技术不再只是实验室的样品，而是转化为市场上可销售的产品，新的生产方式和新的产业部门也随之出现，进而导致产业间分工和劳动分工的进一步细化或发生改变，新一轮工业革命由此展开。工业革命的推动力有很多，合理的社会运行机制、良好的经济发展条件、人类精神文明需求以及绿色工业文明是其中的重要因素。

科技变革与工业革命有直接的因果联系，但科技变革只有在合理的社会运行机制与良好的经济发展条件下才能引发工业革命。在全球向信息时代迈进的趋势下，各个国家都应当依据实际国情，利用新科技进行产业层面的变革。中国人民大学教授黄顺基曾指出，由于我国还处在社会主义初级阶段，我国的现代化建设不能一步登天，既不能绕过工业化直接迈入信息化，也不能像西方国家那样先工业化后信息化，而应该是工业化和信息化同时进行。科技变革是工业革命的直接动力，但并非任何科技变革都一定会引发工业革命。例如，哥白尼的天文学革命就没有引发工业革命。因此，需要与国家发展的实际情况相结合，合理引导工业革命下的产业变革。

除科技变革外，人类日益增长的精神文明需求与开拓高级绿色工业文明的需要也是新一轮工业革命的重要推动力。经历了20世纪的黑色工业文明，我国的环境问题愈发严重。人们开始意识到，如果环境问题得不到解决，将会威胁到人类的生产生活，环境问题已经迫在眉睫并且其治理具有相当大的难度。党的十七大报告指出，"前进中还面临不少困难和问题，突出的是：经济增长的资源环境代价过大。"正因如此，我国将节能减排作为调整经济结构，实现社会经济又好又快发展的战略突破口。而工业革命正好是解决当前我国环境问题的良方。另外，新能源、信息技术、生命科学等前沿科技领域正处于革命性突破的酝酿期，必然会引发相应领域的产业变革。

21世纪，科学技术发展迅猛，随着人类物质生活的极大丰富，精神文明需求愈发成为引领新工业革命下产业变革的重要驱动力。产业变革更多地表现为人类认识自然、适应自然以实现永续发展的迫切需要。例如，在21世纪发展潜力巨大的生命科学将成为解决生态系统恶化、开拓绿色工业文明的直接手段。

3. 新工业革命的特征

重大科技应用的出现是工业革命发生的前提和基础，科技变革的爆发是工业革命的重要标志。当前，新材料科技、生物科技、新能源科技、信息科技、环保科技、纳米科技、太空科技等众多领域都在进行重大创新，并且接连实现了产业化转变。各种科技层出不穷地涌现在人们眼前，形成了当代科技变革的新高潮。

工业革命使人类社会和人们的生产生活发生根本性的变化。反观工业革命的变迁历程，每一轮工业革命都会出现与以往工业革命不同的新特征。工业革命下新兴技术的持续发展促进了经济的快速发展。从20世纪80年代计算机开始初步应用，到21世纪初互联网迅速蔓延，技术的革新改变了全球生产模式，极大地促进了生产效率的提高。如今，以新能源、智能制造、信息网络和新材料为代表的新一轮技术革新正在如火如荼地开展着，将对全球的产业发展产生日益深刻的影响。

第一次工业革命是以蒸汽机为代表的动力科技革命。出现了以蒸汽机作为动力的火车、轮船、纺织机等机器设备，替代了人力和畜力，带动了机械工业、钢铁工业、煤炭工业等一系列产业部门的发展。

第二次工业革命是以电力和内燃机为代表的动力科技革命。出现了发电机、电动机、汽车等效率更高的动力机械，进一步带动了机械工业、冶金工业、石油化工等产业部门的发展。

第三次工业革命是以计算机和数字通信技术为代表的信息科技革命。出现了计算机、集成电路、手机、互联网等信息处理产品和技术，推动了数字技术创新和数字经济的发展，带动了精密机械、半导体、软件等一系列产业部门的发展，并导致技术复杂程度呈指数级增长。

第四次工业革命是以信息网络、智能制造、新能源和新材料为代表的新一轮技术创新浪潮，是以人工智能和机器人技术为代表的智能科技革命，涉及智能制造、智慧医疗、智慧教育等更广泛的领域，并对社会生产、生活方式造成革命性冲击。智能制造可以大幅提高劳动生产率、降低总产业投资中的劳动比例。从工业发达国家的先进经验中，我们可以看出，通过发展工业机器人、高端数控机床、灵活制造系统等现代装备，可以控制产业发展的最高点，从而改变传统产业，提高生产效率，使实体经济的重建成为可能。新工业革命改变了劳动力结构。直接从事体力劳动的蓝领工人比例将大幅度下降，而研发、设计、管理等负责信息处理的知识工作者和第三产业工作者比例不断上升。知识型员工的比例大幅度增加，意味着劳动者的知识技能结构也将发生重大变化。新工业革命意味着知识经济和服务经济时代的到来。发展知识经济和服务经济不是要弱化制造业，而是更多地发挥信息和知识资源的作用，使生产制造和流通更有效率。

因此，新工业革命的总体特征是智能化和创新化，体现在生产工具优化、生产流程精细化、生产效率提高、劳动力技能增强以及劳动结构配比合理化，新工业革命带来的是全行业的共同发展和进步。

4. 职业与工业革命相协调的必要性

面对新一轮工业革命，美国对智能制造寄予厚望，希望通过智能制造实现制造业的回归，进而提高美国制造业的竞争力和就业率。2012年4月，发表在英国《经济学人》期刊上的《第三次工业革命：制造业与创新》描述了因技术革新引起的制造业的深刻变化。其中，第三次工业革命的关键技术变成了数字与智能相结合的制造技术。一些国家和学者把普遍认为的第四次工业革命划分为第三次工业革命，这只是观点上的不同，而本质特征是一样的。

新一轮工业革命即将到来，对我国制造业的发展是一种挑战：智能制造的发展将弱化我国的劳动力优势，而主导智能制造的国家将重获竞争优势。同时，新工业革命也是我国从制造大国转变为制造强国的有利机会：信息技术、新材料、新能源以及生物工程等新生科学技术是新一轮工业革命的核心科技。其中，新一代信息技术对整个制造业和社会的影响和渗透远远超过其他新科技。新一代信息技术可以为我国制造业提供有利于创新的环境，为我国制造业人才培养提供新的机遇。

在技术革新主导的新工业革命时代，如果发展中国家能抓住机会，凭借更快的速度建立起新的技术体系，就有可能实现跨跃式的进步，甚至有机会颠覆先行者的制度和技术的领先地位。所以，建立适应新工业革命的职业思维，并将其应用于新工业革命中进行制造业人才培养，将有利于实现我国在新工业革命到来之际实现弯道超车或换道超车的制造强国战略目标。

5. 工业革命与劳动力职业属性的变化

第一次工业革命，手工劳动被取代，社会生产进入以大机器、专业化生产为特征的机械生产时代。在基层工程师的推动下催生了近代工业标准化，进而推动了规模化生产，劳动力职业属性也随之从依靠经验转变为按照科学管理并按照规范操作。

第二次工业革命，电力技术驱动再一次给全球工业发展带来颠覆性变革。电气化技术的普遍应用使自动生产线成为车间的主要物质流动方式，促进了工业生产效率的大幅提升，有效推动了规模化生产模式的发展。同时，大量员工从繁重的体力劳动中解放出来，操作设备、在生产线上作业成为一线员工的主要工作。当然，半自动化工业状况下还存在大量的人工操作。

第三次工业革命，现代制造技术体系中最基础的是信息技术。信息技术的快速更新使得信息存储、传输和处理的成本呈指数级下降，这使得信息技术获得了广泛应用并催生了一大批新型企业。完全自动化、部分信息化深刻改变了产品的生产方式和人们的消费方式，数字化设计与管理、自动化生产、分散网络化制造等成为主要生产模式。信息化时代对各级劳动者需掌握的信息技术提出了新的要求，复合型人才成为企业的普遍需求。工厂里的员工无论是做设计、管理，还是从事加工，都要在设备管理软件系统上、数控机床的嵌入式控制系统中进行。使用自动化设备、控制生产线成为一线员工的主要工作，当然，质检、装配等环节还是靠大量的人工操作进行。发达国家将很多劳动密集型产业转移到了具备劳动力优势的发展中国家。

第四次工业革命，以物联网、大数据、机器人及人工智能等技术为驱动力，正以前所未有的态势席卷全球。物理世界的数据化、信息化、高通量化发展将彻底改变人类的生产生活方式。信息技术推进制造过程的智能化和制造系统的一体化，促使制造方式发生根本性变革。大规模定制成为新的生产方式，扁平化、分散化和平台化趋势将导致生产组织方式发生重大变革，产业链的垂直整合和协同发展不断推进，产业边界和地理边界日趋模糊，它们将共同催生新的价值网络体系。智能产品不仅可以替代人的体力劳动，还将替代人的脑力劳动，使人和机器之间的关系发生了重大变化，生产力将得到极大解放。人机物协同工作的新方式要求劳动者的知识结构和劳动能力不能与机器人重叠，否则将被机器人取代。管理人员的价值在于创新性思维、综合判断与预测能力、管理和控制生产能力等，他们的主要任务是处理复杂、非确定性因素引起的生产问题。大量的有固定程序的人工工作都被机器人、智能设备及系统所代替。

从工业革命的发展进程中不难发现，随着机器的出现、电力技术的发明、信息技术的应用以及大数据和人工智能的实施，生产的规模开始扩大且生产逐渐精细化和个性化。技术不断革新，从满足人们的基本物质需求上升到满足个性化需求。与此同时，劳动力职业属性也跟着不断变化。

6. 职业教育思维变革

（1）第一次工业革命中的职业教育思维。早在第一次工业革命之前，就出现了小规模的学徒式职业教育。这种职业教育仍然是以学徒制为主要模式，师傅对徒弟传授的是单纯的实践经验或技艺。由于基础条件差，许多职业教育仍然是由私人或民间教育组织举办。第一次工业革命之后，出现了新的学校式教学模式。该模式主要是在班级中进行集中授课，讲授的知识主要是技术相关的科学理论，具有高度抽象性和普遍性以及"去情境化"特性。因此，需要采用符号传授方式来进行课堂教学。大规模的学校教育为工厂输送了大量的受过专业培训的劳动力，加快了规模化生产的进程。第一次工业革命之前的职业教育具有非理性化和非系统化的特征。之后职业教育走上正规道路，传授的知识更加科学合理，具有理性化与系统化的特征。

（2）第二次工业革命中的职业教育思维。新工业技术催生出了大批工厂。这些工厂开始采用流水线的集中生产方式，工人统一在一个生产车间中进行相同且标准的生产动作。规模化的分块生产需要大规模的工人，并且需要把工人集中在广大的城市区域之中。例如，钢铁企业、石油化工企业就有更大量的工人需求。通过资本的积累，企业实行技术革新，提高了生产机械化的程度。生产机械化的生产方式用机器代替了工人，导致普通工人失业，并且同样威胁到了熟练工人的地位。由于机械操作不需要像往常那样对工人进行多次培训或经验传授，所以熟练工人的责任变成了机械重复的特定动作。因此，高工资的熟练工人可能会被低工资的熟练工人所替代。由于机器能够代替工人进行枯燥的重复性生产动作，普通的单纯依靠体力劳动的工人将会面临失业的风险，具有更高技能的工人则更受到企业的青睐。职业学校依据企业的需求与用人偏好，从原本简单的组装动作培训转变为教授科学的管理理论与中高级的技术知识。

（3）第三次工业革命中的职业教育思维。规模化生产转变为大规模定制。生产思路转变为在生产过程中提高制造工序中产品内部结构的标准化程度，增加客户可感知的产品外部结构的多样性。运用标准化以及模块化的方法，对零部件规格进行统一，使原有的产品批量生产变成了产品零部件的批量生产，再辅之以多样化的外部构造，使个性化定制成本大大降低。在第三次工业革命中，由于一些产品的生产依赖于人工的精巧操作，机器人无法完成，因此需要将生产任务转包给拥有廉价劳动力的国家。除此类工作之外，机器人将承担并完成大部分生产任务。因此，从事制造的劳动者数量大幅缩减，其余的劳动者则需要转变成为机器管理者或软件设计师，使用智能软件控制机器人完成生产任务。在这种生产模式下，劳动者需要具备较高的知识水平并掌握相关技能。另外，为迅速响应客户需求，劳动者要有高水平的创造力和设计力。因此，知识型人才成为企业的重要竞争资源。高水平知识人才的需求催生了许多重视专业人才培养和注重实践技能训练的高级职业学校，部分学校还要求学生毕业前必须考取丙级资质证书。除了技术操作人才之外，理论知识人才更是不可或缺的。因此，许多本科院校的人才教育也开始不断向企业需求看齐，以培养出了解市场的理论知识人才。

（4）第四次工业革命中的职业教育思维。在未来的智能化工厂中，生产是定制化的规模生产。智能设备收集产品信息并利用大数据分析规划生产流程，机器人实时监控生产过程并按流程自动完成生产作业。数字化制造技术使工业生产向少量、多样转变。由于机器代替了人工进行生产制造，未来工厂的员工岗位设置将主要围绕生产流程的规划、协调、评估等工作，工厂对员工的需求也由以前的生产制造变成了服务制造。根据对市场的预测，智能制造对高技能人才的需求主要包括以下几点。

综合专业知识技能与信息综合利用能力。员工要掌握综合专业知识技能。智能制造涉及市场、设计、生产、信息处理等各个方面，员工不仅需要专业的实操技能，还需要掌握多种专业知识，以应对未来可能发生的各类突发状况。另外，智能制造要求员工除了有综合专业知识技能，还要具备信息综合利用能力。

专业软件知识技能与管理协调能力。基于工业互联网的机器人智能化生产需要在软件支持下实现，而且机器人智能化生产的实施离不开互联网技术，这些都要求员工具备专业的软件知识技能，并且只有这样，才能在智能化生产过程中出现问题时迅速找到问题的关键点，并尽快修复。高技能人才具有专业软件知识技能，能够进行软件的管理与编辑，能够将各类工厂数据转换成机器语言，进而转换成各项生产指令。智能制造让员工从以往的生产制造转变为服务制造，因此，员工需要具有管理协调能力，能够规划生产流程、协调机器作业、评估生产价值、应对突发状况等。

自主学习能力与跨界合作能力。麦可思研究院关于中国就业的报告显示，越来越多的劳动者在三年内跳槽，他们或是换工作，或是换岗位，或是换行业。这要求劳动者根据工作的需要随时随地进行再学习。自主学习能力和跨界合作能力的培养显得尤为重要，这样劳动者才能拥有选择的能力，不会再因为某个工种的消失而导致失业。在工业互联网时代，大多数人不会只从事某一狭窄专业领域的工作，未来的工作是多个专业交织在一起的，专业之间不再有明确的界限，行业之间也不再"隔行如隔山"。

持续创新和协同创新的能力。创新型人才仅靠学校的培养是不够的，更重要的是要在企业中锻炼成长，意味着员工要有很高的创新和协同创新的积极性。创新需要条件和环境。企业要集聚资源支持员工的创新和协同创新，并要确保创新环境的透明性和公平性。创新需要知识共享。企业要营造知识共享的氛围，鼓励员工互帮互助，让员工自愿进行知识共享。新一轮工业革命具有跨界融合的特点，创新型人才应主动适应环境的要求，积极培养跨界创新的能力，使创新成果更贴近市场需求。

智能、专业、高效的服务能力。高端服务行业是现代金融行业、现代中介服务行业、现代信息服务行业和现代服务外包行业的重要保障。智能制造需要通过众多高端服务行业人才来提供智能、专业和高效的服务。作为智能制造的支持行业人员，达到高端服务行业的人才标准，对于增强行业优势、优化行业结构有重要意义。

10.1.2　新文化下职业的"危"与"机"

1. 工业互联网下的新文化

2011年，美国通用电气公司总裁伊梅特[一]在一次演讲中阐述了工业互联网的概念：工业互联网是人们连接数据和机器的开放的全球网络。工业互联网是全球工业体系、先进计算机、分析传感技术和互联网的高度整合。它将重新定义全球产业，最终将智能机器与人类相连接。工业互联网将软件和大数据分析相结合，使生产更快捷、更安全、更干净、更经济。现在，

[一] 伊梅特已于2017年卸任通用电气公司总裁。

全球制造模式正在发生深刻的变化。新一轮技术和产业变革加快了中国经济发展模式的变革。我们要积极应对并充分把握工业互联网给全球制造业带来的挑战和机遇，推动中国制造业实现历史性飞跃。工业互联网不仅引发了技术问题，还带来了各方面的管理变革和思想变革，从而衍生出了工业互联网背景下的新文化。

（1）整合共生文化的兴起。工业互联网平台上数千个组织、单元汇集在一起共享资源，它们相互吸引、相互补充，形成集体智慧和兴趣社区，平台因此繁荣，个人利益也因此得以实现，整合共生是工业互联网平台的长久发展之道。平台上的组织和个体在保持独立性的同时，分享共同的愿景、价值观和行为准则，共同打造"互信""开放""利他""共生"的平台文化。

（2）大力提倡对员工赋能。工业互联网使人的创新性和创造性得到了前所未有的释放，因此，管理变革将逐渐由对员工的管控转变为对员工赋能。构建工业互联网平台不单是为了实现设备互联，其本质是以人为本，实现人的价值。要切实营造"尊重知识""尊重人才"的环境，赋予技术人才话语权和决策权，以此激发员工工作热情和创新活力，培育创新文化。

（3）推行组织无边界。互联网背景下，组织所追求的是一种强连接。组织内部是外向的、区域化的组织形态，外部表现为相互关联的价值共同体，企业内部之间、企业和客户以及利益相关者之间持续进行多向的互动。工业互联网背景下，企业应将自身视为一个开放的系统，既要遵循制造业本身的运行规律，又要充分发挥"互联网+"的优势——开放、共享、包容、灵活和创新，突破传统的认知框架，打破技术、组织与行业的边界，为客户带来极致的服务体验。

（4）敢于承担创新风险。工业互联网时代，组织的扁平化管理使领导层平民化和基层化。新一代基层化领导者更愿意承担创新风险，并为此塑造鼓励创新、风险容忍和承担程度较高的组织文化。

（5）创建自驱动企业文化。在互联网时代，企业中有大量有个性、有活力、有知识、有思想的年轻员工，因而，企业文化的作用日益凸显。当今，企业更要注重创建自驱动的企业文化，提升企业的自组织、自我纠错和自我更新能力。彼得·圣吉在《第五项修炼》中提出了学习型组织的概念，即具有持续学习、适应和改变能力的组织。工业互联网下的组织需要持续不断地进行知识获取和共享，开展内外部充分协作，实现协同性的演进与革新。例如，用友打造了用友云平台——用友精智。用友在云计算市场通过发布全新产品和服务形态，定位于数字企业智能服务，提供数字化商业应用基础设施，打造企业服务行业的共享平台。另外，在支持中国乃至全球企业数字化转型与智能化发展方面，用友也取得了不错的成绩。用友云平台作为综合型、融合化和生态式的平台，一直致力于打造"互利""协同"的平台文化，并积极携手生态伙伴，为客户提供多样化的服务，努力创建生态繁荣、产业兴盛的自我驱动文化。

2. 工业互联网对职业的影响

工业互联网实现了工业与互联网的高度融合。大数据分析技术、泛在感知技术、高级计算技术的表现尤为突出，对生产方式和生产效率都带来了显著的改变，整个生产过程将变得更为智能化、协同化和数字化。许多职业，特别是工业相关的职业，也因此产生了许多显著或潜在的改变。工业互联网对职业的影响主要体现在以下几个方面。

（1）对工厂基层职业的影响。步入工业互联网时代，智能化的机床、机械流水装配线等数控设备将会得到更加广泛的应用。虽然自动化的发展早已淘汰了很大一部分手工装配从业人员，但考虑到相对低廉的人工成本，仍有许多工厂依旧使用人力进行装配。但在未来，工业互联网使机器与互联网高度融合，生产的精度越来越高，定制化生产成为新趋势，生产规模将逐渐缩小，这些都使得基层装配人员的生存空间被逐渐压缩。

（2）对工业管理岗位的影响。工业互联网将数据、机器和客户紧密联结在一起，生产的效率和精度将会有大幅提升，这将会对工业管理岗位产生不可避免的影响。例如，车间主任的职责是按照企业制订好的计划组织、安排生产，确保完成本车间的生产任务。但在工业互联网背景下，车间生产也会发生显著的改变：生产节奏更快、生产精度更高、生产更具科技化和数字化特征。这对诸如车间主任这类管理者的素质必然会提出更高的要求。然而在现阶段，车间主任大都是适应了传统生产模式的经验丰富的"老人"，对于新的生产模式可能并不适应。固化的思维模式在智能化和自动化的冲击下不再适用，如果不能快速适应新的节奏，那么生产车间的秩序将难以维持。

（3）对求职者的影响。进入工业互联网时代，工业互联网作为新一代信息技术与制造业深度融合的产物，必然对数据分析、信息采集、自动化、数字可视化和网络信息技术等有着更高的要求。在这样的时代背景下，许多职位都被赋予了新的含义。例如，工人可能不再是简单的体力付出者，在面对复杂精密的仪器时，脑力劳动也是必不可少的。对求职者来说，成为一个多面手可能是更好的选择。当然，这对求职者的学习能力等各方面素质的要求都将提高到一个新层次。

3. 工业互联网给职业带来的挑战

工业互联网时代的到来代表着工业向全新的方向的发展与飞跃，由此带来了一系列对职业和人才的挑战，具体体现在以下几个方面。

（1）失业的增加。伴随着工业互联网的发展，许多职业将面临被淘汰的风险，如装配工人、工厂监督员等基层劳动者。工业互联网实现了机械、控制系统、信息系统、产品、用户之间的网络连接。在此基础上，通过对工业数据进行全面、深刻的分析，实现了生产方式的转变。过去，传统企业将大量人工投入车间生产各种产品，从原料筛选到包装出货，每个环节都需要投入大量的人工，不但生产效率不高，企业每年还需要承担大笔的人工成本。如今，高度的自动化和智能化背景下，生产效率可以借助机器实现大幅提升，然而，不可避免地会导致大批基层人员的失业。

（2）对人才的要求更高。工业互联网对人才的要求更加严格，特别是技术人才。工业互联网对技术研发人员知识技能的要求更多元、程度更高。不仅需要工业、计算机等多方面的专业知识，而且需要技术经验积累，包括数据建模等理论化较高的能力，要能对机器设备和业务系统产生的工业大数据进行建模分析，并将数据转化为输出。总之，工业互联网对人才的IT技术、工业专业技术的集成能力提出了挑战。

（3）对高效率无所适从。在新一代通信技术的发展下，工业互联网实现了数据流的加速流动，使信息交互更加快速和便捷。同时，与已经成熟的自动化技术相结合，使生产效率大大提高，生产周期大大缩短，由此给工业管理人员带来高效率的挑战，传统管理思维的员工将对互联网时代的高效率管理无所适从。

（4）对焦点转移的不适应。在消费互联网时代，互联网以个人娱乐和消费为中心，企业可以在短时间内迅速引人注目。在工业互联网时代，对于制造业和工业的关注度不断提高，未来产业互联网将成为时代发展的潮流，而工业互联网无疑会吸引更多的关注。对许多人来说，浪潮向工业互联网这个较为专精的领域转移，无疑会带来诸多不适应。

（5）职业被赋予更加复杂的新内涵。工业互联网时代，成为多面手是大势所趋，因为原有的一些职业也被赋予了新的内涵。比如，采购经理以往只负责原料的采购。但是进入工业互联网时代后，采购经理需要清楚地了解实时数据，并从数据流中截取需要的信息，以此为基础按需按量、分门别类地采购。与传统的采购经理相比，现在的采购经理需要掌握大数据的相关知识。在工业互联网时代，如果对数据不灵敏，那么就会面临被淘汰的厄运。

4. 工业互联网给职业带来的机遇

（1）学习型组织为终身学习带来可能。制造业与互联网相结合的新型制造方式是未来制造业的发展趋势。工业4.0战略要求将供应、制造、销售等环节的信息数字化和智能化，以实现产品和服务个性化。这就从根本上对劳动者的职业能力提出了更高的要求，同时也是对企业创新与学习能力的考验。终身学习来源于终身教育理念，是指一个人从出生到死亡的整个生命周期的每个阶段都要持续学习，以实现自身生存并促进事业发展。劳动者不断开发自身潜能，通过持续不断的学习获得更多的知识和技能。企业也要培养稳中有变的组织学习文化，有效的组织学习必须构筑有组织的连续学习文化。

（2）复合型互联网技术人才炙手可热。工业互联网以企业为用户群体，通过互联网技术、工业软件、专业信息系统把企业在生产、销售、管理等各个环节的行为全面数字化，再利用物联网、大数据等新一代信息技术将每个环节连接起来，并进行优化。过去的互联网技术人才是指能够进行互联网设计、网络操作、运作和维护的人员。在工业互联网时代，企业对互联网技术人才提出了更高的要求，复合型互联网技术人才成为企业争相抢夺的人才资源。复合型互联网技术人才是指掌握物联网技术、传感器技术、云技术、大数据技术等现代互联网专业技能，同时了解工业研发设计、生产制造、经营管理等全过程运行规律并能够对知识进行显性化、模型化、代码化处理，进而实现价值再创造的全能型人才。

（3）互联网时代员工自主管理的兴起。在互联网技术支持下，员工在学习方式和时间的选择上更加自由和独立。员工自主学习，并对自己负责。员工还可以实现按需学习，根据自己的需要选择合适的课程。面对具有鲜明个性特征的员工，越来越多的互联网企业开始强调授权。通过赋予员工一定的工作自主权和决策参与权，一方面为员工出谋划策提供了良好的环境，另一方面能够增强员工的心理安全感、自我效能感并提高员工的工作积极性，对于提高员工创新积极性有重要的意义。

（4）"人-机知识"的出现。到了智能时代，知识进一步发生变化。其中最大的变化在于知识生产主体，即知识生产由人类生产变成了人机合作生产。人工智能出现以来，智能机器人在很多方面开始取代人脑，对信息和数据进行分析、加工与处理，从而生成某种意义上的"知识"。例如，人工智能可以根据 DNA 序列猜出蛋白质的三级结构，相对于其他方法，大大降低了发现蛋白质三级结构的成本。由于这类"知识"是以参数集的形式存在的，对人类来说无法表述，因而很难在人类之间传播，但机器之间的传播却非常容易。这些"知识"的产生需要人类工程师与智能机器人进行分工合作才能完成。人类工程师负责设计算法、制造智能机器人、用大数据对智能机器人进行训练、在关键节点上进行决策；智能机器人则通过对海量数据的深度学习，获取大量关于事物之间相关性的知识，弥补人类脑力的不足，常常能形成人类意想不到的新发现。我们将人类通过感官和脑力直接获取的知识称为"人类知识"，那么，这种借助人工智能间接获取的知识可称为"人-机知识"。

（5）"机器换人"的生产方式。自从人类发明了第一台纺织机开始，机器换人的生产方式革新就开始了。重大的生产方式变革使得越来越多的人工劳动被机器替代，制造岗位数量因此减少。当然，生产方式变革也带来了新的工作岗位。与其说"机器换人"是用机器取代人工，不如说是通过机器的使用解放了人的双手，使人类投入到更复杂、附加值更高的工作中去。

10.2 新职业特征

从事工业互联网相关工作的人员本身就深受互联网思维的影响，并且互联网公司通常拥有最新的组织理念和管理方法。所以，相对于传统行业，从事工业互联网相关工作的人员有着鲜明的新职业特征。本节从新职业的社会性、规范性、经济性和技术性几个方面对新职业特征进行阐述。

10.2.1 新职业的社会性

基于劳动分工产生了职业的概念，它的实质是劳动者与劳动资料的组合关系，同时也反映了劳动者之间的关系。产品的相互交换反映了不同职业之间的劳动交换。在劳动过程中，形成了人与人之间的联系，这种联系是社会性的，他们之间的劳动交换体现了不同职业之间的等价关系，这反映了职业活动及职业劳动成果的社会性。

可以说大多数新职业都是基于某种需求而产生的。比如，在工业互联网环境下，诸如人工智能工程技术人员、大数据工程技术人员等新职业的产生很大程度上就是为了满足新出现的市场需求。这些新职业一方面是新技术衍生的产物，另一方面则是基于社会和新产业对这些新职业的需求。但是由于新职业形成的时间较为短暂，新职业的培训与发展往往局限于新的产业中。因此，要求转变职业的社会性理念。新职业的社会性主要表现在以下两个方面。

1. 强调人才融合培养理念

在工业互联网背景下，企业在工业人才培养过程中，要将各影响要素进行交叉融合。例如融合新工业革命、科技变革和大学范式，融合工程技术、产业形态、商业模式等。要注重丰富工业人才的多学科知识，提高其多学科能力和素质。融合培养范式首先要求转变工业互联网人才培养理念，需要充分认识培养过程中的各类融合，如"培养方式的融合""过程的融合""人才类型的融合"等。传统人才培养通常独立于社会，而融合培养范式下工业互联网人才培养则强调打破校内外界限，实现与社会的融合、协同培养。

2. 构建人才培养利益相关者平台

融合培养范式要求搭建人才培养利益相关者平台，并明确各方在工业互联网人才培养中的职责。其中，政府在工业互联网人才培养中应当起主导作用，其主要职责包括：提出人才培养长期战略，建立人才培养制度保障，监督人才培养过程，设立人才培养机构，协调人才培养全流程等。政府通过开展上述工作带动高校和企业共同实现工业互联网人才的培养。有了明确的培养目标后，高校就可以组织人才培养所需的各类资源（如教学资源、实验资源、学术资源等），制订科学的人才培养方案（课程体系、教学大纲、质量标准等），实施具体的人才培养过程。企业则根据自身的需求和员工的知识、能力水平开展员工职业再教育、再培训。

10.2.2 新职业的规范性

职业的规范性指的是职业活动必须符合国家法律法规和社会道德规范，符合特定生产技术和技能规范的要求。一方面，它是指从事特定工作或劳动的人的特殊行为规范的总和。另一方面，它是指通过专业活动、专业伦理和意志的训练，使从事特定职业的人达到相应的道德状态。作为特殊的行为规范，职业道德是产业内特殊的道德要求，它是一般社会伦理在职业和产业范围内的具体表现形式。职业道德是从事一项作业活动所必需的道德品质。通常，谈论某人是否有职业道德也就是在说某人是否具有其所从事职业的特殊行为规范的总和。职业规范性一方面是指外部的一种行为规范，另一方面是将这种规范内部化。如果说第一个方面的含义是职业之道的话，那么第二个方面的含义则是职业之德。

随着计算机技术和工业互联网的急速发展，全球通过数字与智能相联结，"关联互动""共享资源"逐渐成为一种趋势。但这种趋势同时也给企业和社会带来了很多问题与烦恼。如，计算机被黑客盗用，互联网软件技术遭到侵权；电子商务中的欺诈行为、信用卡被盗刷；对政治、经济、军事情报以及个人隐私进行间谍窃取等。这些问题的解决除了依赖于计算机技术和互联网技术，还需要充分利用道德的力量。

基于上述理解，可以将职业规范性建设分为两个方面：一是职业操作规范的建设，二是职业道德的建设。新职业规范性要求主要表现在以下两个方面。

1. 尊重和保护知识产权

知识产权是指人们的脑力劳动成果所依法享有的专属权利，通常是国家给予创造者的在一定时期内对其脑力劳动成果享有的专有权利或独占权利。尊重和保护知识产权有助于同盟企业间形成正确的合作氛围，提高产业整体收益和核心竞争力。目前，我国在知识产权文化建设方面还有比较长的路要走。要逐步树立起知识产权战略意识和知识产权主体意识，构建新的专业化标准和相关文化氛围，同时构建起培养独立的知识产权优势的多样化、多渠道的高效的投资系统，确保人们的智力成果得到有效的保护，激励人们进行技术创新、价值创造。

2. 维护信息与网络安全

随着信息技术的发展，计算机技术的应用逐渐普及。信息技术在给人们的生活带来便利的同时，也带来了网络安全问题。例如，2010 年，一名富士康员工泄露了 iPad 2 后部壳体 3D 数据图。2011 年，一名三星电子生活家电部员工在面临合同期满并难以续约的情况下，将公司的技术开发战略等机密文件下载到自己的笔记本电脑里，企图以此获利。因此，维护信息与网络安全至关重要，是新职业规范性建设的重要内容。

10.2.3 新职业的经济性

职业是一种社会劳动组织形式，现代意义上的职业是在劳动力成为商品，即马克思所说的"雇佣劳动"的基础上发展起来的。因此，职业的概念不仅体现了分工，还体现了有偿劳动。不同的职业、不同的岗位、不同的职称职级有不同的工资、薪金、津贴、奖金等货币收入标准。这些收入标准在劳动力市场上与职业的权利和职责联系在一起，供求职者自由选择，并以合同的形式被用人单位和求职者确认，受到法律和劳动管理部门的保护。工资、奖金体现了付出劳动、获得收入的经济关系。职业活动既满足了员工自己的需要，也满足了社会的需要，只有把职业的个人利益与社会效益相结合，职业活动才具有生命力和意义。

工业互联网催生出大批知识型和高技术型员工。他们中的大多数受过高等教育，期望的工资水平一般比较高。同时，新型员工通常更注重自身价值的实现，具有较高的需求水平。因此，他们很难满足于一般的工作任务，更热衷于接受挑战，更注重表现自己的才能，对创造性任务充满热情，追求完美的结果，而且具有非常丰富的个人想法和行动。另外，相比物质激励，成就动机和精神激励更为重要。不仅如此，新型员工也特别注意他人、组织、社会的评价，强烈希望得到社会的认可和尊重。因此，传统的职业经济性在工业互联网新职业中发生了一定的变化：新职业下的员工不再只有经济上的追求，他们希望在得到经济报酬的同时创造更高的个人价值和社会价值。新职业经济性要求主要表现在以下两个方面。

1. 按岗位及贡献付酬体现员工价值

传统薪酬一般是由固定工资、奖金、补贴和福利等构成的，强调薪酬与岗位层级相匹配，薪酬层次多、弹性小。这种薪酬模式中，固定工资占比较大，且固定工资的确定取决于员工的岗位层级，层级越高，固定工资越高。但并不是所有的知识型员工都能晋升到较高层级的岗位，因此造成大部分知识型员工的薪酬水平偏低。往往一些基层的知识型员工为企业做出了较大的贡献，却无法获得相应的报酬，这种付出与回报不匹配的薪酬模式导致知识型员工的薪酬满意度较低。有研究表明，固定工资对员工的激励不会超过三个月，三个月之后员工就会认为这份工资是自己应得的，如果之后企业降低员工工资，那么员工就会产生抱怨。因此，若不能使收入与付出相匹配，就很难激励知识型员工运用其专业技能提升企业业绩，最终将影响企业的长远发展。企业应通过岗位分析界定岗位职责，明确对人员的教育程度、专业知识与技能等任职要求，进而科学地评估岗位价值，最后结合实际工作中员工的具体贡献，构建按岗位价值及贡献价值付酬的薪酬体系，以体现员工的价值，提高员工的满意度。

2. 综合使用货币化薪酬和非货币化薪酬

对于知识型专业员工，非经济因素在工作动机中占很大的比重。企业应关注精神激励机制及其作用，使其达到比物质激励更长期的效果，持续激发员工的工作热情，保持员工工作积极性。企业可以采用荣誉激励、文化激励、情感激励等措施，使员工获得精神上的满足。另外，挑战性工作，也是实现员工价值所必需的。在实际工作中，通过鼓励知识型员工参与生产、运营、管理等环节，能够增强员工责任感，提高其工作效率。同时，企业应当建立奖励机制，给予优秀的知识型员工荣誉称号和货币化奖励，综合运用货币化及非货币化激励手段。

10.2.4 新职业的技术性

职业产生的前提条件是社会分工。社会分工使得人类社会形成了若干个不同的生产部门、管理部门和服务部门，进而产生了若干不同的工作和岗位，从而形成了不同职业的细分。社会分工的目的是实现生产熟练化、技术化、专业化，从而提高生产率、产品质量和技术含量，因此职业的一大特性是技术性。不同职业的工作性质和内容存在极大的差异。例如，哲学教师不同于口腔医生，企业管理者不同于钢琴调音师。中国有句俗语叫"隔行如隔山"，任何人要想胜任某个专业工作岗位都必须经过长期的学习和培训。对工作熟练且精益求精是企业对员工提出的最基本要求。

传统工业生产对操作的熟练程度要求很高，而智能机器出现后，再娴熟的技术工人也比不上机械臂、机器人的速度与精度。因此，传统意义上的操作性技术工人将大幅减少。在工业互联网环境中，智能制造要求手脑并用，知识型工人将成为业界新宠。当前，全球工业系统与高级计算、分析、感知技术以及互联网技术不断融合，需要智能机器间的网络连接、传感器之间的网络连接以及人机连接的支撑。因此，工业互联网技术既需要支持高带宽的图像、视频业务，又需要支持大连接、低速率的传感器和控制信号业务，同时还需要支持传统的与人交互的各类业务，这些业务的特点和需求均差异巨大。在工业互联网中，对设备、机器人、传感器等的实时远程遥感操控和动态配置信号都对传输时延要求极高。同时，需要实时处理的图像、视频信号也对时延有极高的要求，一般在几十毫秒内。为了保障实时性，一方面需要利用大数据分析技术智能配置网络资源，另一方面需要实现内容和数据处理的下沉，利用就近服务用户的技术和机制，如边缘计算，减少网内信息冗余，提升时延保障能力。因此，在工业互联网环境下，对于掌握数字技术分析和智能制造技术的员工有很高的专业技术性要求。新职业社会性要求主要表现在以下三个方面。

1. 强调数字化智能技术的应用

相对于过去的职业技术需求框架，工业互联网背景下员工职业技术需求的最大变化在于重点关注数字技术应用和数据分析、利用的能力。基于软件编程的机器、电子部件和系统的大规模应用将使机器人和智能设备足以完成大部分工作。因此，数字媒体的使用、软件虚拟建模、生产过程的数字控制、复杂的数据解析加工能力等信息化相关技术将成为今后工作中不可或缺的专业技术。新技术的掌握对新型员工来说已成为不可或缺的重要能力。另外，技术结合艺术，给现代设计带来前所未有的冲击，尤其是智能方面的技术是近年来工业设计领域热衷的研究话题。自动化机器和智能机器人代替了工人进行重复性技术工作，所以企业对低质量劳动力的需求会逐渐减少，很多之前从事简单的重复性工作的熟练工人将被解雇，失去原有的就业机会。

2. 强调跨领域技术的融通应用

从工业互联网体系及其对人才培养的基本要求可以看出，这是一个覆盖了信息、电气、制造等大类专业知识的综合技术体系，其中既有横向上的大类专业知识整合趋势，也有纵向上根据价值链、生命周期的大类专业知识整合。新工业革命背景下的工程教育正是要求培养对象从大类专业方法论、思路、跨界创新的角度塑造自身的知识谱系。这是工业互联网职业的全科型、融通性的必然要求。在工业互联网领域，利用工业机器人、大数据、传感器、云计算等设备和技术，可以实现生产工序的自动化、数字化和智能化，还可以实现产品设计、供应链采购、生产制造、物流配送、售后服务、产品质量跟踪的数字化全过程执行。因此，拥有单一技术背景的专业技术人员将逐渐被智能设备所取代。知识的学科交叉、跨领域和大数据特性为管理者提出了更高的要求。除制造技术外，员工还应掌握大数据解析技术，高端精密智能设备的调试、维护技术，以自由应对动态复杂的信息环境。

3. 强调由规模化生产技术向创新创意技术转变

工业互联网时代，新一代信息技术集成应用于生产制造，个性化、定制化生产成为趋势。企业再造、流程重组、柔性生产将是企业未来的工作重心。用户的需求与期待、体验与反馈直接影响着产品生产各个流程，产品的设计、技术、工艺和服务需要进行全方位创新。用户群体的年轻化，需求的多元化以及新型的、独特的设计定制服务模式成为必然。用户更加注重产品的设计是否美观、实用、有创意，是否能为其提供独占性的心理满足感，这要求专业设计团队在构想、设计、制作的每一个定制过程，都要与用户进行直接的互动交流，真正为用户提供与众不同的个性化产品。因此，企业需要将更多的精力集中在创新和增值业务上，那些具有强烈创新意识，能够创造出新产品、新技术、新模式和新服务的人才将是新工业革命的稀缺人才和中坚力量。

10.3 新兴人才及技能匹配要求

10.3.1 工业互联网人才现状

近些年，工业互联网的发展难题逐渐从缺市场、缺技术、缺政策转变为缺人才。2019年，工业和信息化部组织召开跨领域跨行业工业互联网平台交流座谈会,华为、海尔、树根互联、东方国信、用友、阿里云、浪潮云、航天云网、徐工信息、富士康 10 家跨行业跨领域平台企业代表参加会议。会议十分明确地提出工业互联网作为一个跨领域、跨学科的综合性应用与技术系统,目前极其缺乏横跨工业、IT、制造等多领域的复合型人才。对工业互联网应用者而言,缺少既懂工业互联网使用、维护,又懂管理的人才。对工业互联网提供者而言,缺少大批懂工业互联网研发、服务和管理的复合型人才。

工业互联网人才严重缺乏带来的直接影响有:一是工业互联网平台纵深发展以及横向复制将会遇到瓶颈,二是直接影响工业互联网应用的深化。解决我国工业互联网人才需求缺口问题既要依靠人才引进也要依靠人才培养。通常,人才引进解决的是核心高端人才需求。但由于全球工业互联网都处于起步阶段,商业模式、技术路线等都在探索过程中,并且引进人才还存在对环境的适应性问题。因此,解决人才问题的关键还是要依靠人才培养。工业互联网的人才培养要求实现多学科、多领域的协同,不但要将工业行业经验转化为有用的知识,还要从标准化的角度为人才培养提供多方面的指导。

工业互联网的兴起和发展对劳动者和专业技术人才的技能素质提出了新的要求,这为我国工业互联网人才培养确立了长远的目标。我国不但要加强工业互联网人才队伍建设,更要着力打造一支综合素养良好、具有交叉知识结构与创新实践能力的工程技术人才队伍。将人才培养为既具有全球视野与全球思维,还拥有创新、合作、发展和服务意识的新型复合人才。

10.3.2 工业互联网主要方向及岗位

1. 主要方向

工业互联网包含网络、平台、安全三大体系,着力打造人、机、物全面互联的新型网络基础设施，支撑新兴业态和应用模式的推广和持续发展，实现企业资源、组织、商业活动的创新，形成网络化协同、智能化生产、个性化定制、服务化延伸的智能制造新模式。

网络体系是实现各类工业生产要素泛在深度互联的基础。网络体系包括网络互联、数据互通、标识解析和边缘计算。通过建设低时延、高可靠、广覆盖的工业互联网网络基础设施，能够实现数据在工业各个环节的无缝传递，形成实时感知、协同交互、智能反馈的生产模式。

平台体系是工业全要素连接的枢纽。平台体系下连设备，上连应用。通过海量数据汇聚、建模分析与应用开发，推动制造和工业知识的标准化、软件化、模块化与服务化。平台边缘层基于物联网技术、边缘计算技术为工业互联网实现工业设备和工业信息化系统的接入、集成、解析；工业大数据实现工业信息数据的再处理和深度挖掘，为工业应用提供机理模型和智能算法支撑；工业微服务、工业应用研发技术实现基于工业互联网平台的机理模型、原生工业应用、云化工业应用的研发建设，支撑工业生产方式和商业模式创新以及资源高效配置。

安全体系是工业互联网健康发展的保障。安全体系涉及控制安全、网络安全、应用安全、数据安全、设备安全五个方面。通过建立工业互联网安全体系，能够有效识别和抵御各类安全威胁，化解多种安全风险，为工业智能化发展保驾护航。

2. 主要岗位、职责及能力要素

（1）主要岗位及职责。根据工业和信息化部人才交流中心发布的文件，基于工业互联网8个方向的划分，即网络、标识、平台、工业大数据、安全、边缘、应用、运营，对工业互联网的主要岗位及职责进行了介绍，如表10-1所示。

表 10-1　工业互联网主要岗位及职责

序号	方向	岗位名称	岗位职责
01	网络	工业互联网网络架构工程师	负责工业企业内外网、5G 专网、工业数据互通解决方案的设计与规划
02		工业互联网网络开发工程师	负责工业企业内外网、5G 专网、工业数据互通系统的设计与开发
03		工业互联网网络集成工程师	负责工业企业内外网、5G 专网、工业数据互通系统的集成与实施
04		工业互联网网络运维工程师	负责工业企业内外网、5G 专网、工业数据互通系统的集成、运行与维护
05	标识	工业互联网标识解析架构设计工程师	负责对标识解析应用系统、节点及应用场景进行架构设计
06		工业互联网标识解析研发工程师	负责对标识解析应用系统进行设计研发
07		工业互联网标识解析产品设计工程师	负责对标识解析应用服务产品进行设计
08		工业互联网标识解析运维工程师	负责对标识解析系统进行部署和运维
09		工业互联网标识解析系统集成工程师	负责对标识解析应用服务进行系统集成
10	平台	工业互联网平台架构工程师	负责工业互联网平台建设方案制订和架构设计
11		工业互联网平台开发工程师	负责工业互联网平台系统建设研发
12		工业互联网平台测试工程师	负责工业互联网平台系统功能、性能及接口测试
13		工业互联网平台运维工程师	负责工业互联网平台系统运维部署、管理及优化
14		工业 App 开发工程师	负责工业 App 的功能设计、开发、测试、部署与运维
15		工业 App 产品化工程师	负责工业 App 的市场调研、需求挖掘、开发指导、成本估算及产品推广等
16	工业大数据	工业大数据架构师	负责工业大数据架构、技术路线、规范标准设计，核心数据规划和建设
17		工业大数据工程师	负责工业大数据采集、脱敏、分级分类、存储和可视化处理
18		工业大数据应用研发工程师	负责分析、处理、服务相关大数据应用研发
19		数据库开发工程师	负责数据库集群开发、大数据算力优化
20		工业大数据管理师	负责工业大数据预处理、脱敏标注、存储管理、分级治理等管理
21		工业大数据分析师	负责工业大数据的统计分析、深度挖掘与业务预测
22		工业大数据建模工程师	负责算法模型、机理模型研究和设计及大数据解决方案的制订设计
23		工业大数据测试工程师	负责工业大数据测试方案的制订与实施

（续）

序号	方向	岗位名称	岗位职责
24	安全	工业互联网安全架构工程师	负责制定工业互联网安全架构的顶层规划与设计，制定工业互联网安全管理组织架构和安全管理体系架构设计
25		工业互联网安全开发工程师	负责工业互联网安全检测、防护、审计、运维管理等工作，以及相关产品、工具、平台及业务系统安全的需求设计与安全功能开发
26		工业互联网安全实施工程师	负责制定工业互联网安全规划实施方案设计、计划制订和实施联调工作
27		工业互联网安全运维工程师	负责对工业互联网网络、设备和管理平台的日常运行状态的监控与管理，以及安全事件的分析诊断、应急处置、安全管理制度的日常执行
28		工业互联网安全评估工程师	负责工业互联网信息系统和产品安全风险评估，制订安全评估方案、工具、流程与评估方式，并根据评估结果提供相应的安全技术与管理措施建议
29	边缘	工业互联网边缘计算系统架构师	负责制定边缘计算系统的技术架构、技术路线、技术标准设计和核心代码开发，带领研发团队完成边缘计算系统建设
30		工业互联网边缘计算硬件工程师	负责边缘智能传感器、智能网关、智能控制器、智能服务器、边缘加速模块的硬件原理图、PCB图设计
31		工业互联网嵌入式开发工程师	负责基于主流嵌入式硬件平台和操作系统的边缘计算产品应用软件设计和开发
32		工业互联网边缘计算应用开发工程师	负责边缘计算设备中算法研究和实现，以及轻量化边缘智能应用软件的设计和开发
33		工业互联网边缘计算实施工程师	负责边缘计算产品的现场安装、调试和维护，以及相关培训和问题解答
34	应用	工业互联网行业应用架构工程师	负责面向行业应用实施的解决方案设计，包括顶层规划、场景设计、实施路径研究、软硬件选型部署等
35		工业互联网行业应用开发工程师	负责面向行业的新应用软件研发、成熟应用软件云化部署开发、系统集成、整体解决方案开发
36		工业互联网应用成熟度评估工程师	负责工业互联网应用水平、实施效果的评价和咨询
37		工业互联网解决方案规划工程师	负责面向企业战略、运营管理、业务流程以及生产布局等的优化解决方案规划制定，指导企业进行智能化转型

(续)

序号	方向	岗位名称	岗位职责
38	应用	工业互联网解决方案系统集成工程师	负责系统集成项目总体架构设计与集成方案编制,提供设备配置、系统测试、技术文档等技术支持
39		工业互联网解决方案系统运维工程师	负责智能化产品安装配置、性能功能测试,软件升级及补丁安装、故障响应、技术交流与巡检等运维工作
40	运营	工业互联网运营管理师	负责工业互联网整体运营模式及方案策划,负责精细化运营管理工作
41		工业互联网运营工程师	负责工业互联网平台、社区、生态、产品、数据等内容的具体运营推广工作

（2）岗位能力要素。结合上述工业互联网的8个方向，按照综合能力、专业知识、技术技能、工程实践四个维度提出了工业互联网岗位能力要素，如表10-2所示。

表10-2 工业互联网岗位能力要素及说明

维度	岗位能力要素	说明
综合能力	软能力	指相应岗位人才为完成工作任务所应具备的行为特征和综合素质,包括学习追踪、沟通协调、需求与趋势分析、业务场景把握等技能
专业知识	基础知识	指相应岗位人才应掌握的通用知识,主要包括基本理论、相关标准与规范知识以及有关法律法规、安全、隐私等
	专业知识	指相应岗位人才完成工作任务所必备的知识,主要指与具体岗位要求相适应的理论知识、技术要求和操作规程等
技术技能	基本技能	指相应岗位人才为完成工作任务所应具备的对基础知识应用的水平以及熟练程度
	专业技能	指相应岗位人才为完成工作任务所应具备的对专业知识应用的水平以及对特殊工具使用的掌握
工程实践	经验	指相应岗位人才在实际工程与项目推进中应当具备的经验

10.4 实践引领：美团即时配送系统[⊖]

自2017年起，"AIoT"一词便开始火爆起来。"AIoT"即"AI+IoT"，

⊖ 本案例根据以下资料编写：品小坚.美团即时配送系统亮相：AI+IoT人机协同每小时执行29亿次算法 [EB/OL].（2019-01-17）[2019-12-22]. https://www.pintu360.com/a62392.html.

指的是人工智能与物联网在实际应用中的落地融合。当前，从人们将 AI 与 IOT 结合到一起来看，AIoT 已成为各大传统行业进行智能化升级的最佳选择。人工智能被运用到越来越多的实际生活场景中，像智能家居、无人驾驶、智慧医疗、智慧办公都已经出现在现实生活中。人类和机器不再是使用和被使用的关系，人机之间的互动关系越来越紧密，人机交互的需求也在逐年增长。人机交互是指人与计算机之间为完成特定任务，通过应用某种对话语言，以一定的方式进行信息交互的过程。人机交互的范围很广，并且随着智能终端设备应用的爆发，用户对于人机间的交互方式也提出了更高的要求，使得人机交互市场被大范围地激发起来。

2019 年 1 月 17 日，"城市新青年·2018 美团外卖骑手颁奖礼"在京举行。在此次颁奖礼上，美团还展示了其研发的即时配送系统 AI+IoT 产品矩阵。

1. 美团智能调度系统人机交互的实现

美团智能调度系统在配送环节承担了订单匹配、路径规划和时间预估等核心任务，是目前全球规模最大、复杂度最高的多人、多点实时智能配送调度系统。系统 5.0 版本已经实现了运筹优化与机器学习深度融合的全城柔性调度，基于轨迹大数据，通过机器学习、运筹优化、数据挖掘和地理计算等智能算法，为每一个订单指派最合适的骑手并预估送达时间，同时为骑手设计最优的取送路线。美团智能调度系统在综合了智能算法和深度机器学习的基础上充分实现了人机的互联交互，通过数据分析帮骑手规划更为合理的路线，同时，自动帮助骑手完成送餐过程中的接单、致电顾客等工作，人机交互既提高了效率，也提高了安全性。

（1）预计送达时间。用户下单时，美团智能调度系统会综合考虑 100 多个诸如商圈、商户、用户等维度的变量，告知用户大概的送达时间。商圈有雨雪天气、商户订单较多、用户所在小区有门禁等因素都会导致预计送达时间延长。反之，系统会将预计时间缩短。

（2）订单匹配。美团智能调度系统的核心难点就是追求效率和成本的最佳平衡。一方面需要在短时间内将订单和附近的骑手进行实时精准匹配，另一方面需要平衡用户体验、商家体验和骑手体验，这个平衡的实现依赖于巨大的运算量、极高的运算速度和复杂的算法模型。美团智能调度系统需要综合考虑行程距离、到店等餐时长、配送时长、超时风险、未来出单情况等多个因素，实时给出最优解，将每一个订单分配给最合适的骑手。

（3）路径规划。在订单匹配过程中，需要规划骑手的配送路线。如果骑手有 5 个订单，就存在 113 400 种可行的配送路径，美团智能调度系统可以在 0.55 毫秒内为骑手规划出最优路径。

2. 美团智能装备系统人机交互的实现

在智能调度系统之外，美团还推出了智能装备系统，包括智能电动车、智能语音助手、智能餐箱、智能安全头盔和室内定位基站。这些装备通过骑手 App 联动和智能语音助手的交互控制，形成 IoT 立体式协同，以"人机耦合"的形式全面赋能骑手。如果配备了全套智能装备，骑手在送餐的全程中，可以简化约 80% 的手机操作，接单速度也能提升近 50%。

（1）智能电动车。针对外卖骑手的痛点和超高频使用场景，通过与行业领先企业展开深度合作，美团推出了智能电动车，以帮助骑手提升骑行体验。美团与爱玛集团旗下的小玛科技联合打造了智能电动车 U2，将骑手 App 与车载运动传感器和智能控制模块进行系统化集成，在业内开创性地提出了电动车"智能骑行模式"的概念。在该模式下，骑手可将手机屏幕直接变为车辆仪表盘，实时获取导航、订单、电量等关键信息。同时，可通过智能语音助手和车辆按键进行快速操作，无须边骑车边操作手机，从而提升驾驶安全性。

（2）智能语音助手。智能语音助手基于AI技术和丰富的大数据，可自动识别场景并主动发起一系列的播报、提醒、引导类对话，使骑手可以脱离手机完成接受派单、取餐上报、拨打电话、送达上报、订单改派等操作，实现骑手安全的全方位护航。配套的蓝牙耳机专为骑手工作场景定制，采用多麦降噪技术阻隔噪声干扰，户外性能和续航时间均超越同类型的消费电子产品。

（3）智能餐箱。智能餐箱体现了温控环保、安全辅助、创新交互三大设计理念。餐箱内置紫外线消毒灯，在非高峰时段自动开启消毒功能；搭载的智能温控模块可对餐箱内温度进行自主控制，或自动保持60℃恒温；顶部太阳能电池板可辅助供电；安全警示灯可在地面投射安全距离线，提升骑手夜间驾驶的安全性；语音控制餐箱开启，让骑手装箱和取货更加便捷。

（4）智能安全头盔。在安全头盔的基础上，加入语音控制头灯、安全尾灯及戴盔监测功能。语音控制头灯通过语音口令快速开关，解决小区、楼道等暗光场景的照明问题；安全尾灯能够智能识别骑手刹车动作，并自动开启频闪，对后车进行提示；戴盔监测功能会自动识别骑手是否佩戴头盔，并及时对骑手进行戴盔提醒。

（5）室内定位基站。室内定位基站采用蓝牙技术，自动识别骑手是否已到达指定商户取餐并完成上报，解决室内环境下很难获取准确的GPS信号的问题，同时简化骑手操作步骤，提高到店环节效率。

3. 美团即时配送系统：以AI致生活

美团配送人工智能方向负责人何仁清表示，即时物流的特征在于即时性和离散性，订单、运力、供给实时变化，平台既要满足用户提出的快速要求，又要兼顾动态分布的诸多因素。从技术的角度而言，这意味着前所未有的复杂性。截至 2020 年 8 月，美团外卖每日订单数量已超过 4 000 万个，是全球最大型的即时配送平台。从最初的单纯人工派送模式，到如今完全由人工智能算法驱动的新一代即时配送系统，在过去几年时间里，业务规模高速增长，倒逼技术几乎以"大爆炸式"的节奏快速更新迭代。

　　未来三十年，计算机将嵌入物理世界中深刻改变世界。新的数据元素与数据搜集分析技术相结合，将为用户提供新的观察视角，使用户无论在网络还是现实生活中都能获得更高价值的浸入式体验。信息技术已经全面融入现代社会，社会将逐渐从人机交互模式转型为人类社会、信息世界和物理世界高度融合的三元协同世界。

第 11 章

新技术伦理与职业道德

互联网造就了物理世界和网络世界并存的二元社会。网络技术的伦理问题已成为当今人们研究和议论的焦点，同样，从事工业互联网相关工作的人员的职业道德问题也备受关注。本章将从技术伦理和职业道德、行业黑名单和红线行为、践行社会主义核心价值观三个方面阐述工业互联网背景下新技术伦理与职业道德问题。

11.1 技术伦理与职业道德

11.1.1 工业互联网下新技术伦理

1. 技术伦理内涵

技术伦理是指技术行为的伦理导向，它使与技术相关的主体（包括技术设计者、技术生产者和销售者、技术消费者）在技术活动过程中要考虑其活动的目的、方法的正当性，实现手段以及行为后果。通过伦理约束对技术行为进行调节，可以缓和技术开发与人类社会之间紧张的伦理关系。技术伦理覆盖了技术研发、技术应用、技术管理等相关环节。

2. 新技术伦理发展背景

随着工业互联网技术的高速发展，技术发展过程中的伦理问题不断涌现，受到了人们的广泛关注，国内外学者对技术伦理的研究也更加完善、专业和系统。科学技术是一把双刃剑，工业互联网技术也是如此，它不仅促进了社会蓬勃发展，也引发了很多技术伦理问题，如信息安全问题、隐私问题、人际关系问题等，涉及人类社会的方方面面。例如，1997年，智能机器人"深蓝"战胜了国际象棋世界冠军卡斯帕罗夫；近些年来，AlphaGo数次击败围棋冠军，这表明在特定领域，智能机器人的能力已经非常强大。可以推断，如果智能机器人的能力持续大幅提升，甚至可能进行自我复制，届时人类将可能被智能机器人打败。又如，现在人类基因组计划已经完成，"后基因组时代"会进一步揭示生命的奥秘，基于这些研究成果，人类的寿命将大大延长，各种遗传病将逐渐可以预防和治疗。生物技术的发展涉及对生命的干预，生物技术中的伦理问题直接关系到生命的意义和价值。

3. 工业互联网下新技术伦理要求

（1）坚持和谐性原则。和谐是指在特定条件下动态的、相对的、辩证的统一关系。它是介于互补、互助、互利之间的共同发展关系。最理想的技术应用状态应当使人与自然、人与人、人与社会实现和谐统一。技术创新，就是为了创造和谐美好的生活。但是，很多现代技术的研发和应用只是为了追求经济利益，越来越背离人性，丧失道德，导致人与人之间、人与社会之间的和谐被打破。发展互联网技术原本是为了给人类社会谋求更多利益，但同时，互联网给人们的隐私、企业的商业机密，乃至国家安全带来了威胁，为人们的隐私开了后门，打开了物本主义的潘多拉魔盒，破坏了人与自然、人与人、人与社会的和谐统一。因此，人们必须在发展互联网技术从中获取利益的同时，坚持和谐性原则，实现以上三者的和谐共生。

（2）坚持人本主义原则。人类创造技术、使用技术，技术最终是为人类服务的，所以技术无法超越人类。公正和尊重是人本主义原则的两个方面。人本主义基本原则是公正，它体现了社会正义，同时也是衡量技术伦理问题的标尺。技术发展过程中的战略设计、具体实施和应用都需要人本主义原则指明方向。尊重具体表现为尊重他人的劳动成果、自由选择权、隐私权等。要不断调整人、自然、社会的各种关系，以人本主义为原则，发挥技术的最大价值。

（3）坚持可持续发展原则。可持续发展最早在1972年提出，是人们为了实现长远发展而提出的一种新型经济增长模式，是指在满足当代人需求的基础上，不损害后代人满足其发展需求的能力的发展模式，是科学发展观的基本要求之一。工业互联网技术的发展同样要遵循可持续发展原则，在技术发展过程中不能只考虑对经济利益的追求，还应考虑技术给人类社会带来的负面影响，并且应该尽可能地把负面影响降到最低的水平，例如，为防止新技术开发过程中产生大量电子废弃物，应提前制定一系列标准并采取一定的措施进行预防，假如不能妥善处置短时间内产生的大量废弃物，则会对环境造成严重破坏，进而影响人类社会未来的发展。

（4）坚持整体性原则。新技术伦理问题不仅包含技术性问题，也包含社会性问题，触及多个社会层面。因此，我们需要从整体出发，综合考虑各个层面之间的联系。纵观历史上每次科学技术变革，都是为了解决当时的社会发展问题，每项技术都打着深深的时代烙印。因此，为了解决新技术伦理问题，就要把问题放在信息技术的背景中，关联起来成为一个整体，否则我们无法准确定义互联网的社会背景和技术发展的真实情况。把握新技术的时代特征，应遵循整体性原则，从当前社会的政治制度、经济结构、文化背景等维度来考虑对技术伦理的诉求，从多角度的研究方法、跨学科的思维方式来分析新技术与这些维度的联系。仅仅从技术层面构筑新技术伦理系统是片面的，掌握技术和社会的关系，洞察技术和社会的整体变化，才能构建和谐的伦理机制。

11.1.2 工业互联网下职业道德

1. 职业道德内涵

职业道德与职业活动紧密相连，是符合专业特点的道德标准、道德情感和道德品质的总和。它不仅是开展职业活动人员的行为准则和要求，更是职业对社会所担负的责任和义务。职业道德是一般社会道德的具体体现，是属于自律范围的专业道德、专业纪律、专业能力和专业责任的总称。

2. 新职业道德发展背景

互联网行业飞速发展，而对互联网道德准则、道德规范的普及却远远不够。例如，食品安全问题频现，假冒伪劣商品泛滥，信息买卖、电信诈骗等层出不穷，这些都是职业道德社会道德意识缺失的表现。针对这一问题，我国政府采取了多种方法，如播放公益广告、通过媒体传播正能量、对学生开展道德教育等，积极倡导社会道德建设。工业互联网时代，职业道德在强调以往的遵纪守法、爱岗敬业、诚实守信、办事公道、服务群众、奉献社会之外，也需要注入新的内涵。

3. 工业互联网下新职业道德要求

（1）网络经济诚信。由于网络的虚拟特性，不诚信问题在网络经济中日益突出。另外，非法交易引发的经济纠纷使网络经济市场的健康发展受到严重阻碍。在网上交易过程中，由于不能直接接触商品，消费者很难掌握商品的实际情况，只能通过商家提供的网页描述来甄别、购买。一些网络分销商利用网络虚拟性大肆鼓吹产品性能，使用原创、进口、纯天然和高品质等词语进行虚假宣传，欺骗消费者。这些商业欺诈行为严重地打击了消费者的购物信心。因而，在网络经济中，诚信就显得尤为重要，并被认为是网络经济职业道德构筑中最为重要的课题之一。诚信原则是市场经济的基本原则。传统经济的诚信原则主要包括以下几个方面：质量诚信、价格诚信、合同诚信、金融诚信、测量诚信、包装诚信、服务诚信和广告诚信。与传统经济相比，网络经济是虚拟且实时的，缺乏与之对应的法律法规的约束。因此，在网络经济环境下，除了遵循传统诚信原则外，诚信还包括更多新要求和新标准，如准确的产品信息、安全可靠的结算平台以及安全快捷的物流配送等。

（2）保护个人隐私。个人隐私是指个人不想公开或告诉他人的信息。隐私权作为合理的公民权利受到法律的保护。如果没有隐私权，我们的个人生活将完全暴露在公众的视野中，并由此受到侵扰和制约。然而，基于网络平台的开放性，个人隐私的保护面临更大的挑战。通过网络平台，可以很容易地获取其他网络经济主体的各种信息，包括许多非公开的个人信息。与传统经济相比，隐私泄露的风险更高。因此，网络经济主体应以身作则，保护他人隐私，遵守网络经济职业道德。

（3）合理利用网络技术。在工业互联网时代，网络技术不断更新。网络技术的发展促进了人类社会的发展，但也引发了各种道德危机。例如，一些企业滥用网络技术，干扰市场规则，垄断核心技术；进行虚假宣传，欺骗消费者。无论企业的行为是否存在主观恶意，这些行为都给网络经济的健康稳定发展带来了重大负面影响。为了加强网络经济职业道德建设，改善网络经济道德环境，企业和员工必须合理利用网络技术，维护他人和自身的合法权益。滥用网络技术不是网络自由，而是对网络道德环境的破坏。

11.1.3 新知行合一观

1. 知行合一的内涵

知行合一是明代思想家王阳明研究的重要哲学命题之一，"知"即良知，"行"即实践。知与行之间的关系，既指道德意识与道德实践之间的关系，又指一切思想与实践之间的关系。中国古代哲学家认为，人不仅要认识世界，更要通过已有的认识改造世界。知识与实践的组合是道德教育的最终目标。"知"和"行"是不可分割的，前者领导后者，后者则是前者的进一步的改善和升华。根据王阳明关于知行合一——认识与改造的一体性思考，人们不仅要"知"，更要通过它来实现"行"。所以，一方面要加强社会道德建设，另一方面要通过严格的法律及制度来限制和调整人们的行为。只有知行合一，才能逐步提高人们的道德意识，进而推动全社会的发展。

2. 新知行合一观要求

对工业互联网背景下的企业员工来说，"知"是员工对道德责任的认知。员工要加强职业道德知识的学习，提高自身职业道德素质。职业道德基本规范是"爱岗敬业、诚实守信、办事公道、服务群众、奉献社会"，它要求员工有良好的职业行为习惯和做事的态度。如，员工应坚持客户导向，树立"客户至上"的理念，把"以人为本"的思想从企业内部扩展到外部。

"行"是员工实际的道德实践活动，要求员工在虚拟的互联网交易环境中遵循诚实守信的原则。当个人利益与社会利益发生冲突时，不能因追求个人利益而损害社会利益，而要积极承担社会责任，做出适当的价值选择。

11.2 行业黑名单与红线行为

11.2.1 工业互联网下的行业黑名单

1. 失信黑名单

2019年7月，国家互联网信息办公室发布了《互联网信息服务严重失信主体信用信息管理办法（征求意见稿）》，文件显示，我国网信部门将会同有关部门对在我国境内提供、使用互联网信息服务中存在严重失信行为的相关主体实施信用黑名单管理和失信联合惩戒。下列情形将被视为互联网信息服务严重失信行为：一是违反互联网信息内容管理相关法律法规的。二是因违反互联网信息内容管理相关法律法规受到行政处罚但拒不履行或限期未按要求履行的。三是编造、发布、传播违背社会公德、商业道德、诚实信用的信息，或故意为以上行为提供技术、设备支持或其他服务，严重破坏网络空间传播秩序，造成恶劣社会影响的。此外，对于那些在互联网信息服务领域已经做出较重失信行为或多次做出轻微失信行为但尚未达到黑名单认定标准的失信主体，它们将会被重点关注。黑名单有效期一般为3年，黑名单信息发布时限与其有效期一致。如果黑名单主体能主动纠正失信行为、消除不良社会影响，并按照社会信用体系建设有关规定履行相应的义务，可申请退出黑名单，经审核同意可提前退出黑名单。

2. 版权黑名单

互联网的特点使侵权行为泛滥。国家版权局等多部门为打击网络侵权盗版开展了多次"剑网"专项行动,针对网络新技术,版权执法监管部门不断创新工作理念和工作方法,强化网站监管新措施,把规范网络转载、保护数字版权等作为重点任务。违反《中华人民共和国著作权法》等法律法规、严重盗版侵权的行为主体将被拉入盗版黑名单,其中就涉及侵害信息网络传播权、侵害影视作品著作权、侵害计算机软件著作权等方面的问题,这样的企业将不能再开展相关业务。

11.2.2 工业互联网下的红线行为

1. 网络发展和技术创新不能突破法律红线

网络发展和技术创新需要对其发展所带来的新情况进行法律评估,如果对社会公共利益和正确的价值观念有所损害,则需要通过法律进行规制。工业互联网平台作为工业全要素、全产业链、全价值链连接的重要枢纽,采用了大数据、5G、AR 等多种新一代信息技术。针对层出不穷的模式创新和业态创新,我国出台了一系列工业互联网平台建设相关的法律法规,其中包括涉及知识产权、数据交易等具体监管的法律法规。工业互联网企业所有的行为都必须在法律框架内进行,一旦触碰法律红线,不仅会降低其市场信誉,还会受到相应的处罚。在利用网络进行技术创新时,法律是一条不可逾越的红线。法律可以有效地规范企业经营行为,真正发挥网络创新为人类社会进步服务的积极作用。

2. 网络发展和技术创新不能突破道德红线

工业互联网环境下,伴随着企业规模、业绩以及市值的高速增长,售卖假货、恶意扣费等问题也一直如影随形。高科技、创新性等光鲜的外衣,难掩一些企业经营上的不择手段和道德缺失。当互联网已经连接社会生产、生活的方方面面，被政府赋予战略地位时，工业互联网企业的影响已经覆盖社会大众。因此，企业要提高自律意识，守住商业道德底线，促进网络和技术的健康可持续发展。

3. 网络发展和技术创新不能突破生态保护红线

生态保护红线是为实现可持续发展而确立的最低限度的综合生态风险标准体系，是社会发展最严格、最高水平的不可逾越的"生命线"，与人类发展和生态保护密切相关。生态保护红线的制度体系一经确立，就要坚决贯彻执行，绝不能讨价还价。随着社会经济的快速发展，工业污染物的排放急速增加，工业发展面临着许多突出的环境问题。在工业互联网环境下，要实现网络发展和技术创新，就必须坚守生态保护红线。实现工业的可持续发展已成为确保中国社会可持续发展的重要课题，也是影响国家经济可持续发展的重要课题。

11.3 实践引领：数据堂员工数据泄露事件[⊖]

1. 公司概况

数据堂成立于 2011 年，致力于为全球人工智能企业提供数据获取及数据产品服务。公司总部位于北京，在南京、镇江、天津、保定等地设有多个专业数据处理中心，并在硅谷设立了美国子公司。基于人工智能数据与生产服务平台，公司主要提供三种核心产品或服务：一是提供数据定制服务；二是提供人工智能数据集产品；三是提供人工智能数据处理平台私有化部署服务，服务的领域包括智能安防、智能家居、生物认证、无人驾驶、

⊖ 本案例根据以下资料编写：新浪证券综合.数据堂被查涉侵犯公民个人信息案：累计传输数据 4 000G [EB/OL].（2018-07-10）[2019-12-22].http://finance.sina.com.cn/spread/thirdmarket/2018-07-10/doc-ihezpzwu8601594.shtml.

语音识别、智能制造、新零售和智能交通等。公司已为国内外多家企业提供数据定制服务，包括阿里巴巴、百度、腾讯、联想、奇虎360、科大讯飞等国内顶级互联网和高科技企业，以及富士通、微软、英特尔、佳能、三星、Nuance、NEC等国外企业及在华研发机构。凭借广阔的行业前景和实力强劲的专业团队，数据堂受到了达晨创投等众多知名机构的追捧。

截至2018年，数据堂已从新三板成功完成3次融资，共募资2.83亿元。数据堂在新三板的最近一轮融资发生在2016年2月，当时数据堂以27.84元/股的价格成功募资近2.4亿元，投后估值高达18.4亿元。其中，上海航翠投资、青岛华通科技创业投资、东方证券甚至自愿锁定至少两年，数据堂在新三板的受欢迎程度可想而知。然而令人大跌眼镜的是，这样一家被机构看好的公司，在成功融资后非但没有改善业绩状况，还爆出了让业界震惊的数据泄露案。

2. 案件过程

2017年4月5日，山东警方接到报警称有人非法出售公民个人隐私信息。根据报案人员提供的线索，警方发现有不法分子通过网络方式，在一个名为"全球数据供应商"的QQ群里进行非法信息交易，主要涉及房地产、金融等相关的手机号信息。警方密切侦查后发现，上海驭欣商贸有限公司（下称驭欣公司）的5名员工有重大嫌疑。经过进一步调查，发现这5人确有该类违法行为，且涉案资金达到20万元。4月12日，警方对涉案人员进行抓捕。在调查中，警方还发现这一信息买卖链条中还有诸多上游卖家。其中，驭欣公司的数据来源是扬州金时信息科技有限公司（下称扬州金时公司）。

该案由检方提起公诉，起诉书称，数据堂一名员工经上级同意，代表公司与扬州金时公司签订数据买卖合同，并收取了扬州金时公司20万元合同款。此后，还有一名员工继续与扬州金时公司签订数据买卖合同，合同款为 50 万元。数据堂员工在未征得用户同意的情况下非法向扬州金时公司出售公民个人信息 60 余万条，而扬州金时公司共向下游客户发送公民个人信息 168 万余条。

数据堂年报显示，数据堂共有营销线、金融线、财经线和人工智能线四条业务线。经检方查明，该公司主要通过资源合作部购入数据，用于营销线的日常运营。而该案被告之一就是资源合作部负责人，主要负责接收相关数据，并将数据放入公司集群。另一被告所在的技术组根据产品组要求，将集群中的数据根据用户兴趣爱好等分别打上不同的标签，之后依据客户需求向其传输数据。两人均利用职务之便通过不正当的程序对用户数据进行非法交易。检方认为涉案人员系非法出售数据，应以侵犯公民个人信息罪追究其刑事责任。

经过近一年的侦查，警方完成了对数据交易链的追溯，该案主要涉及的 21 名犯罪嫌疑人被起诉，其中，数据堂有 6 人涉案，两家上游公司的相关人员也被立案侦查。数据堂涉案人员在 8 个月时间内，日均传输公民个人信息约 1.3 亿条，传输数据压缩后累计约为 4 000GB，数据量巨大。最终，尽管数据堂本身未被检方起诉，但也承受了不小的业务压力，并对合法性界定不清的营销线及金融线予以关停。

3. 案例评价

随着社会的发展，传统的利益至上原则不再是企业唯一要考虑的问题，企业还要承担相应的社会责任。企业社会责任的主流分类一般包括企业的经济责任、法律责任和道德责任。对企业来说，最基本的就是要保证自身的经营行为不违反法律法规，只有在法律允许的范围内进行生产经营活动并积极履行社会义务，才能被客户和社会所认同。这也是构建企业与社会和谐关系、实现可持续发展的最重要的途径。数据堂 2017 年年报显示，"2017 年整个大数据行业仍然保持了快速发展的势头，大数据行业的市场规模在 2017 年将超过 300 亿元，增长率依然接近 40%。"在全行业向着规范、健康、有序的方向快速推进的背景下，数据堂盈利能力明显不足，经营情况不容乐观。此后，数据泄露事件更是造成了重大不利影响。此种做法换来的不只是业绩巨幅亏损，更是法律的严惩。

参 考 文 献

[1] 丁伟,于小波.互联网时代企业管理变革理念探索[J].改革探索,2014(9):44-46.

[2] 李颖.全球工业互联网发展实践及启示[EB/OL].(2019-02-21)[2020-08-22].http://www.cbdio.com/BigData/2019-02/21/content_6023413.htm.

[3] 王建平.什么是产业互联网?[J].中国信息界,2019(2):76-79.

[4] 袁晓庆.如何加快完善工业互联网技术产业链图谱[J].网络安全和信息化,2019(9):28-30.

[5] 马龙.工业互联网与消费互联网的本质区别[J].软件和集成电路,2018(12):14-17.

[6] 梁秀璟.工业互联网的冷思考[J].自动化博览,2018,35(11):5.

[7] 陈永伟.产业互联网:是什么,为什么,怎么办?[J].群言,2019(2):14-16.

[8] 李海舰,田跃新,李文杰.互联网思维与传统企业再造[J].中国工业经济,2014(10):135-146.

[9] 邵立国.新业态:互联网思维下的制造业[Z].赛迪智库,2015.

[10] 王玮,杜书升,曹溪.工业互联网引发的"颠覆式"管理变革[J].清华管理评论,2019,69(3):63-73.

[11] 孙会峰.互联网时代企业管理变革新思路[J].中国新时代,2013(7):68-69.

[12] 孟永辉.在新零售风行的时刻,新金融是互联网金融的下一站吗[EB/OL].(2017-08-02)[2020-06-13].https://www.sohu.com/a/161670463_116132.

[13] 杜睿云，蒋侃. 新零售：内涵、发展动因与关键问题 [J]. 价格理论与实践，2017(2)：139-141.

[14] 王宝义. "新零售"的本质、成因及实践动向 [J]. 中国流通经济，2017，31(7)：3-11.

[15] 赵树梅，徐晓红. "新零售"的含义、模式及发展路径 [J]. 中国流通经济，2017，31(5)：12-20.

[16] 李晓华. "互联网+"改造传统产业的理论基础 [J]. 经济纵横，2016(3)：57-63.

[17] 于佳宁，等. 从新零售到新制造：打造实体经济升级版 [N]. 21世纪经济报道，2018-03-09.

[18] 简兆权，刘文. 智能服务的概念内涵及实现路径 [J]. 管理现代化，2019，39(04)：101-104.

[19] 刘晓艳，于延良，栾双军. 谈"互联网+"背景下消费与金融产业的跨界融合 [J]. 商业经济研究，2019(12)：39-42.

[20] 杨劲祥. 营销策划实务 [M]. 大连：东北财经大学出版社，2009.

[21] 张伯旭，李辉. 推动互联网与制造业深度融合——基于"互联网+"创新的机制和路径 [J]. 经济与管理研究，2017（2）：87-96.

[22] 张旭梅. "互联网+"生鲜电商跨界合作商业模式创新——基于易果生鲜和海尔合作的案例研究 [J]. 重庆大学学报（社会科学版），2019(6)：50-60.

[23] 美国通用电气公司（GE）. 工业互联网：打破智慧与机器的边界 [M]. 北京：机械工业出版社，2015：70-73.

[24] 范玉顺. 网络化制造的内涵与关键技术问题 [J]. 经济与管理研究，2003(7)：576-582.

[25] 方晓霞，李晓华. 推动智能化时代制造业高质量发展 [N]. 经济日报，2019-10-23.

[26] 王玮，等.工业互联网引发的"颠覆式"管理变革 [J].清华管理评论，2019(3)：60-72.

[27] 崔爽.工业互联网：连接人机物 实现智能 +[N].科技日报，2019-03-15(1).

[28] 陈强，颜婷，常旭华.企业产品研发管理：发展趋势、模式比较及启示 [J].科技进步与对策，2016，33(18)：86-91.

[29] 葛芮.基于 PLM 的海尔家电产品研发管理模式研究 [D/OL].青岛：中国海洋大学，2014 [2020-06-13].http://cdmd.cnki.com.cn/Article/CDMD-10423-1014328950.htm.

[30] 长城企业战略研究所.互联网 + 研发是新经济下研发组织的重要创新 [J].新材料产业，2016(8)：64-67.

[31] 滕飞，陈冰.互联网时代供应链管理演进的思考 [J].通信企业管理，2017(9)：30-32.

[32] 梁涛，刘咏国，杨非非，等.大数据时代背景下创新高校 OA 系统运行模式与发展路径的研究 [J].信息技术与信息化，2018(11)：186-190.

[33] 安荣革.移动 OA 办公自动化系统在高校管理中的应用 [J].中国管理信息化，2017，20(6)：236-236.

[34] 苏冠贤.办公自动化系统与档案管理系统优化整合模式研究 [J].档案学研究，2017(5)：88-93.

[35] 巩慧娟.浅谈 OA 系统对企业管理效率的提升 [J].科技与创新，2019(5)：35-36，39.

[36] 张守丽，黄建鹏.互联网背景下的移动 OA 协同在高职院校中的应用与研究 [J].电脑知识与技术，2017(32)：93-94，108.

[37] 杜传忠，王飞.产业革命与产业组织变革——兼论新产业革命条件下的产业组织创新 [J].天津社会科学，2015(2)：90-95.

[38] 易信.新一轮科技革命和产业变革趋势、影响及对策 [J].中国经贸导刊，2018 (30)：47-49.

[39] 贾峰. 告别黑色工业文明迈向绿色生态文明 [J]. 世界环境，2007(6)：2-3.

[40] 赵若玺，徐治立. 新科技革命会引发什么样的产业变革 [J]. 人民论坛，2017(23)：79-81.

[41] 赵云毅，赵坚. 新产业革命推动城市空间资源再配置 [J]. 经济与管理研究，2019，40(9)：68-78.

[42] 顾复，唐任仲，顾新建. 新一轮工业革命中制造业人才培养方法的探讨 [J]. 高教学刊，2018(23)：1-4.

[43] 周立军，郑素丽. 工业革命进程与标准化发展——回顾与展望 [J]. 标准科学，2019(1)：47-53.

[44] 龚淑林. 美国第二次工业革命及其影响 [J]. 南昌大学学报（人文社会科学版），1988(1)：67-74.

[45] 徐梦周，贺俊. 第三次工业革命的特征及影响 [J]. 政策瞭望，2012(10)：48-49.

[46] 高颖. 面对工业 4.0 职业教育实习与就业的新契机 [J]. 武汉职业技术学院学报，2017(4)：10-13.

[47] 王云，万彤彤. 雷军的企业家思想与小米的经营哲学体系研究 [J]. 中国人力资源开发，2016(10)：102-107.

[48] 吴康林. 工业 4.0 背景下技术技能人才需求分析及培养路径 [J]. 西部素质教育，2018(23)：215.

[49] 朱乐意，许丽娜，潘碧敏，等. 互联网企业授权型领导与员工建言行为的关系研究——以杭州三家互联网企业为例 [J]. 江苏商论，2019(5)：30-32.

[50] 王竹立. 论智能时代的人–机合作式学习 [J]. 电化教育研究，2019(9)：18-25.

[51] 叶春晓，朱正伟，李茂国. 融合创新范式下的工业互联网人才培养研究 [J]. 高等工程教育研究，2018，172(5)：71-76，101.

[52] 工业和信息化部人才交流中心. 工业互联网产业人才岗位能力要求 [R].

(2020-06-03)[2020-08-02].

[53] 姜国峰．产业技术创新联盟中的知识产权文化建设[J]．科技管理研究，2012，32(24)：113-116，122.

[54] 陈书奇．论知识经济时代企业知识型员工的管理[J]．河南教育学院学报（哲学社会科学版），2005，24(4)：112-114.

[55] 李冉．高新技术企业知识型员工的宽带薪酬激励[J]．企业改革与管理，2019，344(3)：70-71.

[56] 陈功焕，刘小珍，施慧旖．中小企业知识型员工薪酬激励机制实证研究[J]．企业经济，2013(10)：80-83.

[57] 王昕，刘军，刘新宇．工业4.0与智能制造背景下对工业工程专业人才培养的几点思考[J]．教育教学论坛，2019(25)：254-255.

[58] 王世钰．物联网引领工业4.0"人机物"融合时代到来[J]．中国对外贸易，2017(3)：24-25.

[59] 吴佳超．物联网技术伦理问题研究[D/OL]．天津：天津大学，2013[2020-07-15]. http://cdmd.cnki.com.cn/Article/CDMD-10056-1014037494.htm.

[60] 郑华．网络经济下的道德缺失及其对策研究[D/OL]．西安：西安建筑科技大学，2013[2020-08-06].http://cdmd.cnki.com.cn/Article/CDMD-10703-1014011049.htm.

推荐阅读

VR+：融合与创新

作者：王斌 等　ISBN：978-7-111-54799-0　定价：49.00元

系统阐述"VR+"创新体系的经典读本，看虚拟现实如何引爆新经济

深度揭示"VR+产业"的商业模式以及投资商机，揭秘VR与电影、游戏、旅游、教育、房地产、汽车、媒体、电商、医疗等传统行业融合创新所产生的巨变与发展

vr+：2016年是VR产业元年，VR产业进入高速增长期，未来十年将成为超过万亿的产业。虚拟现实VR技术在影视、游戏、消费、旅游、教育、房产、医疗、体育等各个领域的创新融合，将为产业带来巨变！本书梳理了国内外VR产业发展现状与趋势、VR商业模式以及我国VR产业版图及VR产业投资。将重点以VR+产业为核心，首次揭示VR与电影、游戏、旅游、教育、房地产、汽车、媒体、电商、医疗等行业融合创新所产生的巨变与发展。

虚拟现实：引领未来的人机交互革命

作者：王寒 等　ISBN：978-7-111-54111-0　定价：59.00元

聚焦全球顶尖视野，从技术、产品、商业和生态等多维度全面解析VR

作者团队由来自国内和硅谷的资深VR技术专家组成，不仅能确保内容的专业性，而且能把国内和国外的VR行业状况全部融合到书中，更加全面和立体。

本书以科普和商业引导为目的，从现实、科幻、技术、产品、商业、生态6个维度对VR进行全方位的呈现，了解VR，这一本书就足够！

推荐阅读

中文书名	作者	书号	定价
组织行为学（第3版）	陈春花等	978-7-111-52580-6	39.00
组织行为学：互联时代的视角	陈春花等	978-7-111-54329-9	39.00
组织行为学（第2版）	李爱梅等	978-7-111-51461-9	35.00
组织行为学（第2版）	肖余春等	978-7-111-51911-9	39.00
组织行为学（第2版）	王晶晶等	978-7-111-46172-2	35.00
组织行为学（原书第7版）	史蒂文 L. 麦克沙恩（Steven L. McShane）等	978-7-111-58271-7	65.00
组织行为学（英文版·原书第7版）	史蒂文 L. 麦克沙恩（Steven L. McShane）等	978-7-111-59763-6	79.00
组织行为学精要（原书第13版）	斯蒂芬 P. 罗宾斯（Stephen P. Robbins）等	978-7-111-55359-5	50.00
人力资源管理（原书第12版）（中国版）	约翰 M. 伊万切维奇（John M. Ivancevich）等	978-7-111-52023-8	55.00
人力资源管理（英文版·原书第11版）	约翰 M. 伊万切维奇（John M. Ivancevich）等	978-7-111-32926-8	69.00
人力资源管理（亚洲版·原书第2版）	加里·德斯勒（Gary Dessler）等	978-7-111-40189-6	65.00
人力资源管理（英文版·原书第2版）	加里·德斯勒（Gary Dessler）等	978-7-111-38854-8	69.00
人力资源管理	刘善仕等	978-7-111-52193-8	39.00
人力资源管理（第3版）	张小兵	978-7-111-56841-4	35.00
战略人力资源管理	唐贵瑶等	978-7-111-60595-9	45.00
员工招聘与录用	孔凡柱	978-7-111-58694-4	39.00
绩效管理	李浩	978-7-111-56098-2	35.00
薪酬管理：理论与实务（第2版）	刘爱军	978-7-111-44129-8	39.00
领导学：在实践中提升领导力（原书第8版）	理查德·哈格斯（Richard L. Hughes）等	978-7-111-52837-1	69.00
领导学：方法与艺术（第2版）	仵凤清	978-7-111-47932-1	39.00
企业文化（第3版）（"十二五"普通高等教育本科国家级规划教材）	陈春花等	978-7-111-58713-2	45.00
管理伦理学	苏勇	978-7-111-56437-9	35.00
企业伦理学（中国版）（原书第3版）	劳拉 P. 哈特曼（Laura P. Hartman）等	978-7-111-51101-4	45.00
商业伦理学	刘爱军	978-7-111-53556-0	39.00
管理沟通：成功管理的基石（第3版）	魏江等	978-7-111-46992-6	39.00
管理沟通：理念、方法与技能	张振刚等	978-7-111-48351-9	39.00
商务与管理沟通（原书第10版）	基蒂 O. 洛克（Kitty O. Locker）等	978-7-111-43944-8	75.00
商务与管理沟通（英文版·原书第10版）	基蒂 O. 洛克（Kitty O. Locker）等	978-7-111-43763-5	79.00
国际企业管理	乐国林等	978-7-111-56562-8	45.00
国际企业管理：文化、战略与行为（原书第8版）	弗雷德·卢森斯（Fred Luthans）等	978-7-111-48684-8	75.00
国际企业管理：文化、战略与行为（英文版·原书第8版）	弗雷德·卢森斯（Fred Luthans）等	978-7-111-49571-0	85.00
组织理论与设计	武立东	978-7-111-48263-5	39.00
人力资源管理专业英语（第2版）	张子源	978-7-111-47027-4	25.00
卓有成效的团队管理（原书第3版）	迈克尔 A. 韦斯特（Michael A. West）	978-7-111-59884-8	59.00

推荐阅读

中文书名	作者	书号	定价
创业管理（第4版）（"十二五"普通高等教育本科国家级规划教材）	张玉利等	978-7-111-54099-1	39.00
创业八讲	朱恒源	978-7-111-53665-9	35.00
创业画布	刘志阳	978-7-111-58892-4	59.00
创新管理：获得竞争优势的三维空间	李宇	978-7-111-59742-1	50.00
商业计划书：原理、演示与案例（第2版）	邓立治	978-7-111-60456-3	39.00
生产运作管理（第5版）	陈荣秋，马士华	978-7-111-56474-4	50.00
生产与运作管理（第3版）	陈志祥	978-7-111-57407-1	39.00
运营管理（第4版）（"十二五"普通高等教育本科国家级规划教材）	马风才	978-7-111-57951-9	45.00
战略管理	魏江等	978-7-111-58915-0	45.00
战略管理：思维与要径（第3版）（"十二五"普通高等教育本科国家级规划教材）	黄旭	978-7-111-51141-0	39.00
管理学原理（第2版）	陈传明等	978-7-111-37505-0	36.00
管理学（第2版）	郝云宏	978-7-111-60890-5	45.00
管理学高级教程	高良谋	978-7-111-49041-8	65.00
组织行为学（第3版）	陈春花等	978-7-111-52580-6	39.00
组织理论与设计	武立东	978-7-111-48263-5	39.00
人力资源管理	刘善仕等	978-7-111-52193-8	39.00
战略人力资源管理	唐贵瑶等	978-7-111-60595-9	45.00
市场营销管理：需求的创造与传递（第4版）（"十二五"普通高等教育本科国家级规划教材）	钱旭潮	978-7-111-54277-3	40.00
管理经济学（"十二五"普通高等教育本科国家级规划教材）	毛蕴诗	978-7-111-39608-6	45.00
基础会计学（第2版）	潘爱玲	978-7-111-57991-5	39.00
公司财务管理：理论与案例（第2版）	马忠	978-7-111-48670-1	65.00
财务管理	刘淑莲	978-7-111-50691-1	39.00
企业财务分析（第3版）	袁天荣	978-7-111-60517-1	49.00
数据、模型与决策	梁樑等	978-7-111-55534-6	45.00
管理伦理学	苏勇	978-7-111-56437-9	35.00
商业伦理学	刘爱军	978-7-111-53556-0	39.00
领导学：方法与艺术（第2版）	仵凤清	978-7-111-47932-1	39.00
管理沟通：成功管理的基石（第3版）	魏江等	978-7-111-46992-6	39.00
管理沟通：理念、方法与技能	张振刚等	978-7-111-48351-9	39.00
国际企业管理	乐国林	978-7-111-56562-8	45.00
国际商务（第2版）	王炜瀚	978-7-111-51265-3	40.00
项目管理（第2版）（"十二五"普通高等教育本科国家级规划教材）	孙新波	978-7-111-52554-7	45.00
供应链管理（第5版）	马士华等	978-7-111-55301-4	39.00
企业文化（第3版）（"十二五"普通高等教育本科国家级规划教材）	陈春花等	978-7-111-58713-2	45.00
管理哲学	孙新波	978-7-111-61009-0	49.00
论语的管理精义	张钢	978-7-111-48449-3	59.00
大学·中庸的管理释义	张钢	978-7-111-56248-1	40.00